AUDITING

全面改訂版

現代会計
監査論

千代田邦夫［著］

税務経理協会

はじめに

　監査論の講義を初めて受けたのは大学3年生の時だった。午前10時半の授業開始前に教室に現れた日下部與市教授は，名著『新会計監査詳説』をテキストに12時の終了のベルが鳴り終わっても熱心に講義を続けられた。
　中間試験は，「監査人の独立性について述べよ」であった。最高の答案だと，名前を読み上げられた。期末試験は，「監査調書の最大の機能は何か」であった。訴訟に耐えるという意味を強調して，監査人の監査行為を立証する資料であると論じた。失敗した。監査調書の最大の機能は，監査意見形成のための基礎資料とすることである。

　約40年前の会計士補の時代，ある会社の監査に出掛けた。関係会社間での「土地転がし」が行われていた。伝票1枚で土地が売買されていたのである。売買契約書を作成するよう要請した。
　後日，会社は青焼きの契約書のコピーを私に提出した。数件の土地の売買契約書のコピーには，売り手である会社と買い手である関係会社の印鑑がまったく同じ位置に同じ癖で押されていた。怪しいナ！　原本を見せて欲しいと要求した。原本は社長が保管し海外出張中なので無理だ，と会社は答えた。
　なおも食い下がると，セロファン紙の上から関係者の印鑑を押し，それをコピーしたと白状した。契約書に貼る収入印紙代を節約するために，1枚の収入印紙で数枚の契約書を作成したのである。会社というのは凄いことをするな，と怖くなった。と同時に，なぜ日本では公認会計士監査が理解されていないのかと考えた。私に，アメリカにおける法定監査以前（1880年代〜1932年）の監査への関心を喚起させてくれた「貴重な事件」であった。

1

多くの先輩の好意により，これまで，銀行，証券会社，商社，スーパー，ゼネコン，バス会社，ホテル，ゴルフ場，海運会社，テレビ局，ガス会社，繊維会社，不動産，農機具メーカー，ノンバンク，公益法人，学校法人，農業協同組合，自治体等々の監査に従事させていただいた。監査人に必要な「独立性」とは，監査人としての「実力」を備えることである，と確信した。問題点の発見と追及，論理的な展開と説得力，そして大所高所からの的確な判断こそ，独立性を支える要因である。

　キーボードを軽くタッチするだけで世界中の会社の情報が簡単に入手できる。国境を越えた電子取引が活発に行われ，M＆Aも世界的規模で展開されている。国際租税も重要な経営戦略だ。国際会計基準も急速に進展している。まさに「地球は一つ」である。
　日本の公認会計士監査制度は，多くの問題を抱えながらも，そして昨今の不祥事における厳しい批判に晒されながらも，着実に前進している，と私は思う。
　世界で活躍する豊かな感性をもった若者がこの業界に関心をもち，活躍してくれることを期待している。

　金融商品取引法に基づく四半期レビューや内部統制監査の導入，ビジネス・リスク・アプローチ監査の展開等，監査環境が大きく変化する中で，最新版を出すことができました。読者に感謝いたします。

2008年　紅葉の嵐山

千代田邦夫

目 次

はじめに

序　章　会計監査論の課題　1
　　Ⅰ　監査の5つの要素　2
　　Ⅱ　会計監査論は監査報告書に集約される　3
　　Ⅲ　監査報告書に見る会計監査論の課題　5

第1章　公認会計士監査の必要性　11
　　Ⅰ　企業を取り巻く利害関係者　12
　　Ⅱ　企業の「実態」とは　13
　　Ⅲ　経営者の立場　14
　　Ⅳ　財務諸表の性質　16
　　Ⅴ　公認会計士監査の必要性　23

第2章　財務ディスクロージャー制度と公認会計士監査制度　27
　　Ⅰ　財務ディスクロージャー制度　28
　　Ⅱ　金融商品取引法に基づく財務ディスクロージャー　29
　　Ⅲ　公認会計士監査制度　34

第3章　公認会計士監査の構造　41
　　　　　Ⅰ　公認会計士監査の構造　42
　　　　　Ⅱ　公認会計士監査の限界　49

第4章　財務諸表監査の目的と監査人の役割　51
　　──財務諸表の適正性についての意見の表明と不正の発見
　　　　　Ⅰ　誤謬及び不正の意味　52
　　　　　Ⅱ　誤謬及び不正に対する監査人の役割　53
　　　　　Ⅲ　監査目的の重点の変化　55

第5章　監査の基準　59
　　　　　Ⅰ　一般に公正妥当と認められる監査の基準　60
　　　　　Ⅱ　監査の基準と会計基準との関係　60
　　　　　Ⅲ　監査基準　62
　　　　　Ⅳ　監査に関する品質管理基準　66
　　　　　Ⅴ　日本公認会計士協会の実務指針と実務慣行　71

第6章　監　査　人　75
　　　　　Ⅰ　公認会計士と監査法人　76
　　　　　Ⅱ　監査人の資格と独立性　79
　　　　　Ⅲ　監査人の義務と責任　85

目 次

第7章 リスク・アプローチ監査　95
  I リスク・アプローチ監査の構造 96
  II 監査リスクと重要性 103
  III 固有リスク 107
  IV 統制リスク 110

第8章 重要な虚偽表示のリスク　119
  I ビジネス・リスク・アプローチと重要な虚偽表示のリスク 120
  II 重要な虚偽表示のリスクの評価——監査計画の策定 122
  III 監査の実施——実証手続 125
  IV 不正リスク要因 126

第9章 監査計画，監査要点，監査証拠　131
  I 監査計画 132
  II 監査要点 134
  III 監査証拠 140

第10章 監査手続と試査　147
  I 監査手続 148
  II 監査手続の種類 149
  III 試査 158

第11章	監査調書，経営者確認書		163
	Ⅰ	監査調書	164
	Ⅱ.	経営者による確認書	168

第12章	監査報告書		175
	Ⅰ	監査報告書の意義	176
	Ⅱ	監査報告書の種類	176
	Ⅲ	無限定適正意見報告書	179
	Ⅳ	除外事項と監査意見	186
	Ⅴ	限定付適正意見報告書	193
	Ⅵ	不適正意見報告書	195
	Ⅶ	意見不表明報告書	196

第13章	継続企業の前提についての監査		199

第14章	追記情報		209
	Ⅰ	正当な理由による会計方針の変更	210
	Ⅱ	重要な偶発事象	216
	Ⅲ	重要な後発事象	218
	Ⅳ	財務諸表の表示とその他の記載内容との重要な相違	220
	Ⅴ	実態調査	221

目　次

第15章　連結財務諸表監査　223
　　　　　　Ⅰ　連結財務諸表制度　224
　　　　　　Ⅱ　連結財務諸表監査制度　229

第16章　四半期レビュー制度　237

第17章　内部統制監査　251
　　　Ⅰ　財務報告に係る内部統制の評価及び監査の基準　252
　　　　　　Ⅱ　財務報告に係る内部統制の監査　254

第18章　会社法による会計監査人監査　269
　　　　　　Ⅰ　会計監査人監査制度　270
　　　　　　　Ⅱ　会計監査人　273
　　　　　Ⅲ　会計監査人の監査報告書　276

巻末資料

   監査基準の改訂について（平成14年） 282
   監査基準の改訂について（平成17年） 305
   監査基準 310
   四半期レビュー基準の設定に関する意見書 320
   四半期レビュー基準 328
   監査に関する品質管理基準の設定について 337
   監査に関する品質管理基準 342

索　引　349

序　章

会計監査論の課題

Auditing Theory & Practice

I 監査の5つの要素

 監査とは，監査対象から独立した主体（監査主体）が監査対象の適否を判断し，その結果を報告することである。監査対象の適否を判断するためには一定の基準が必要である。監査対象がその基準を遵守しているかどうかを判断するには証拠が必要である。その証拠を入手するために「監査」が行われる。
 この監査の意味を「会計監査」に当てはめてみよう。
① 監査の目的 ── 会計監査の目的は何か。会社の作成した財務諸表の適否を判断し報告することである。財務諸表の適否とは，財務諸表が会社の実態を示しているか否かである。
② 監査主体 ── 誰が監査するのか。公認会計士または監査法人である。
③ 監査の対象 ── 何を監査するのか。財務諸表である。
④ 監査の基準 ── どのように監査するのか。定められた監査の基準に準拠して監査する。
⑤ 判断基準 ── 何を基準に財務諸表の適否を判断するのか。定められた会計原則や会計基準である。
 大学の監査論の講義は，通常は「会計監査論」である。それは，監査の対象が財務諸表なので「財務諸表監査論」とも言われ，監査の主体が公認会計士なので「公認会計士監査論」とも言われる。
 会計監査論は，主として①から④までの領域を研究対象とする学問である。

II　会計監査論は監査報告書に集約される

　企業(「経営者」と言ってもよい)が定められた会計原則に準拠して財務諸表を作成していれば，その財務諸表は企業の実態を示しているのである。したがって，公認会計士または監査法人の役割は，経営者が「一般に公正妥当と認められる企業会計の基準」に従って財務諸表を作成しているか否かを監査し，その結果を監査報告書として提出することである。

　監査報告書は，公認会計士が監査の理論と技術を駆使して監査した結果を示す最終の生産物である。とすると，会計監査論は，この監査報告書が作成されるプロセスを研究対象とする学問とも言えるであろう。

　そこで，次頁の監査報告書を見てほしい。これは，金融商品取引法に基づく監査において，経営者の作成した財務諸表が企業の財政状態と経営成績それにキャッシュ・フローの状況を適正に表示していると監査人が判断したので，その旨の意見を表明したものである。

　"パス"しないで全部読んで下さい。ゆっくり読んでもたった2分です。

独立監査人の監査報告書

平成×年×月×日

○○株式会社

　　取締役会　　御中

○○　監査法人

指　定　社　員　　公認会計士○○　㊞
業務執行社員

指　定　社　員　　公認会計士○○　㊞
業務執行社員

　当監査法人は，金融商品取引法第193条の2第1項の規定に基づく監査証明を行うため，「経理の状況」に掲げられている○○株式会社の平成×年×月×日から平成×年×月×日までの第××期事業年度の財務諸表，すなわち，貸借対照表，損益計算書，株主資本等変動計算書，キャッシュ・フロー計算書及び附属明細表について監査を行った。この財務諸表の作成責任は経営者にあり，当監査法人の責任は独立の立場から財務諸表に対する意見を表明することにある。 ｝ 監査の対象

　当監査法人は，我が国において一般に公正妥当と認められる監査の基準に準拠して監査を行った。監査の基準は，当監査法人に財務諸表に重要な虚偽の表示がないかどうかの合理的な保証を得ることを求めている。監査は，試査を基礎として行われ，経営者が採用した会計方針及びその適用方法並びに経営者によって行われた見積りの評価も含め全体としての財務諸表の表示を検討することを含んでいる。当監査法人は，監査の結果として意見表明のための合理的な基礎を得たと判断している。 ｝ 監査の概要

　当監査法人は，上記の財務諸表が，我が国において一般に公正妥当と認められる企業会計の基準に準拠して，○○株式会社の平成×年×月×日現在の財政状態並びに同日をもって終了する事業年度の経営成績及びキャッシュ・フローの状況をすべての重要な点において適正に表示しているものと認める。 ｝ 監査の意見

　会社と当監査法人又は業務執行社員との間には，公認会計士法の規定により記載すべき利害関係はない。

以　上

Ⅲ　監査報告書に見る会計監査論の課題

　前頁の独立監査人の監査報告書を分析してみよう。会計監査論の課題が明らかにされるからである。
　監査報告書は，大きく3つに区分される。「監査の対象」，「監査の概要」，「監査の意見」である。より重要なのは，監査の意見である。

1　監査の意見

　「監査の意見」には，監査人である公認会計士または監査法人が監査した結果を監査意見として記載する。
　「当監査法人は，上記の財務諸表が，我が国において一般に公正妥当と認められる企業会計の基準に準拠して，○○株式会社の平成×年×月×日現在の財政状態並びに同日をもって終了する事業年度の経営成績及びキャッシュ・フローの状況をすべての重要な点において適正に表示しているものと認める」という監査意見は，財務諸表には全体として重要な虚偽の表示がなく会社の実態を示しているので，利害関係者の意思決定の判断資料として信頼できる，ということを意味しているのである。
　ここには，以下の課題がある。
① 「一般に公正妥当と認められる企業会計の基準」とは何か。
② 「一般に公正妥当と認められる企業会計の基準」と「財務諸表が企業の財政状態，経営成績及びキャッシュ・フローの状況をすべての重要な点において適正に表示している」という監査人の意見は，どのような関係にあるのか。また，「『適正に』表示している」と述べているが，なぜ「『正確に』表示している」と言えないのか。
③ 財務諸表が会社の実態を示していないという監査意見等もあるのだろう。意見の相違はどのような理由によるのか。

④　監査人の任務は，財務諸表の適正性に対して意見を表明することか，それとも経営者による財務諸表の粉飾を発見することか。一般の人々が公認会計士や監査法人に期待することは，経営者による不正を発見し，それを明らかにすることであろう。経営者が粉飾決算を行っているとするならば，それを発見できずして財務諸表は適正だという意見を表明することができるのか。経営者による不正の発見と財務諸表に対する意見の表明とは，どのような関係にあるのか。

⑤　公認会計士や監査法人が財務諸表は適正だという意見を発表した直後に企業が倒産している。彼らの責任はどうなるのか。

⑥　財務ディスクロージャー社会において，監査報告書はどのような役割を果たしているのか。また，その限界は何か。

監査の意見を表明するために，監査人は，監査報告書に「監査の対象」と「監査の概要」を記載する。

2　監査の対象

「監査の対象」には，監査の根拠法令と監査の対象，そして経営者及び監査人の各々の責任が記載される。

ここには，以下の課題がある。

①　監査の根拠法令は何か。金融商品取引法である。金融商品取引法の目的は何か。

②　監査の対象は何か。特定の事業年度の財務諸表である。財務諸表にはどのようなものがあるのか。

③　財務諸表は誰のものか，監査報告書は誰のものか。経営者と監査人はどのような責任を負うのか。

3　監査の概要

「監査の概要」には，監査人が実施した監査のあらましを記載する。つまり，監査は「一般に公正妥当と認められる監査の基準」に準拠して行われたこと，監査の基準は財務諸表に重要な虚偽の表示がないかどうかについて監査人である公認会計士や監査法人に合理的な保証を求めていること，監査は試査を基礎として行われたこと，監査は経営者が採用した会計方針とその適用方法並びに経営者によって行われた見積りの評価も含め全体としての財務諸表の表示を検討することを含んでいること，監査人は財務諸表に対する意見を表明するための合理的な基礎を得たと判断していることを記載する。

ここには，以下の課題がある。

① 「一般に公正妥当と認められる監査の基準」とは何か。「監査の基準」と「監査基準」はどう異なるのか。「会計監査論は『監査基準』を分析する」とも言われる。なぜか。

② 監査の基準が監査人に求めている「財務諸表に重要な虚偽の表示がないかどうかについての合理的な保証」とは何か。それにしても，「財務諸表の重要な虚偽の表示」とは固いナ。

③ 監査の基準は，監査人に対し，リスク・アプローチに基づく監査を要求しているという。では，リスク・アプローチ監査とは何か。

④ 監査意見を表明する監査人にとっての最大の問題は何か。それは，公認会計士や監査法人の独立性である。では，独立性とは何か。

⑤ 財務諸表監査は監査対象のすべてを検証するのではなく，その一部を抜き出して検証することである。これを「試査」という。なぜ，試査が採られるのか。試査で大丈夫だろうか。

⑥ 監査人は経営者が適用した会計方針を評価するという。会計方針とは，会計処理の原則や手続等のことである。1つの会計事実に対して複数の会計処理方法が容認されている場合，適用された会計処理方法の妥当性をどのように判断するのか。また，引当金のように経営者の見積りも評価する

という。第三者との客観的な取引とは異なる将来事象をどのように評価するのか。
⑦ 監査人は監査意見を形成するために，監査手続を実施して監査要点を立証する監査証拠を入手する。監査手続とは何か。監査要点とは何か。監査証拠とは何か。

さらに，監査報告書には，以下の2つの事項が記載される。

4　表題等

監査報告書の表題，監査報告書の提出日，監査報告書の宛先を記載し，監査報告書の作成者（監査法人と指定社員や業務執行社員たる公認会計士）が署名押印する。
ここには，以下の課題がある。
① なぜ「独立監査人の監査報告書」なのか。
② 監査報告書の提出日はどのような意味をもっているのか。
③ 監査報告書の宛先は誰か。
④ 監査法人の「社員」とは何か。それは，一般の事業会社の「社員」や会社法でいう「社員」とどう違うのか。

5　利害関係の有無

最後に，会社と監査人との利害関係の有無を記載する。
そもそも会社と利害関係がある者は監査できないはずである。なぜ，これを記載するのか。

公表される監査報告書はたった1枚の紙切れである。そして，無味乾燥である。こんな簡単な監査報告書では物足りない。公認会計士や監査法人は，会社

の収益性や安全性について，もっと詳細な情報や意見を表明することはできないのか。また，上場会社や大会社の倒産が続出しているが，監査人は事前に倒産の危険性を警告できないのか。

第1章

公認会計士監査の必要性

Auditing Theory & Practice

I　企業を取り巻く利害関係者

　企業は，多くの人々や他の企業とさまざまな関係にある。例えば，株主や銀行，社債権者からは資金を調達し，得意先や仕入先とは商品・製品・原材料等の販売や購入を通じての債権者・債務者の関係にある。また，一般の人々とはその供給する商品やサービスを通じて生産者・消費者の関係にあり，従業員からは労働力の提供を受け，国や地方自治体とは税金の支払いや各種の補助金を受ける関係にある。企業は，これらの利害関係者との関係を友好に維持し発展させることによって，成長することができるのである。

　一方，これらの関係者も企業に対していろいろな期待をもっている。株主は株価の上昇や多くの配当金を期待し，銀行や社債権者は元本や利息の確実な回収を求める。得意先や仕入先も安定した取引を希望し，一般の人々は余裕資金があれば株主や社債権者になろうとする。従業員は家族の生活を支えるためにできるだけ多くの給料やボーナスを求め，国や地方自治体も企業の獲得する利益に課税する立場からその動向に大きな関心を払う。

　このような企業とそれを取り巻く関係者との利害の調整を図る1つの制度が**財務ディスクロージャー**（financial disclosure，財務公開）制度である。会社法や金融商品取引法は，企業に対しその内容，特に**財務**（資金の調達と運用のこと）の状況を開示することを要求している。つまり，企業は一定時点における財政状態や一定期間の経営成績さらにキャッシュ・フローの状況を明らかにしなければならないのである。そして，それは財務諸表によって行われる。利害関係者は，それぞれの立場から，その財務諸表を判断資料として当該企業に対して意思決定を行うのである。

Ⅱ　企業の「実態」とは

　財務諸表は企業の真実な状況，つまり企業の実態を示すものでなければならない。では，「真実な状況」あるいは「実態」とは，どのような状況を言うのであろうか。我々の生活する社会における会計や監査の役割を理解するうえで，このことを知ることは非常に重要である。そして，事実は次のとおりである。

　企業は，毎日発生する取引を複式簿記と会計基準に準拠して処理し，財務諸表を作成する。

　複式簿記は500年以上も続いている計算手段である。その本質は「仕訳」にある。すべての取引を二面的に（勘定の左側と右側に）記入するのである。すると，財産の「有高」とその増減をもたらす「原因」を自動的に計算することができる。前者が貸借対照表であり，後者が損益計算書である。複式簿記により，両表を誘導的に作成することができるのである。その仕訳の原理が，今，コンピュータ・プログラムに組み込まれている。複式簿記に代わる計算手段は存在しない。

　会計基準は，当然のことながら個々の企業が勝手に決めるものではなく，社会的に承認されたものでなければならない。そこで，**一般に公正妥当と認められる企業会計の基準**が必要とされる。公正妥当な会計基準でなければ適正な損益やそれを基礎とする税金も公共料金も算定できず，また，企業間の業績も比較することができないからである。

　このように，企業が毎日発生する取引を複式簿記と一般に公正妥当と認められる企業会計の基準に従って処理すれば，その結果としての財務諸表は，当該企業の真実な財政状態と経営成績それにキャッシュ・フローの状況を示すのである。つまり，複式簿記は世界中のすべての企業が導入しているので所与の前提とすると，一般に公正妥当と認められる企業会計の基準に従って作成された財務諸表が企業の実態を反映している，と言えるのである。

III 経営者の立場

　ところで，財務諸表は誰のものだろうか。それは，経営者が作成した企業の所有物である。そこで，財務諸表の作成者たる経営者の立場について考えてみよう。

　経営者の最大の任務は，一般的には，できるだけ多くの利益を獲得することである。株主の期待する株価の上昇も多くの配当金も，銀行の求める借入金の確実な返済や利息の支払いも，従業員の要求を満たす給料やボーナスの支給も，そして納税等を通しての社会還元も，利益を獲得することによってのみ達成可能だからである。経営者はいかなる環境にあっても利益を獲得することが自らの使命であると認識しており，また，社会もそれを達成した経営者を真の経営者と讃えるのである。

　このような立場にある経営者は，時には，次のような行為を行う。
① 架空の売上を計上する。
② 子会社へ強制的に売上げる。
③ 次期に計上すべき売上を当期に計上する。
④ 当期に計上すべき費用を計上しない。
⑤ 当期に計上すべき費用を次期に繰延べる。
⑥ 回収不能な売掛金や貸付金に対して貸倒引当金を設定しない。
⑦ 有価証券の時価が著しく下落し回復する見込みがないのに評価損を計上しない。
⑧ 著しく陳腐化した棚卸資産に対して評価損を計上しない。
⑨ 有形固定資産の耐用年数を従来よりも延長し，減価償却費を過小に計上する。
⑩ 特別利益に属する有価証券売却益を営業外収益に計上する。

　このような技法によって，経営者は，利益を捻出することができる。
　また，経営者は，次のような行為も行う。

① 商品や製品，仕掛品等の棚卸資産の評価方法を後入先出法(あといれさきだしほう)から先入先出法(さきいれさきだしほう)へ変更する。
② 有形固定資産の減価償却方法を定率法から定額法へ変更する。
③ 製品保証引当金，工事補償引当金，損害補償損失引当金等の繰入基準を変更する。
④ 固定資産に属する投資有価証券を流動資産の有価証券に変更する。

①から③までの事例は一般には利益の過大計上をもたらすが，場合によっては利益の過小計上も導く。④は見せかけだけの良好な債務返済能力を示す。

このような会計処理の原則や手続の変更に対して，経営者は，次のように主張する。変更後の会計処理の原則や手続はいずれも「一般に公正妥当と認められる企業会計の基準」として容認されており，しかも，その変更については財務諸表に「注記」しているのだから何ら問題はないと。

しかし，上のような技法によって作成された財務諸表は，決して企業の正しい財政状態や経営成績それにキャッシュ・フローの状況を示すものではない。また，個々の会計処理の原則や手続が一般に公正妥当と認められる企業会計の基準として認められているとしても，その変更が会社の実態を反映する「正当な理由」に基づくものでなければ，それは**粉飾決算**（window dressing）である。

粉飾決算は絶対に許すことはできない。多額の損失が発生しているにもかかわらず利益の実現を報告することは，財務諸表に依拠する利害関係者の判断を誤らせ，そして，結局は企業も倒産し多くの人々に莫大な損害をもたらすからである。これは，歴史が証明するところである。

上のような可能性のある状況において作成された財務諸表が経営者によって一方的に公表されても，利害関係者は直ちにこれを受け止めるわけにはいかない。意思決定の判断資料としての財務諸表に不信感を持っているからである。

一方，適正な経理を行っている経営者がいかに財務諸表の真実性を主張しても，それは，十分な説得力をもつものではない。「自己証明は証明にあらず」だからである。

Ⅳ　財務諸表の性質

「財務諸表は事実と慣行と判断の総合的表現」と言われる。貸借対照表を例に，この意味について考えてみよう。

勘定式の貸借対照表は，左側（借方）に資産，右側（貸方）に負債と純資産を示す（資産＝負債＋純資産）。そして，期末の純資産合計が期首の純資産合計よりも大きい場合には，その分だけ当該期間に利益が発生したことを意味する（当期純利益＝期末純資産－期首純資産。つまり，期末純資産＝期首純資産＋当期純利益）。すると，期末の貸借対照表は，〔資産＝負債＋（期首純資産＋当期純利益）〕となる（図表１－１）。

図表１－１　貸借対照表

資　産	負　債
	純　資　産 （期首純資産＋当期純利益）

そして，図表１－１より，当期純利益は，以下のようになる。

$$当期純利益　＝　資産　－　（負債　＋　期首純資産）$$

この当期純利益の算式に注目しよう。当期純利益は，資産，負債，期首純資産の変動に伴って増減するが，期首純資産は期中に増資や減資，剰余金の配当等がない限り一定である。問題は，資産と負債にある。

(1) 資　　産

　資産の価値は変動する。企業は所有する資産の価値を貸借対照表に正しく表示するために，期末に資産を評価する。貸借対照表に表示する項目の金額を決めることを，会計では「評価」という。貸借対照表は通常は直近の決算日の財政状態を示すのだから，なるべく時価で評価することが望ましい。ところが，評価に当たっては，以下で見るように経営者の主観的な判断が大きく介入するのである。

① 資産のうち現金と預金は，評価の対象にはならない。現金と預金はそれ自体がその時の時価を示しているからである。

　　売掛金と受取手形のような売上債権も，債権金額自体は第三者との取引の結果であり評価の対象にはならない。しかし，これらの債権の一部は回収できない場合もある。回収の不能を貸倒れといい，その損失を「貸倒損失」という。貸倒損失は将来発生する損失であり，当期の損失には関係ないように思えるが，それは，売上という収益が当期に発生したことに起因するので，費用収益対応の原則により，当期に損失（通常は費用）として認識しなければならない。

　　そこで，期末に，

　　（借方）貸倒引当金繰入額　×××　　（貸方）貸倒引当金　×××

と仕訳することにより，貸倒引当金繰入額を当期の損益計算書の費用（販売費）に計上し，同時に貸倒引当金を売上債権から控除する方法で貸借対照表に表示するのである。

　　ところが，貸倒れによる実際の損失額は貸倒れが発生した次期以降でなければ分からない。したがって，当期に計上する貸倒引当金繰入額と同時に表示される貸倒引当金は過去の実績や税法基準をベースにしつつも，経営者の推定によらざるを得ないのである。

② 商品や製品のように通常の販売目的で保有する棚卸資産については，その取得原価が期末における正味売却価額を下回っている場合は，必ず正味

売却価額で評価しなければならない（取得原価と正味売却価額との差額は当期の費用とする）。その場合，正味売却価額は，品質低下や陳腐化の程度，再販価格等を考慮した経営者の判断によって決められる。

　また，棚卸資産は「慣行」に基づく8つの方法（個別法，先入先出法，後入先出法，単純平均法，総平均法，移動平均法，売価還元原価法，最終仕入原価法）のいずれかによって評価される。いずれの方法も「一般に公正妥当と認められる企業会計の基準」として容認されているが，どの方法を採用するかは経営者が決める。そして，その適用方法いかんによっては貸借対照表の棚卸資産価額と損益計算書の売上原価は大きく異なるのである[1]。

③　有形，無形を問わず固定資産の価値は，まさに「事実と慣行と判断の総合的表現」である。例えば，建物や機械装置の価値は年々低下する。建物や機械装置は収益を獲得するために使用されているので，そのような価値の低下は費用として認識されなければならない。減価償却費の計算がそれである。

　減価償却費は，取得価額，耐用年数，残存価額の3つの要素により計算される。この3つの要素のうち，取得価額は第三者との取引の結果であり「事実」を示す。ところが，耐用年数と残存価額はいずれも見積りである（通常は，「減価償却資産の耐用年数等に関する省令」（財務省令）に依拠する。なお，2007（平成19）年4月1日以後に取得した減価償却資産については，残存価額は廃止され，耐用年数経過時点に1円まで償却可能である）。そして，減価償却方法には定額法，定率法，生産高比例法等の「慣行」があり，どの方法を採用するかは経営者の「判断」に委ねられている。いずれの方法を採用しても，それは一般に公正妥当と認められる企業会計の基準に準拠しているものとみなされるが，採用する償却方法により損益計算書に計上される減価償却費と貸借対照表に表示される減価償却累計額は大きく異なる[2]。

④　本社の土地・建物や工場の生産設備，研究施設や福利厚生施設等の事業用資産と賃貸ビルや駐車場等の投資不動産については，その価値が下落したときには「減損損失」を計上しなければならない。減損損失は当該資産

を継続的に使用することによって得られる将来キャッシュ・フローの現在価値と帳簿価額を比較することにより測定されるが，キャッシュ・フローの見積りや現在価値の計算（割引率の利用）には仮定や予測が大きく介入する[3]。

⑤ 固定資産に含まれる投資株式や関係会社株式については，その時価が著しく下落し回復すると認められる場合以外は，時価で評価しなければならない（時価と帳簿価額との差額は「投資有価証券評価損」や「関係会社株式評価損」（特別損失）とする）。上場株式のように金融商品取引所で取引されている場合には時価と株価の動向を客観的に把握することができるが，金融商品取引所に上場されていない取引先や関係会社の株式の時価と回復可能性は，多分に経営者の主観的判断によって決定される。

⑥ 繰延資産は，創立費，開業費，株式交付費，社債発行費，開発費の5つである。これらの5項目に見られるように，繰延資産はある期間にすでに現金の支出が行われた費用であるが，それが資産として認識されるのは，その支出の効果（収益）が将来にわたって発現するものと期待されるので，支払った年度だけの費用としないで支出の効果の及ぶ期間にも費用を負担させることによって，適正な期間損益を算定するためである。

　一方，会社法は債権者に対する債務の弁済手段として利用できない繰延資産の資産性を否定しているので，それを支出が行われた期間の費用とする立場に立つ。しかし，適正な期間損益を算定するという企業会計の目的にも配慮して，資産に計上することも認めている（会社計算規則106③五）。そこで，経営者は，いずれかの方法を選択する[4]。

⑦ 「繰延税金資産」という項目がある。例えば，会社が貸倒引当金繰入額を費用に計上しても税務当局がそれを損金（法人税法上の費用）に認めない限り所得（法人税法上の利益）に加算され，その分，法人税・住民税・事業税を支払わなければならない。余分に支払った法人税等（企業会計上は費用）は，将来貸倒損失が実際に発生した時に戻ってくるので，費用の前払に相当し資産としての性格を持つ。そこで，それを繰延税金資産として資

産に計上するのである。

　しかし、税金が戻ってくるといっても、現金が戻ってくるのではなく、将来支払う税金から差し引かれるのである。将来支払う税金は、将来の期間に予想される利益（通常5年間）を見積って算定される。では、向こう5年間の利益を見積るのは誰だろうか。経営者である。つまり、繰延税金資産は、経営者が予想する利益を前提に算定されるのである[5]。

⑵　負　　債

負債は評価の対象になるのだろうか。

負債は一般には評価の対象にはならない。それは、支払手形、買掛金、借入金のような負債は契約上の取引金額であり、法律上の確定された債務だからである。契約上の取引金額は、当然のことながら1つの数字として確定している。

例えば、銀行から資金を借り入れる場合、「借入金100億円程度」というような契約はありえず、「借入金100億円」という金額が確定する。支払手形や買掛金も同様に1つの金額が確定している。また、貨幣価値が変動しても、負債金額は変動しない。例えば、急速にインフレが進んだとしても、返済金額を増加させる必要はなく、逆にデフレになったとしても、負債金額を減らすことはできない。

ただし、負債には引当金や準備金も含まれる。

① 　引当金には、貸倒引当金、製品保証引当金、返品調整引当金、工事補償引当金、退職給付引当金、損害補償損失引当金等がある[6]。

　　当期の費用または損失として引当金に繰り入れることができるのは、将来の特定の費用または損失であること、その発生が当期またはそれ以前の事象に起因していること、発生の可能性が高いこと、その金額を合理的に見積ることができること、という4つの条件を満たす場合である。このうち、発生の可能性や見積金額の決定は、経営者の判断に大きく依存する。

　　また、退職給付引当金は従業員が将来退職するときに支払われる退職金（退職給付見込額）を現時点で支払うと仮定した場合の金額なので、従業員

の退職率や予定昇給率,現在価値を計算するための割引率等によって大きな影響を受ける。退職給付見込額は信託銀行や生命保険会社の「保険数理士(アクチュアリー)」という専門家が計算し,割引率は経営者が決める。

② 準備金とは,会社が将来の損失または支出に備えるため各事業年度において積み立てるものをいう。準備金は利益留保的性格が強く,上の引当金として必要な4つの要件を満たしていないものが多い。しかし,租税特別措置法は,国家の政策上,特定の準備金積立額の損金算入を認めている[7]。

例えば,海外投資等損失準備金は,海外に進出する特定法人の株式等を所有する場合,その株式等の価格の低落または貸倒れによる損失に備えるために,以下の仕訳により積み立てるものである。

(借方) 海外投資等損失準備金繰入額　×××　　(貸方) 海外投資等損失準備金　×××

また,電子計算機買戻損失準備金は,電子計算機の製造・販売業者が電子計算機の特別買戻損失を補填するために準備金として積み立てるものである。

損益計算書に計上される準備金繰入額と貸借対照表の負債に計上される準備金も,一定の条件下での経営者の推定による。

このように,貸借対照表を構成する資産項目と負債項目の金額は,現金と預金を除いて,多くの場合,経営者の主観的判断や会計上の慣行によって決定されるのである。**図表1－2のアミカケ部分に注意して下さい。**先の当期純利益の算式〔当期純利益＝資産－(負債＋期首純資産)〕からして,資産項目や負債項目の評価が当期純利益の算定に大きな影響を及ぼすことは明らかである。したがって,「財務諸表は事実と慣行と判断の総合的表現」なのである。

図表1-2　経営者の判断や会計慣行の当期純利益への影響

区分	科目	区分	科目
流動資産	現金預金 受取手形 売掛金 有価証券 棚卸資産 繰延税金資産 デリバティブ債権 その他流動資産 貸倒引当金　△	負債　流動負債	支払手形 買掛金 短期借入金 未払法人税等 未払賞与 デリバティブ債務 製品保証引当金 その他流動負債
固定資産　有形固定資産	建物・構築物 機械装置 車両運搬具 工具・器具・備品 土地 減価償却累計額　△	固定負債	社債 長期借入金 繰延税金負債 退職給付引当金 その他固定負債
			負債合計
固定資産　無形固定資産	営業権 ソフトウェア その他無形固定資産	純資産　株主資本	資本金 資本剰余金 利益剰余金 自己株式　△
固定資産　投資その他の資産	投資有価証券 長期貸付金 繰延税金資産 その他投資等 貸倒引当金　△	純資産　評価・換算差額等	その他有価証券評価差額金 繰延ヘッジ損益
繰延資産	新株発行費 社債発行費 開発費		純資産合計
資産合計		負債及び純資産合計	

V 公認会計士監査の必要性

　利害関係者の意思決定手段としての財務諸表の重要性，現実の社会における経営者の立場，そして，財務諸表の性質からして，監査の必要性が容易に理解しうるであろう[8]。

　つまり，経営者の会計行為の妥当性を検証し，財務諸表の信頼性の程度を確かめるために，経営者から独立した職業的専門家による監査が必要とされるのである。公認会計士または監査法人は，監査報告書において，経営者の作成した財務諸表が「一般に公正妥当と認められる企業会計の基準」に準拠しているか否かについて意見を表明し，必要ならば監査の過程において認識した異常事項を指摘し，また，会計方針の変更や偶発事象等の情報を追記して利害関係者に注意を喚起するのである。

　重要なことは，財務諸表の作成については経営者が責任を負い，その財務諸表の適正性に関する意見については監査人が責任を負うということである。このように，公開される財務諸表について経営者と監査人がそれぞれの責任を分担することを**二重責任の原則**という。

　利害関係者は，経営者の公表した財務諸表とそれに添付される公認会計士または監査法人の監査報告書の両者に基づいて意思決定を行う。これが財務ディスクロージャー制度のフレームワーク（枠組み）である。このように，公認会計士監査は，財務ディスクロージャー制度の骨格を形成するものである（図表1－3）。

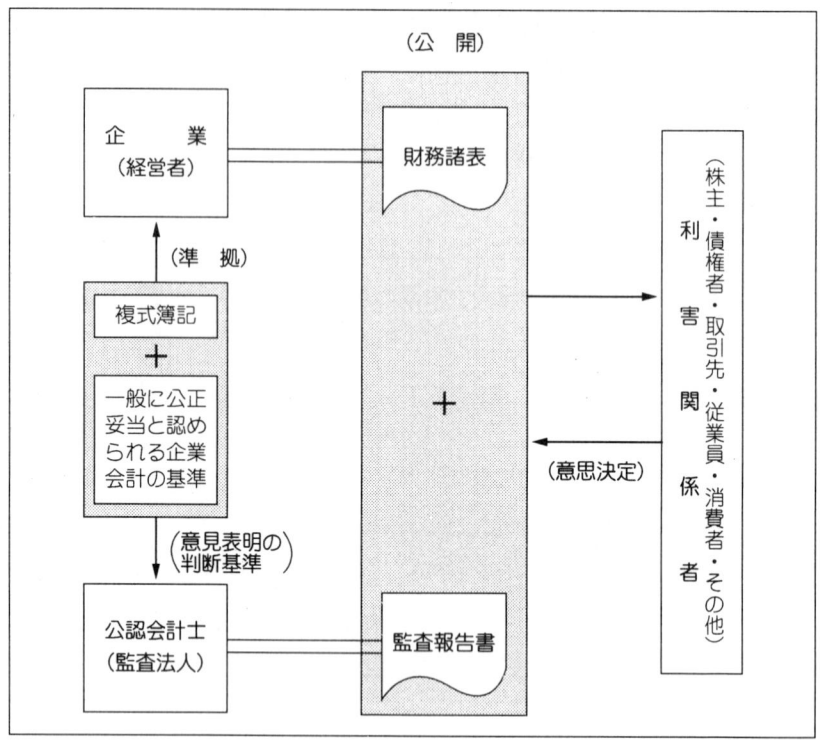

図表１－３　財務ディスクロージャー制度のフレームワーク

〔注〕
(1) 拙著『会計学入門──会計・税務・監査の基礎を学ぶ（第９版）』中央経済社，2008年，195－199頁。
(2) 同上書，205－206頁。
(3) 同上書，235－236頁。
(4) 同上書，210－213頁。
(5) 同上書，227－234頁。
(6) 同上書，81－83頁，214－216頁，220－226頁。
(7) 同上書，335－337頁。
(8) アメリカ会計学会の『基礎的監査概念』は，独立監査人による財務諸表監査が必要とされる４つの条件をあげている。
　第１は，利害の対立である。情報作成者と情報利用者との間に現実的あるいは潜在的な利害の対立がある場合，情報利用者は，受け取った情報に故意もしくは無意識に

よる偏向の可能性があると懸念する。

　第2は，影響の重大性である。情報作成者の提供する情報が利用者に重大な影響を与える場合は，情報利用者は受け取った情報の質を確かめることが重要であると考える。

　第3は，情報の複雑性である。経済事象や経済活動とそれらを情報に転換する過程が複雑になるにつれて，情報利用者は，受け取った情報の質を直接確かめることが困難であることあるいは不可能であることを認識する。また，経済事象や経済活動が複雑になるにつれて，誤謬が無意識のうちに情報に入り込む可能性は大きくなる。

　第4は，情報利用者の遠隔性である。情報作成者と情報利用者との間に物理的な距離があり，また，情報利用者が情報や情報作成者に接近することに対して法律的・制度的な障壁があって，受け取った情報の質を直接確かめることができない場合には，情報の質をそのまま受け入れるか，第三者の協力を得て情報の質を確かめなければならなくなる。

　American Accounting Association, *A Statement of Basic Auditing Concepts*, 1973, pp. 9 – 10. アメリカ会計学会，青木茂男監訳・鳥羽至英訳『基礎的監査概念』国元書房，1982年，20 – 21頁。

第2章

財務ディスクロージャー制度と公認会計士監査制度

Auditing Theory & Practice

I　財務ディスクロージャー制度

　財務ディスクロージャーとは，企業が財務（資金の調達と運用）の状況を利害関係者に開示することである。

　企業の典型である株式会社は，経営者（法的には取締役）が株主から委託された資金を管理・運用し，獲得した利益を配当として株主に分配する組織である。したがって，株主は資産の管理・運用を経営者に委託する委託者であり，経営者はその受託者である。経営者は，受託者であるから，株主から委託された資金を管理するだけでなく，それを運用することによって，最大の利益を獲得するために経営活動を行う責任を負う。この経営者の責任のことを一般に**受託責任**（stewardship）という。

　会社法は，この受託責任の履行を明らかにするために，経営者に対して，経営活動の結果を計算書類，つまり，貸借対照表，損益計算書，株主資本等変動計算書，個別注記表の4種を株主総会に提出することを要求している（会社法と会社計算規則等は，これらの会計報告書を財務諸表と言わず計算書類と呼んでいることに注意しよう）。また，会社法は，金融商品取引法の対象となる**大会社**（資本金5億円以上または負債総額200億円の株式会社）に対して，連結計算書類（連結貸借対照表，連結損益計算書，連結株主資本等変動計算書，連結注記表）も株主総会に提出することを求めている（会社法444③）。

　経営者が株主総会で会計報告をする責任のことを"**アカウンタビリティ**"（accountability）という。株主は，株主総会で（連結）計算書類を承認することによって経営者の受託責任を解除する。ここでは，（連結）計算書類は，受託責任の履行とその解除の手段となることにより，経営者と株主の利害を調整するという役割を果たしているのである。

　ところで，株式会社は，株主のみならず，債権者，取引先，従業員，国や地方自治体等，さまざまな利害関係者を擁している。そこで，会社の発行する財務諸表は，各種の利害関係者の意思決定に有用な情報を提供するという役割も

担うことになる。

　特に証券市場の発達は，不特定多数の人々が容易に株主や社債権者になることを可能にしている。したがって，現在の株主だけでなく，将来において株主や社債権者となり得る一般の人々（「潜在的投資者」という）も，財務諸表の重要な受け手として認識されなければならない。現実に，株式会社の資金調達の重要な部分が証券市場を通じて行われている以上，その資金調達を円滑にするために，投資者に会社情報を開示する必要がある。

　そこで，金融商品取引法は，株式を広く公開している会社に対してその内容を開示することを要求している。一般の人々を含む投資者は，会社の発表する情報，特に財務諸表に基づき，余裕資金を株式購入に充てようか，それとも危険を避けて預金や貯金に廻そうか社債にしようか，と考える。現在の株主も，成長力のある会社に再投資する。このようにして，社会全体の資金は効率的に配分されているのである。

　このような意味で，我々は，財務ディスクロージャーの意義を広く，かつ，高い視点から捉えなければならない。

Ⅱ　金融商品取引法に基づく財務ディスクロージャー

　金融商品取引法は，一般の投資者が安心して有価証券の取引が行えるように，市場に出回る有価証券を発行している公開会社[1]，金融商品取引業者，金融商品取引所等を規制する法律である。これまでの証券取引法に代わり，開示制度を充実し投資者保護と市場の透明化を図るために，2007（平成19）年に制定されたものである。

　我が国における財務ディスクロージャー制度及び公認会計士監査制度は，主として金融商品取引法を根拠にしている。そこで，金融商品取引法の要求するディスクロージャーについて概観しよう。

1 投資者保護

　金融商品取引法は,「投資者保護」を主要な目的としている(2)。では,投資者保護とは,どのようなことを意味するのだろうか。

　言うまでもなく,将来は不確実なので,取引当事者は互いに危険を承知で取引を行っている。取引は当事者の自己責任の下で行われるのである。"リターン"も大きいが"リスク"も大きい証券取引についても,そうである。投資者は,まず,この**自己責任の原則**を認識しなければならない。

　しかしながら,証券取引において,証券の売り主である会社は,発行した証券の内容（つまり会社自体）について熟知しているのに対し,買い主である投資者は,その内容について十分な知識を持っていない。明らかに,両者には情報格差がある。そこでは,投資者は,いわば弱者である。そこで,弱者である投資者が不公正な取引によって損害を被らないように,会社に十分かつ適正な情報を開示させることによって,投資者を保護しようとするのである。

　つまり,**投資者保護**とは,事実を知らされないことによって被る損害から投資者を保護することである。それは,有価証券の品質（価値）自体を保証することではなく,投資者自らが有価証券の品質を合理的に判断しうるような情報を会社に開示させることによって,投資者を保護しようとすることである。

　したがって,投資者保護は,消費者法による消費者保護とは異なる。消費者は欠陥のある商品から守られなければならないので,消費者法では商品について品質保証が与えられることもあるからである(3)。

2 ディスクロージャー

　このような投資者保護の目的を達成するために,金融商品取引法は,有価証券の発行会社に対し会社内容の開示,つまり"ディスクロージャー"を要求している。具体的には,有価証券の**発行市場**（会社が資金調達のために有価証券を発行し一般の人々に販売する市場）におけるディスクロージャーと**流通市場**（発行さ

れた有価証券が投資者間で売買される市場)におけるディスクロージャーである。

　また,金融商品取引法は,上場会社に対して,2008(平成20)年4月1日以後開始する事業年度から,有価証券報告書の記載内容が法令に基づき適正であることを確認した旨の「確認書」と「内部統制報告書」を内閣総理大臣に提出することを求めている。

(1) 発行市場におけるディスクロージャー

　発行市場におけるディスクロージャーとは,会社が大量の有価証券を販売することにより資金調達を行う場合に要求される情報の公開である。

　つまり,総額1億円以上の新規証券を発行し,50名以上の者に対して勧誘を行う場合には,上場会社等であると否とを問わず,発行会社は有価証券届出書を内閣総理大臣に提出しなければならない(金商法4①)。提出はXBRL(eXtensible Business Reporting Language)と呼ばれるネットワークを通じても行われる。有価証券届出書が提出されていないのに勧誘したものは処罰の対象となる。ただし,"プロ"である適格機関投資家のみを対象に勧誘を行うときや50名未満の者に勧誘を行うときは届出を要しない。

　有価証券届出書には,発行する証券の情報(募集要項,売出要項)や企業情報(企業の概況,事業の概況,設備の状況,提出会社の状況,経理の状況等)を記載しなければならない。中心は「経理の状況」であるが,そこには,連結財務諸表と個別財務諸表が含まれる。これらの財務諸表は,公認会計士または監査法人の監査証明を受けなければならない。さらに,発行会社は,有価証券の募集または売出しに際して,この有価証券届出書と実質的に同じ内容の**目論見書**を作成し投資者に交付(インターネットの利用も可能)しなければならない。

(2) 流通市場におけるディスクロージャー

　流通市場におけるディスクロージャーとは,上場有価証券の発行者,過去に1億円以上の募集・売出しを行った有価証券届出書の提出会社,資本金5億円以上で株主500名以上の株式会社(株主が500名以上の株式会社ならば株券が流通す

ると考えられるので）等が継続して行わなければならない情報開示である（金商法24）。

開示形式は，有価証券報告書と半期報告書，それに四半期報告書による。

有価証券報告書は，上記の会社等が毎決算期経過後3カ月以内に内閣総理大臣に提出する書類である。有価証券報告書は重要なので，その内容を示しておこう。

図表2－1　有価証券報告書の内容

第1	企業の概況	主要な経営指標等の推移，沿革，事業の内容，関係会社の状況，従業員の状況
第2	事業の概況	業績等の概要，生産・受注及び販売の状況，対処すべき課題，事業等のリスク，経営上の重要な契約等，研究開発活動，財政状態及び経営成績の分析
第3	設備の状況	設備投資等の概況，主要な設備の状況，設備の新設・除却等の計画
第4	提出会社の状況	株式等の状況（株式の総数，新株予約権，発行済株式総数・資本金の推移，所有者別状況，大株主の状況，議決権の状況，ストックオプション制度の内容），自己株式の取得等の状況，配当政策，株価の推移，役員の状況，コーポレート・ガバナンスの状況
第5	経理の状況	連結財務諸表，財務諸表
第6	提出会社の株式事務の概要	決算期，株券の種類，株主に対する特典
第7	提出会社の参考情報	親会社等の情報
監査報告書		連結財務諸表と財務諸表に関する2期間分

図表2－1で見るように，有価証券報告書は，企業の概況，事業の概況，設備の状況，株式等の状況，配当政策，株価の推移，コーポレート・ガバナンスの状況等を開示しているが，その中心は「経理の状況」であり，有価証券報告書の約60％を占めている[4]。

半期報告書は，事業年度が1年の有価証券報告書提出会社が上半期経過後3カ月以内に内閣総理大臣に提出する書類で，当該会社の上半期の営業の状況や経理の状況等を記載したものである。「経理の状況」には，中間連結財務諸表と中間財務諸表が含まれる。

第2章　財務ディスクロージャー制度と公認会計士監査制度

　四半期報告書は，3カ月ごとの会社の情報を記載したもので，投資者に対するより迅速な開示という観点から，2008（平成20）年4月1日以後開始する事業年度より上場会社に対して提出が義務付けられた（金商法24の4の7）。

　四半期報告書は四半期終了後45日以内に提出しなければならないが，その主な内容も，四半期連結財務諸表（四半期連結貸借対照表，四半期連結損益計算書，四半期連結キャッシュ・フロー計算書の3種類）と四半期財務諸表である。四半期報告書を提出する上場会社は，半期報告書を提出する必要はない。

　以上の開示書類はいずれも情報を定期的に開示するものであるが，外国での株券の募集・売出し，親会社や子会社の異動，主要株主の異動，損害賠償訴訟の提起，親会社や連結子会社の財政状態・経営成績に著しい影響を及ぼす事象が発生した場合等には，有価証券報告書提出会社は**臨時報告書**を提出しなければならない（金商法24の5④）。

　そして，有価証券報告書や半期報告書それに四半期報告書の（連結）財務諸表については公認会計士または監査法人による監査が要求される（金商法193の2①）。

(3) 確認書と内部統制報告書

　上場会社は，有価証券報告書，四半期報告書及び半期報告書について，その記載内容が金融商品取引法に基づいて適正であることを経営者自らが確認した旨を記載した**確認書**を提出しなければならない（金商法24の4の2，24の4の8，24の5の2）。これは，有価証券報告書や四半期報告書等の適正性の確保に向けた経営者の姿勢を示すことにより開示書類への信頼性を高めるためである。

　また，上場会社は，財務報告の信頼性を確保するための手続の整備状況と運用状況について経営者が評価した**内部統制報告書**を，事業年度ごとに提出しなければならない（金商法24の4の4）。これは，ディスクロージャーの信頼性を確保するためには，財務報告に係る企業の内部統制の強化を図ることが重要であるとの観点から要請されるものである。そして，その内部統制報告書は，公認会計士または監査法人の監査証明を受けなければならない（金商法193の2②）。

III 公認会計士監査制度

財務ディスクロージャー制度の骨格を形成する公認会計士監査の構造については次章で検討する。ここでは，我が国の公認会計士監査制度の展開について見よう。

(1) 創成期から約50年

1945（昭和20）年8月15日，第二次大戦は終わった。占領軍総司令部（いわゆるGHQ）は経済民主化政策の一環として財閥を解体し，財閥の所有する株式が放出された。また，企業再建整備法に基づいて特別経理会社約8,000社が増資を実施した。このような株式放出と新たな株式の募集により，1945年167万人であった個人株主は，4年後には419万人へと約2.5倍にも増加した。

このような中で，1948（昭和23）年，投資者保護を目的とする証券取引法が成立し，同法第193条は「証券取引委員会は，この法律の規定により提出される貸借対照表，損益計算書その他の財務計算に関する書類が計理士の監査証明を受けたものでなければならない旨を証券取引委員会規則で定めることができる」と規定した。そして，同年7月，**公認会計士法**が成立し，証券取引法第193条の「計理士」は「公認会計士」に改められたのである。

我が国の公認会計士法が制定された1948年，イギリスはすでに100年の職業会計士監査制度の歴史をもち，同国の1948年会社法は，監査役の資格を「勅許会計士」（Chartered Accountant）であることとした。また，1948年のアメリカは証券法（証券の発行に関する規制，1933年）と証券取引所法（証券の流通に関する規制，1934年）の連邦証券二法による法定監査が開始されてから15年目に当たるが，同国における最初の公認会計士法は1896年にニューヨーク州において成立している。したがって，我が国の公認会計士監査制度は，イギリスから遅れること100年，アメリカから遅れること50年後にスタートしたのである。

そして，1949（昭和24）年には，公認会計士が財務諸表の適正性を判断する

際の基準となる「企業会計原則」が公表され，翌1950年には，「監査基準」と「監査実施準則」も制定された。このようにして，**証券取引法に基づく公認会計士監査制度**は，1951（昭和26）年7月1日以降に始まる事業年度から開始されることになった。監査対象会社は446社，公認会計士は400人弱であった。

しかし，監査する側の公認会計士も監査を受ける企業側も初めての経験だったので，当初の約5年間は準備期間とされ，会計制度や内部牽制制度，内部監査の整備・運用状況についての監査，貸借対照表の重要な項目等についての監査であった。財務諸表全体に対する意見の表明を目的とする正規の監査は，1957（昭和32）年1月1日以降に始まる事業年度から実施されたのである。その直前の1956年12月末における被監査会社数は952社と倍増し，登録公認会計士は1,185人であった。

1961年，「銀行よサヨウナラ，証券よコンニチワ」という株式ブームの中で，東京・大阪・名古屋証券取引所に市場第二部が開設され，新規上場申請会社に対する公認会計士監査が制度化されるとともに，1963年からはいわゆる「店頭株」も公認会計士監査の対象となり，同年末の被監査会社は2,155社へと拡大した。

しかし，1964年半ばすぎから次第に色濃くなった不況は翌年に入ると一段と深刻化し，企業倒産が増加した。1964年末の日本特殊鋼とサンウェーブ工業に続いて，65年には山陽特殊鋼も倒産した。とりわけ山陽特殊鋼の場合は，我が国有数の特殊鋼メーカーでその負債額は480億円という戦後最大の倒産であり，しかも同社の長期間にわたる大規模な粉飾決算が明らかとなり，大蔵省が有価証券届出書と有価証券報告書の虚偽記載を理由に，会社及び経営者を告発した初めての事件であった。世論は粉飾決算を行った経営者を厳しく追及するとともに，これを見逃し虚偽証明を行った公認会計士に対してはもちろんのこと，公認会計士制度全体に厳しい批判を浴びせた。

このため，1966（昭和41）年，日本公認会計士協会は，すべての公認会計士を会員とすることにより指導体制を強化した。そして，監査人の独立性を強化し監査の有効性を確保する観点から**監査法人制度**が創設されたのである。

1974（昭和49）年，商法特例法（正式には「株式会社の監査等に関する商法の特例に関する法律」という）が制定され，これまでの証券取引法に加え商法も，資本金10億円以上の会社に対し公認会計士または監査法人による監査を強制した。その後，ロッキード，ダグラス，グラマン等一連の航空機購入にまつわる疑惑と企業の不正支出が発覚したため，1982（昭和57）年10月より被監査会社の範囲は，「資本の額が5億円以上」または「負債の合計金額が200億円以上」のいずれかの基準を満たす株式会社に拡大されたのである。

　このように，我が国の公認会計士監査は，法律に守られ，経済の発展とともに「成長」した。そして，1991（平成3）年，名古屋市で優良会社と言われてきた「日東あられ」が倒産，粉飾決算が表面化し，「責任を果せぬ会計士」などの批判はあったものの（日経，1992.4.24），証券界を中心に新規公開をもっと促進すべきだとの要望を背景に，監査法人は競って新規公開会社を獲得した。

(2)　1995年頃から最近まで

　ところが，1995（平成7）年，兵庫銀行や住宅金融専門会社7社等の破綻が相次いだ。住宅金融専門会社の場合，1995年3月期決算で回収不能に備えた貸倒引当金は789億円であったが，大蔵省による検査では損失見込額は貸付金だけでも8,022億円にも達した。「ノーといえる会計監査に」「会計士批判に十分こたえよ」「しっかりしてよ監査法人」などのタイトルが紙面を大きく飾った。

　さらに，翌1996年には太平洋銀行と阪和銀行が倒産，97年には，北海道拓殖銀行，日本長期信用銀行，日本債券信用銀行，日産生命，東邦生命，三洋証券，徳陽シティ銀行，山一證券，日本リース等の金融機関が破綻したのである。その間，東海興業，多田建設，大都工業の上場ゼネコンや京樽，雅叙園，ヤオハンジャパン，東食等の上場会社も倒産した。

　日本経済新聞は，「公認会計士監査への信頼が揺らいでいる。適切に処理されなかった『簿外負債』が企業の倒産や巨額損失発生で次々と明らかになる一方，監査をしてきた会計士の無能振りが浮かび上がる。信用できないバランスシートは，日本企業全体の不信感を招き，株価の下落に拍車をかけている」と

第2章　財務ディスクロージャー制度と公認会計士監査制度

伝え，英国フィナンシャル・タイムズも社説で，「不思議の国の会計監査。海外投資家は『何が出てくるかもわからない』日本企業のバランスシートに恐れをなしている」と報道し，国際会計基準審議会の議長も「日本企業の決算書は信用できない」と糾弾した（日経，1997.12.26）。日興證券や住友信託銀行，富士銀行，大和證券等が日本の監査法人を飛び越して，海外の"ビッグ5"（当時の5大会計事務所）に「お墨付き」をもらうために特別調査を依頼したのも1998年である。その後も，第百生命，大正生命，協栄生命，千代田生命，東京生命，第一火災海上，大成火災海上等の経営破綻が続いた。

　1999年，倒産したヤオハンジャパン，三田工業，日本長期信用銀行，山一證券，日本債券信用銀行の株主や破産管財人らが損害賠償を求めて会計監査人を訴えた。山一證券については原告側は敗訴したが，3年後の2002年，住宅金融専門会社日本住宅金融については，元株主が監査法人（朝日監査法人と三興監査法人）と元役員を相手に損害賠償を求めた訴訟で，被告側が2,000万円の解決金を支払うことで和解が成立した。和解条項には「法的責任を認めるものではない」とのただし書きが盛り込まれたが，粉飾決算で監査法人が金銭を負担した初めてのケースであった（日経，2002.6.28）。

　また，日本長期信用銀行（現新生銀行）の違法配当事件にからむ粉飾決算を見逃したとして，整理回収機構が監査法人太田昭和センチュリーに71億円の損害賠償を求めていた事件で，監査法人は一定の責任を認め，整理回収機構に2億円を支払うことで合意，東京簡易裁判所で調停が成立した（日経，2002.7.30）。

　同じ2002年，フットワークエクスプレスによる粉飾事件で瑞穂監査法人の公認会計士が逮捕・起訴され，同監査法人は解散した。

　翌2003年，りそな銀行事件。同年3月期の繰延税金資産を巡って共同監査人である新日本監査法人と朝日監査法人の見解は大きく割れ，朝日監査法人は会計監査人を辞任した。結局，自己資本比率は4％を割り，公的資金という名の2兆円もの税金が投入されたのである。

　そして，2005年4月，5年間で2,000億円を超えるカネボウ粉飾事件。その粉飾金額の大きさやそれを会計監査人が「指導」していたこともさることなが

ら，その実態を産業再生機構の支援を受けた新経営陣が発表したことが事件を一層"センセーショナル"にした。

さらに，ライブドア事件。投資事業組合や海外の関連会社等を駆使した違法な錬金術で上場廃止。粉飾決算に加担した公認会計士も実刑判決，所属する監査法人は解散した。

そして，2006年12月，ミサワホーム九州が過去6年間に販売した4,598棟のうち16％に相当する726棟を前倒しで売上げに計上をしていたと発表した。さらに，同月，日興コーディアル証券は，連結対象とすべき特別目的会社を対象から除外，加えて同特別目的会社とその子会社とのデリバティブ取引で約188億円の架空利益を計上していたことを明らかにした。

カネボウ粉飾事件に加担した公認会計士が所属する中央青山監査法人は，前例のない2カ月間の業務停止を受け，法人名を「みすず監査法人」と改め再出発したが，日興コーディアル証券事件が命取りになり，2007年7月，解体した[5]。これは大事件である。

そして，つい最近，大阪地裁は，経営破綻した発電設備工事会社ナナホシの粉飾決算事件に絡み，監査法人トーマツの過失を認め賠償を命じた（日経，2008.4.18）。監査法人の過失を認めた判決としては初めてである。

公認会計士は国からライセンスを与えられ，会計監査について独占的な権利を付与されている。それは，投資者保護という社会的責任を果たしているからである。その公認会計士と監査法人は「繁栄」している。しかし，公認会計士と監査法人が社会的責任を果たすことができないならば，その将来はない。

(3) 公認会計士監査の現況

金融商品取引法と会社法に基づく監査の状況（2006年4月期から2007年3月期まで）は，図表2－2のとおりである。

図表2－2　監査の実施状況

	会社数	1部上場	2部上場	その他
金融商品取引法監査 連結財務諸表提出会社 個別財務諸表提出会社 （小　計）	3,699社 1,031社 (4,730社)	1,671社 83社 (1,754社)	614社 140社 (754社)	1,414社 808社 (2,222社)
会社法監査	5,564社	うち資本金5億円未満の会社で負債総額200億円以上の会社は672社である。		

（出所：日本公認会計士協会『会計・監査ジャーナル』，2008年6月号，121頁）

そして，現在は，以下のような法定監査も実施されている。

① 協同組織金融機関監査

　金融機関等の経営の健全性確保のための関係法律の整備に関する法律に基づいて，一定規模以上の信用金庫と信用組合に対して行われている監査である。2007年3月末現在，信用金庫285金庫，労働金庫10金庫，信用組合88組合，農林中金1金庫が監査を受けている。

② 私立学校法人監査

　私立学校振興助成法に基づいて，私立大学や私立高校等に対して行われている監査である。2007年3月末現在，大学・短大612校，高校・中学・小学校647校，幼稚園4,450法人が監査を受けている。

③ 地方自治体監査

　地方自治法に基づいて，都道府県や政令指定都市，中核市，条例制定市区に対して行われている監査である。2007年度，118の自治体が監査を受けている。

④ 国立大学法人等監査

　国立大学法人法や独立行政法人通則法に基づいて，国立大学法人（91法

人）や独立行政法人（75法人）に対して行われている監査である（2007年度）。
⑤　労働組合監査
　　労働組合法に基づいて，「組合員によって委嘱された職業的に資格がある会計監査人」による監査である。

〔注〕
(1) 会社法は，「公開会社とは，その発行する全部又は一部の株式の内容として譲渡による当該株式の取得について株式会社の承認を要する旨の定款の定めを設けていない株式会社」と定めている（会社法2①五）。1種類の株式を発行し，それについて譲渡制限がなければ，その会社は公開会社であり，複数の種類の株式を発行していても，一部に譲渡制限のない株式が発行されていれば公開会社となる。
　　会社法でいう公開会社の「公開」という概念は，単に株式の譲渡に制限がないというだけであって，通常言われている「公開会社」とはまったく異なることに注意しよう。
(2) 金融商品取引法は，その第1条において次のように定める。
　　「この法律は，企業内容等の開示の制度を整備するとともに，金融商品取引業を行う者に関し必要な事項を定め，金融商品取引所の適切な運営を確保すること等により，有価証券の発行及び金融商品等の取引等を公正にし，有価証券の流通を円滑にするほか，資本市場の機能の十全な発揮による金融商品等の公正な価格形成等を図り，もって国民経済の健全な発展及び投資者の保護に資することを目的とする。」
(3) 黒沼悦郎『金融商品取引法入門』日経文庫，日本経済新聞社，2006年，36頁。
(4) 拙著『会計学入門 —— 会計・税務・監査の基礎を学ぶ（第9版）』（中央経済社，2008年）は，日立製作所の有価証券報告書を分析している。参照してほしい。
(5) 中央青山監査法人は，解体当時，社員・職員数3,377名（社員公認会計士439名，公認会計士1,352名，会計士補825名，その他761名），事務所56ヵ所（国内27，海外29），監査関与件数5,243社（証券取引法・会社法を含む法定監査2,727社，任意監査2,516社），2005年度の業務収入は524億円で第2位であった（トーマツ532億円，新日本494億円，あずさ461億円）。
　　そして，新日本製鐵，トヨタ自動車，ソニー，日本電信電話，KDDI，東レ，王子製紙，旭化成，信越化学工業，資生堂，三菱化学，昭和石油シェル，旭硝子，日本郵船，日本軽金属，京セラ，三洋電機，日本電産，清水建設，横河電機，任天堂，中部電力，伊勢丹，ユーエフジェイホールディングス，日興コーディアルグループ，ミレアホールディングス等々，各業界を代表する会社を監査していた（2005年3月31日現在）。

第3章

公認会計士監査の構造

Auditing Theory & Practice

I　公認会計士監査の構造

公認会計士監査の構造について検討しよう。

1　監査と財務諸表監査の意味

監査とは，「監察審査」，「監視検査」または「監督検査」の略語であるといわれ，『広辞苑』によれば，「監督し検査すること」である。

監査という用語は，1881（明治14）年公布の会計検査院章程第3条「官金及ビ物品ノ出納，官有財産管理ノ方法ヲ監査ス」で初めて使用され，その後，1890（明治23）年に制定された商法において，株主総会で株主の中から選任される**監査役**による監査制度が設けられてから，広く一般化したと言われている[1]。

ところで，1973年，アメリカ会計学会の基礎的監査概念委員会は，監査を次のように定義した[2]。

「監査とは，経済活動や経済事象についての主張と確立された規準との合致の程度を確かめるために，これらの主張に関する証拠を客観的に収集し評価するとともに，その結果を利害関係者に伝達する体系的な過程である。」

この監査の一般的定義を財務諸表監査に当てはめると，次のように言えるであろう。

「**財務諸表監査**とは，企業の経済活動や経済事象についての経営者の主張である財務諸表と一般に公正妥当と認められる企業会計の基準との合致の程度を確かめるために，公認会計士または監査法人が，財務諸表に関する証拠を独立の立場で収集し評価するとともに，その結果を監査報告書で利害関係者に伝達する体系的な過程である。」

そこで，この財務諸表監査の定義を4頁の監査報告書と関連させてみよう。

監査人である○○監査法人は，○○株式会社を監査し，平成×年×月×日，監査報告書を提出した。監査は，金融商品取引法に基づく財務諸表についての監査であることが分かる。

監査法人は，我が国において一般に公正妥当と認められる監査の基準に準拠して監査を行った。

監査の結果，財務諸表が，我が国において一般に公正妥当と認められる企業会計の基準に準拠して，○○株式会社の平成×年×月×日現在の財政状態並びに同日をもって終了する事業年度の経営成績及びキャッシュ・フローの状況をすべての重要な点において適正に表示している，と○○監査法人は認めた。

この監査報告書により，以下の事項が理解しうるであろう。

① 監査の目的 —— 財務諸表が○○株式会社の実態，すなわち財政状態と経営成績それにキャッシュ・フローの状況を適正に表示しているか否かについての意見を表明すること
② 監査主体 —— ○○監査法人
③ 監査の対象 —— ○○株式会社の平成×年×月×日から平成×年×月×日までの1年間の経済活動や経済事象についての経営者の主張である財務諸表
④ 監査の基準 —— 我が国において一般に公正妥当と認められる監査の基準
⑤ 意見表明の判断基準 —— 我が国において一般に公正妥当と認められる企業会計の基準

以下，これらの事項について検討しよう。

2 監査の目的

金融商品取引法に基づく監査の目的は，投資者を保護するために，経営者の作成した財務諸表が企業の財政状態と経営成績それにキャッシュ・フローの状況を適正に表示しているか否かについて，つまり，財務諸表の適正性について

監査人たる公認会計士または監査法人が意見を表明することである。

この監査の目的については，第4章で検討する。

3 監査主体 —— 監査人の任務

監査主体である監査人の典型は，監査を職業としている公認会計士と監査法人である。公認会計士や監査法人は，経営者の作成した財務諸表の適正性について意見を表明する。しかし，そこには，2つの異なる任務がある。それは，批判機能と指導機能である。

批判機能とは，財務諸表の適否を一般に公正妥当と認められる企業会計の基準に照らして批判的に検討する機能をいう。これが，財務諸表監査の本質的な機能である。すなわち，企業の財務諸表作成プロセスと財務諸表を批判的に検討して，最終的に財務諸表が企業の財政状態と経営成績それにキャッシュ・フローの状況を適正に表示しているか否かについて意見を表明することである。

指導機能とは，監査人が財務諸表上の問題点や財務諸表作成プロセスの欠陥等について必要な助言や勧告を行い，適正な財務諸表を作成するよう企業を指導する機能である。監査人は，財務諸表上の問題点を発見したときには，まず企業に対し速やかに修正するよう勧告し，また財務諸表作成プロセスの欠陥等については，その改善を求めることが必要である。このようにして，企業が常に適正な財務諸表を発表し，監査人の批判の余地をなからしめることが監査の真の目的である。

ところで，財務諸表作成の権限と責任は経営者にあり，監査人の指摘を受入れるか否かは経営者の裁量に任せられる。したがって，監査人は財務諸表の修正を強制する権限を持たない。そのため，企業が監査人の指摘を拒否し財務諸表の修正に応じない場合もあり得る。このような場合には，監査人は批判機能を発揮して，その事実とこれに対する自己の意見を監査報告書に明記し責任の範囲を明らかにするのである。

このように，指導機能には一定の限界があるので，監査人は，批判機能を第

一の任務とすべきであるが，両者を適切に活用することによって，財務諸表監査の目的を達成しなければならない。

監査人については，第6章で詳細に検討する。

4　監査の対象

(1)　被監査会社の範囲

金融商品取引法第193条の2第1項は，「金融商品取引所に上場されている有価証券の発行会社その他の者で政令で定めるものが，この法律の規定により提出する貸借対照表，損益計算書その他の財務計算に関する書類で内閣府令で定めるものには，その者と特別の利害関係のない公認会計士又は監査法人の監査証明を受けなければならない」と定めている。

この規定に基づき監査証明を受けなければならない会社の範囲は，次のとおりである（金商法24，同施行令3の6，35）。

① 　金融商品取引所に上場されている有価証券の発行会社
② 　資産の流動化に関する法律に規定する特定有価証券の発行会社
③ 　発行価額または売出価額の総額が1億円以上の有価証券を募集または売出すために内閣総理大臣に有価証券届出書を提出しようとしている会社
④ 　資本金5億円以上で株主が500人以上の会社

(2)　財務諸表監査

監査人は，企業の作成する財務諸表を監査対象とする。

金融商品取引法は，企業集団の連結財務諸表と個別企業の財務諸表，企業集団の中間連結財務諸表と個別企業の中間財務諸表，企業集団の四半期連結財務諸表と個別企業の四半期財務諸表を監査対象としている。

財務諸表とその作成基準は，図表3－1のとおりである。

図表 3 - 1　財務諸表と作成基準

(a)　連結財務諸表
　①　連結貸借対照表
　②　連結損益計算書
　③　連結株主資本等変動計算書
　④　連結キャッシュ・フロー計算書
　⑤　連結附属明細表

(b)　個別財務諸表
　①　貸借対照表
　②　損益計算書
　③　株主資本等変動計算書
　④　キャッシュ・フロー計算書
　⑤　附属明細表

(c)　中間連結財務諸表
　①　中間連結貸借対照表
　②　中間連結損益計算書
　③　中間連結株主資本等変動計算書
　④　中間連結キャッシュ・フロー計算書

(d)　中間財務諸表
　①　中間貸借対照表
　②　中間損益計算書
　③　株主資本等変動計算書
　④　中間キャッシュ・フロー計算書

(e)　四半期連結財務諸表
　①　四半期連結貸借対照表
　②　四半期連結損益計算書
　③　四半期連結キャッシュ・フロー計算書

(f)　四半期財務諸表
　①　四半期貸借対照表
　②　四半期損益計算書
　③　四半期キャッシュ・フロー計算書

　なお，連結財務諸表を作成している会社は，(b)④と(d)④それに(f)③のキャッシュ・フロー計算書を作成する必要はない。また，四半期（連結）財務諸表を作成している会社は，中間（連結）財務諸表を作成する必要はない。

　これらの財務諸表の作成方法については，以下の基準や規則が定められている。
　　「連結財務諸表規則」（内閣府令）
　　「財務諸表等規則」（内閣府令）
　　「連結キャッシュ・フロー計算書等の作成基準」
　　「中間連結財務諸表規則」（内閣府令）
　　「中間財務諸表等規則」（内閣府令）
　　「四半期連結財務諸表の用語，様式及び作成方法に関する規則」（内閣府令）
　　「四半期財務諸表等の用語，様式及び作成方法に関する規則」（内閣府令）

　もちろん，実際の監査は，財務諸表作成の基礎となる伝票，帳簿，証憑，契約書，その他の書類，そして内部統制や経営環境等も対象にする。財務諸表が作成されるプロセスを監査し経営環境等も考慮しなければ，財務諸表が財政状態や経営成績それにキャッシュ・フローの状況を適正に表示しているかどうか判断できないからである。

5　監査の基準

　企業を取り巻く利害関係者は，企業の発表する財務諸表と監査人の発行する監査報告書を判断資料として，それぞれの立場から，当該企業に対して意思決定を行う。特に投資者や銀行等の債権者の意思決定は，国全体の富を高めるような企業に資金の流入をもたらしている。監査済みの財務諸表はこのような社会的役割を担っているのである。
　したがって，財務諸表監査の主体となる監査人の資格と条件ならびに監査行為は，社会が公正妥当と認めた基準に準拠するものでなければならない。ここに，**一般に公正妥当と認められる監査の基準**が必要とされる基本的な理由がある。
　つまり，財務諸表監査は監査人の判断に依拠する面が大きいので，監査人の要件，監査の実施，監査報告に関して一定の基準を設け公表することによって，監査人，依頼人及び一般の人々の利害を合理的に調整することができ，監査制度に確固たる基盤を与え，制度の円滑な運営を図ることができるのである。
　監査の基準については，第5章で検討する。

6　意見表明の判断基準

　財務諸表監査は，財務諸表が一般に公正妥当と認められる企業会計の基準に準拠して作成され，企業の財政状態と経営成績それにキャッシュ・フローの状況を適正に表示しているか否かについて，監査人が意見を表明することである。
　したがって，監査人の意見表明の判断基準は，**一般に公正妥当と認められる企業会計の基準**である。その一般に公正妥当と認められる企業会計の基準は，主として，企業会計審議会がこれまでに公表した基準と企業会計基準委員会から公表される基準である（図表3－2）[3]。

図表3－2　一般に公正妥当と認められる企業会計の基準

企業会計審議会が公表した会計基準
①　「企業会計原則」(1949. 7. 9，最終改正 1982. 4. 20)
②　「原価計算基準」(1962. 11. 8)
③　「連結財務諸表原則」(1975. 6. 24，最終改正 1999. 10. 22)
④　「外貨建取引等会計処理基準」(1979. 6. 26，最終改正 1999. 10. 22)
⑤　「セグメント情報の開示基準」(1988. 5. 26)
⑥　「先物・オプション取引等の会計基準」(1990. 5. 29)
⑦　「リース取引に係る会計基準」(1993. 6. 17)
⑧　「中間連結財務諸表等の作成基準」(1998. 3. 13)
⑨　「連結キャッシュ・フロー計算書等の作成基準」(1998. 3. 13)
⑩　「研究開発費等に係る会計基準」(1998. 3. 13)
⑪　「退職給付に係る会計基準」(1998. 6. 16)
⑫　「税効果会計に係る会計基準」(1998. 10. 30)
⑬　「金融商品に係る会計基準」(1999. 1. 22)
⑭　「固定資産の減損に係る会計基準」(2002. 8. 9)
⑮　「企業結合に係る会計基準」(2003. 10. 31)
企業会計基準委員会が公表した会計基準（2008年3月末現在）
第1号　「自己株式及び準備金の額の減少等に関する会計基準」(2002. 2. 21，最終改正 2006. 8. 11)
第2号　「一株当たり当期純利益に関する会計基準」(2002. 9. 25，最終改正 2006. 1. 31)
第3号　「『退職給付に係る会計基準』の一部改正」(2005. 3. 16)
第4号　「役員賞与に関する会計基準」(2005. 11. 29)
第5号　「貸借対照表の純資産の部の表示に関する会計基準」(2005. 12. 9)
第6号　「株主資本等変動計算書に関する会計基準」(2005. 12. 27)
第7号　「事業分離等に関する会計基準」(2005. 12. 27)
第8号　「ストック・オプション等に関する会計基準」(2005. 12. 27)
第9号　「棚卸資産の評価に関する会計基準」(2006. 7. 5)
第10号　「金融商品に関する会計基準」(2006. 8. 11，最終改正 2007. 6. 15)
第11号　「関連当事者の開示に関する会計基準」(2006. 10. 17)
第12号　「四半期財務諸表に関する会計基準」(2007. 3. 14)
第13号　「リース取引に関する会計基準」(2007. 3. 30)
第14号　「『退職給付に係る会計基準』の一部修正（その2）」(2007. 5. 15)
第15号　「工事契約に関する会計基準」(2007. 12. 27)
第16号　「持分法に関する会計基準」(2008. 3. 10)
第17号　「セグメント情報等の開示に関する会計基準」(2008. 3. 21)
第18号　「資産除去債務に関する会計基準」(2008. 3. 31)

II　公認会計士監査の限界

公認会計士や監査法人による財務諸表監査には，次のような限界がある。
① 公認会計士監査は試査により行われるので，試査の範囲外に存在する不正や誤謬に起因する財務諸表の虚偽の表示については発見することができない。したがって，発見できない重要な虚偽の表示がある場合には，監査人が誤った意見を表明する可能性は常に存在する。
② 経営者が関与した共謀により巧妙に行われた取引については，その記録や証憑書類の真偽を判定することが困難な場合もある。そのため，監査人がそれを正しい記録や証憑書類と誤認して誤った意見を表明する危険性も存在する。
③ 財務諸表を構成している項目についての経営者の主張には見積りや判断が多く含まれている。その経営者の主張の妥当性を監査人が判断する。監査人の判断も主観的である。したがって，監査人間で意見が分かれる可能性もある。

とは言え，"プロ"としての公認会計士や監査法人に求められることは，このような限界や制約を可能な限り克服することであろう。

〔注〕
(1) 日下部與市『新会計監査詳説』中央経済社，1978年，3－4頁。
(2) American Accounting Association, *A Statement of Basic Auditing Concepts*, 1973, p. 7．アメリカ会計学会，青木茂男監訳・鳥羽至英訳『基礎的監査概念』国元書房，1982年，3頁。
(3) 我が国の会計基準設定主体は，これまでは大蔵大臣（現財務大臣）の諮問機関であった「企業会計審議会」であったが，現在は，民間団体である財団法人財務会計基準機構の内部機関である**企業会計基準委員会**である。なお，**企業会計審議会**は，現在，金融庁長官の諮問機関として公認会計士監査制度に関する重要な問題を審議し建議している。

第4章

財務諸表監査の目的と監査人の役割
―― 財務諸表の適正性についての
　　意見の表明と不正の発見

Auditing Theory & Practice

財務諸表監査の目的は，経営者の作成した財務諸表が企業の財政状態と経営成績それにキャッシュ・フローの状況をすべての重要な点において適正に表示しているかどうかについて，監査人たる公認会計士や監査法人が意見を表明することである。つまり，公認会計士や監査法人の役割は，財務諸表の適正性についての意見を表明することである。

　一方で，公認会計士や監査法人には，経営者による不正を発見し明らかにすることが期待されている。

　では，財務諸表監査の目的である財務諸表の適正性についての意見の表明と経営者による不正の発見とは，どのような関係にあるのだろうか。

I　誤謬及び不正の意味

　財務諸表が企業の財政状態と経営成績それにキャッシュ・フローの状況を適正に表示していない場合，つまり，財務諸表に虚偽の表示が行われている場合，それは，誤謬と不正によってもたらされる。

　誤謬（errors）とは，財務諸表の虚偽の表示の原因となる意図的でない誤りのことである。これには，次のようなものが含まれる。
① 財務諸表の基礎となるデータの処理上の誤り。例えば，計算の誤りや金額のインプットミス等。
② 事実の見落としや誤解から生ずる会計上の判断や見積りの誤り
③ 会計処理や表示に関する会計基準の適用の誤り

　不正（irregularities）とは，財務諸表の虚偽の表示の原因となる意図的な行為のことである。不正は，経営者が関与する不正（以下「経営者不正」という）と従業員だけが関与する不正（以下「従業員不正」という）に区分される。また，不正には，「不正な財務報告」と「資産の流用」とがある。

　不正な財務報告とは，計上すべき金額を意図的に計上しなかったり必要な開示を意図的に行わなかったりすることで，いわゆる「粉飾決算」のことである。

粉飾決算は，多くの場合，次のような手段により経営者によって行われる。
① 企業外の第三者との共謀等による財務諸表の基礎となる会計記録や証憑書類の偽造または改ざん
② 取引や会計事象，重要な情報の財務諸表における不実表示や除外
③ 会計処理や表示に関する会計基準の不適切な適用

資産の流用とは，売上代金の着服，支払代金の水増し請求による着服，運送中や保管中の棚卸資産の横流し等であり，それらを隠蔽するために記録や証憑を改ざんしたり偽造することが多い。資産の流用は，主として従業員によって行われる。

いずれにせよ，経営者は，誤謬や不正を防止または発見する責任を負っている。そして，その責任は，適切な内部統制を整備しかつ運用することによって遂行される。

Ⅱ　誤謬及び不正に対する監査人の役割

誤謬は，主として従業員の側で発生する。誤謬は，会計担当者等の能力不足・不注意・怠慢・過労等による無意識のうちに行われる過失であり，いわば善意の誤りである。また，不正に従業員が関与することもある。特に，資産の流用はそうである。

このような誤謬や不正は，経営者不正のように犯跡を隠すための**特殊工作**を行う恐れがないので，多くの場合，企業内の**内部牽制**（一定の作業を一人の支配下に置くことなく必ず複数の従業員に担当させ，各担当者の相互牽制により自動的に業務の適否を検証しうる事務管理制度のこと）や**内部監査**（会社内部の監査人による監査）等の内部統制によって防止されたり，発生したとしても比較的容易に検出される。特に，会社法は大会社に対して内部統制システムを構築することを義務付けているので，法定監査の対象となる大会社は程度の差はあれ内部統制を整備し運用している[1]。したがって，誤謬や従業員不正により財務諸表項目に

虚偽の表示があったとしても，それらは事前に修正されることが多い。そのため，現在の公認会計士や監査法人による監査は，誤謬の発見や資産の流用等のような従業員不正の発見を主たる目的とするものではない。

一方，財務諸表の重要な虚偽の表示の多くは，経営者による粉飾決算に起因する。粉飾決算は内部統制でも防止することができない場合が多い。それは，経営者が内部統制を無視するからである。例えば，経営者が株価を維持または上昇させるために会計方針を変更して利益操作を行う場合や経営者が「特定目的会社」(債権の証券化やリース取引など特別な目的のために設立する会社) を"タックスヘイブン"(tax haven, 租税回避地。ケイマン島等のように低課税または無税の国や地域のこと) に設立しこれを利用して仮装取引を行う場合等は，内部統制が整備されていても防ぎようがなく，結果として，財務諸表は粉飾される。したがって，公認会計士はこの種の経営者不正を発見しなければならない。

そこで，監査基準の一般基準は「監査人は，財務諸表の利用者に対する不正な報告あるいは資産の流用の隠蔽を目的とした重要な虚偽の表示が，財務諸表に含まれる可能性を考慮しなければならない」(一般基準4) と定め，これを受けて，実施基準は「監査人は，職業的専門家としての懐疑心をもって，不正及び誤謬により財務諸表に重要な虚偽の表示がもたらされる可能性に関して評価を行い，その結果を監査計画に反映し，これに基づき監査を実施しなければならない」(基本原則5) と規定している。

ところで，監査基準の一般基準は「第一 監査の目的」で，次のようにいう。

「財務諸表の表示が適正である旨の監査人の意見は，財務諸表には，全体として重要な虚偽の表示がないということについて，合理的な保証を得たとの監査人の判断を含んでいる。」

ここにいう「合理的な保証」とは何か。

それは，第1章で検討したように監査が対象とする財務諸表には経営者による見積りや判断に基づく不確定な情報が多く含まれていること，監査は試査で行われること，監査は多くの局面で監査人の判断を必要としていること，した

がって，監査には一定の限界があること，しかし，監査人は，職業的専門家としての正当な注意を払い，職業的懐疑心を保持して監査を実施した結果，財務諸表には全体として重要な虚偽の表示がないということについて相当に高い程度の心証を得た，ということである。もちろんこのことは重要な虚偽の表示が皆無であることを保証するものではない。しかし，財務諸表利用者は，監査人の表明する財務諸表が適正である旨の意見は財務諸表には全体として重要な虚偽の表示がない，粉飾決算が行われていないということについて監査人が保証している，と解するのである。これは，監査人にとっては極めて重い規定である。

要するに，公認会計士や監査法人は，財務諸表に重要な虚偽の表示はないと判断したときにはじめて財務諸表は適正であるという意見を表明することができるのである。したがって，監査人は，経営者不正の発見を監査の最大の目標としなければならない。

Ⅲ 監査目的の重点の変化

通常の財務諸表監査において，公認会計士による不正及び誤謬の発見は副次的または第2次的目的にすぎない，と長い間言われてきた。世界の職業会計士界をリードするアメリカ公認会計士協会（AICPA）は，法律の要求する監査（「法定監査」という）開始後40年を経た1972年になっても（34頁），以下のような公式見解を発表していたのである[2]。

「通常の監査を実施するに当たって，監査人は不正（fraud）が行われているかもしれない可能性を承知している。監査人は，不正が著しく重要であるならば，財務諸表に関する自らの意見に影響を及ぼすかもしれないことを認識しており，そして，一般に公正妥当と認められた監査基準に基づいて行われる監査は，このような可能性を考慮している。……

しかしながら，通常の監査は，経営者による意図的な虚偽記載の発見を保

証するものではない。不正を発見できなかった監査人の責任は, そのような失敗が明らかに一般に認められた監査基準に準拠していなかった場合にのみ生じるのである。」

「不正の防止や発見については, 適切な内部統制を備えた会計システムに委ねている。もし監査の目的がすべての不正を発見することにあるならば, 監査人は監査費用が極めて高くつく範囲まで監査業務を拡張しなければならないであろう。しかし, たとえそうしたとしても, 監査人は, すべての不正を発見できたとか, あるいはそれがまったく存在しなかったということを保証することはできない。なぜなら, 記録されない取引や文書の偽造, 共謀等は必ずしも発見されないからである。良好な内部統制と契約で定めた従業員の忠実義務がより経済的かつ有効な防御手段であることは, 一般に知られている。」

その後1970年代から1980年代にかけて多くの粉飾決算を摘発できなかった公認会計士に対する社会的糾弾の中で[3], 上の見解を大修正したのが1988年の監査基準書第53号 (SAS No.53) である。それは, 次のようにいう[4]。

「監査人は, 誤謬及び不正に起因する財務諸表の虚偽記載のリスクを評価しなければならない。この評価に基づいて, 監査人は, 財務諸表の重要な誤謬及び不正を発見することを合理的に保証するための監査計画を策定しなければならない。

財務諸表の虚偽記載のリスクを評価するために, 監査人は, 誤謬や不正の特性, つまり, それらの財務諸表への影響の重要性, 誤謬や不正に係る経営者または従業員のレベル, 会計記録や資料の隠蔽, 文書の偽造, 共謀の範囲や巧妙さ, 経営者が内部統制を無視する可能性, 不正は利益の過大表示か過小表示か, そして, これらの相互関係等を理解する必要がある。その理解に基づいて, 監査人は, 監査手続を計画し実施しかつその結果を評価する。

監査人は, 重要な誤謬または不正の発見を合理的に保証するために, 監査手続の計画, その実施, そしてその結果を評価するに当たって, 正当な注意 (due care) を払いかつ適度な専門家としての懐疑心 (professional skepticism)

第4章 財務諸表監査の目的と監査人の役割

を堅持しなければならない。」

このようにSAS No.53は，監査人に対し，財務諸表の重要な誤謬及び不正を発見することを合理的に保証するための監査計画を策定することを求め，かつ，監査計画の策定から監査の実施，監査意見の表明に至るすべての監査業務において正当な注意を払い専門家としての懐疑心を堅持しなければならないとした。そして，従来の公式文書にいわば枕詞のように見られていた「一般に認められた監査基準に基づく財務諸表監査の目的は，財務諸表の適正性についての意見の表明である」という文言を削除した。しかし，このことは，財務諸表監査の目的を変更したのではない。それは，同監査基準書も従来と同じように，監査人は財務諸表が一般に認められた会計原則に準拠しているかについて意見を述べなければならない，と明確に指摘していることからも明らかである。

つまり，SAS No.53は，財務諸表の適正性についての意見の表明という監査目的を達成するために，財務諸表にとって重要な誤謬及び不正を発見することの積極的役割を監査人に課したのである。

このAICPAの見解が各国の財務諸表監査の目的に大きな影響を及ぼしたのである。我が国においても例外ではない。

第2章で検討したように，北海道拓殖銀行，日本長期信用銀行，日本債券信用銀行，幸福銀行，なみはや銀行，新潟中央銀行，石川銀行，中部銀行，山一證券，日産生命，東邦生命，第百生命，大正生命，協栄生命，千代田生命，東京生命，第一火災海上，大成火災海上等々が破綻した。金融機関はつぶれないという「神話」が，あっという間に崩れたのである。しかも，監査人は無限定適正意見を表明していたのである。

2002（平成14）年改訂の我が国の「監査基準」も，経営者不正を発見することを監査人の積極的役割とした。そして，監査人に対し，財務諸表の虚偽表示のリスクを評価すること，職業的懐疑心を堅持することなども求めた。監査人が長い間副次的目的としていた（責任の観点からは「裏」に隠していた）経営者不正の発見が「表」に登場し，主たる目的となったのである。

〔注〕
(1) 会社法は、大会社に対して、「取締役の職務の執行が法令及び定款に適合することを確保するための体制その他株式会社の業務の適正を確保するために必要なものとして法務省令で定める体制」の整備を義務付けている (348, 362)。これを受けて、会社法施行規則は、取締役の職務の執行に係る情報の保存及び管理に関する体制や使用人の職務の執行が法令及び定款に適合することを確保するための体制、企業集団における業務の適正を確保するための体制等の構築と運用を定めている (100①)。
(2) AICPA, Statement on Auditing Standards No. 1, November 1972. これは、1960年の「監査手続書第30号」(Statement on Auditing Procedure No. 30) の監査目的をそのまま取り入れたものである。
(3) アメリカにおける約120年間の会計監査職業の展開において、業界は1970年代と80年代にまさに「嵐」の中に置かれた。公認会計士という自由職業が危機に晒されたのである。つまり、粉飾決算を発見できず多くの訴訟に巻き込まれたこと、ウォーターゲート事件 (1973年) の調査の過程で大企業による政治献金や賄賂等の不正支出が摘発され、公認会計士事務所がこれに加担する事件が発覚したことなどを起因として、上院のメトカーフ報告書は「アメリカ議会が会計基準や監査基準を設定すべきであり、公認会計士監査を定期的に検査すべきである」と主張したのである。

　AICPAは会計事務所の監査業務の品質をチェックする「ピアレビュー」(Peer Review) でどうにか乗り切ったものの (93頁)、80年代には大手銀行の倒産が続き、いわゆる"エクスペクテーション・ギャップ"(社会の監査人に対する期待と現実の監査実践との乖離) が問題となった。それは、「経営の失敗」と「監査の失敗」の区別がつかない投資大衆のみに責任を負わせるわけにはいかない事情が監査人側にもあった。合併・買収ブームの結果、多くの被監査会社がライバル事務所へ移行する現象は会社を引き止めかつ新しい被監査会社を獲得するための競争を激化させ、禁止が解除された競争入札や懇請行為は監査人の独立性を脅かしたのである。また、"オピニオン・ショッピング"(経営者の会計方針を支持する公認会計士を監査人として選任する行為のこと) や監査報酬のカットは、監査の質を低下させた。事実、"ビッグ8"(当時) はその非を認め、1980年から85年後半にかけて、原告に総額1億7,900万ドル (当時の1ドル280円で計算すると約5,000億円) という莫大な和解金を支払った。粉飾決算を見逃した公認会計士の中には12年間の懲役を判決された者もあった。

　このような危機的状況を打開するために、AICPAが採った手段の一つが、不正の発見に対する監査人の積極的役割である (拙著『アメリカ監査論——マルチディメンショナル・アプローチ&リスク・アプローチ』中央経済社、1994年、54-90頁)。
(4) AICPA, Statement on Auditing Standards No. 53, "The Auditor's Responsibility to Detect and Report Errors and Irregularities," April 1988, *Codification of Statements on Auditing Standards*, AU Section 316.05-06, 08, 34.

第5章

監査の基準

Auditing Theory & Practice

I 一般に公正妥当と認められる監査の基準

　4頁の監査報告書の「監査の概要」を見よう。

　そこには，監査人が，どのような監査計画を策定し，どのような監査手続をどの範囲にわたって何時実施し，どのような監査証拠を入手しそれをどう評価して，そして監査意見を表明するに至ったのか，については記載されていない。単に，「当監査法人は，一般に公正妥当と認められる監査の基準に準拠して監査を行った」と記載されているだけである。

　このような監査人の陳述は，金融商品取引法監査や会社法監査における監査報告書に共通して見られる。このことは，監査人が実施した監査の状況を個別に記載するのでなく，上の一文を記載することによって，監査人は，一般に公正妥当と認められる監査の基準が要求する条件に基づいて，監査の基準が要求する水準の監査を実施し，監査の基準が要求する監査意見を表明したことを明らかにしているのである。

　では，「一般に公正妥当と認められる監査の基準」とは何か。

　それは，「監査基準」と「監査に関する品質管理基準」，これらを具体化した「日本公認会計士協会の実務指針」，それに「一般に認められる監査実務慣行」のことである。監査基準と品質管理基準，実務指針と一般に認められる監査実務慣行が一体となって，**一般に公正妥当と認められる監査の基準**を構成しているのである。

II 監査の基準と会計基準との関係

　企業は，その経済活動を一般に公正妥当と認められる企業会計の基準に従って処理し財務諸表に表示しなければならない。

　監査人は，企業の会計処理が一般に公正妥当と認められる企業会計の基準に

継続的に準拠して行われているか否か，そして，財務諸表での表示が一般に公正妥当と認められる企業会計の基準に従って行われているか否かについて，一般に公正妥当と認められる監査の基準に準拠して監査を行い，専門家としての意見を述べるのである。

したがって，一般に公正妥当と認められる企業会計の基準は，単に企業における会計処理及び財務諸表作成上の指針にとどまらず，監査人による財務諸表の適否判定の基準でもある。監査人は，監査の実施については「一般に公正妥当と認められる監査の基準」に，財務諸表の判定については「一般に公正妥当と認められる企業会計の基準」に依拠するのである。

この関係は，図表5－1のよう示すことができる。

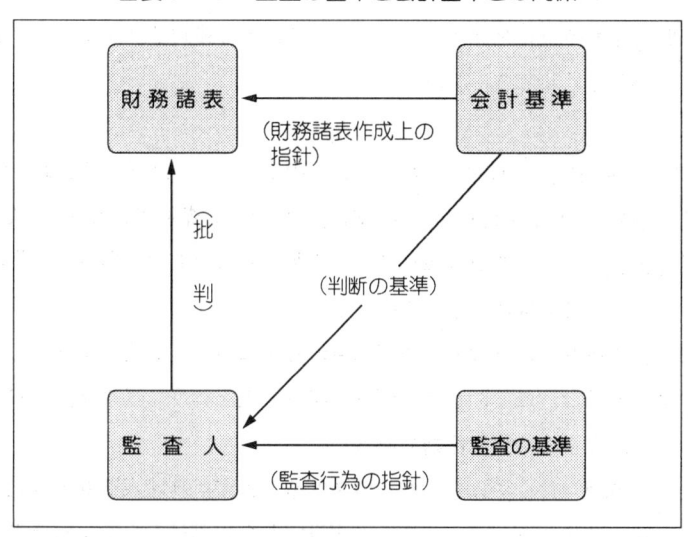

図表5－1　監査の基準と会計基準との関係

III　監査基準

1　監査基準の意義

　一般に公正妥当と認められる監査の基準の中心は「監査基準」である。監査基準は，監査人の監査に関する行動指針であり，金融商品取引法監査のみならず，会社法監査やその他の監査においても遵守されるべきものである。
　ところで，「監査基準の設定について」の冒頭は，次のように述べている。

　　「監査基準は，監査実務の中に慣習として発達したもののなかから，一般に公正妥当と認められたところを帰納要約した原則であって，職業的監査人は，財務諸表の監査を行うに当り，法令によって強制されなくとも，常にこれを遵守しなければならない。」

　「監査基準の設定について」は，証券取引法に基づく公認会計士監査が導入される直前の1950（昭和25）年9月に制定された「監査基準」と1956（昭和31）年12月に公表された「監査基準」において明示されたものであるが，その意義は，今日においても変わるものではない。
　そこで，以下5つに分けて，**監査基準の意義**について説明しよう。
　①　監査基準は，職業的監査人が財務諸表監査を行うに当たり，必ず遵守しなければならない根本原則である。
　　監査基準は法令ではないが，職業的監査人が財務諸表監査を実施し，その結果を報告するに当たって，必ず遵守しなければならない監査の指針である。
　　なお，「監査証明府令」（正式には「財務諸表等の監査証明に関する内閣府令」という）第3条によれば，「監査報告書，中間監査報告書又は四半期レビュー報告書は，一般に公正妥当と認められる監査に関する基準及び慣行

に従って実施された監査，中間監査又は四半期レビューの結果に基いて作成されなければならない」「企業会計審議会により公表された監査に関する基準は，一般に公正妥当と認められる監査に関する基準に該当するものとする」とされているので，監査基準自体は法令ではないが，事実上，法令に準ずる強制力を付与されていると言えよう。
② 監査基準は，監査人の人的資格，監査業務に関する達成目標及び達成されるべき水準に関する基準である。

　財務諸表監査は一定の資格を備えた人でなければできないし，監査報告も信頼性に乏しい。それゆえ，監査基準は，監査人の職業的資格である公正不偏の態度や独立性，正当な注意義務や職業的懐疑心等について規制し，監査人としての資格や条件に関する基準としての役割を果たしている。

　また，監査基準は，監査計画の策定，監査の実施，監査報告書の作成等の監査業務に関する達成目標と達成されるべき水準を明らかにしている。監査人が自由勝手な監査を実施していたのでは，監査意見にバラつきが生じ，監査の社会的役割を果たすことができない。したがって，監査の質を一定の水準に維持するための基準が必要となる。このことは，同時に，監査人の責任を明確にしていることでもある。つまり，定められた監査目標と監査水準を達成できなかった監査人は，その責任を負わなければならないからである。
③ 監査基準は，監査実務の中に慣習として発達したものを帰納要約した原則である。

　監査基準は，長い間の監査慣習の中で，社会的に「健全な実務」(good practice) と認められたところを要約し，理論的にも整理し，高度化した経験の蒸留である。監査基準が監査実務の指針として実践指導的性格をもち得るのはこのためである。
④ 監査基準は，一般に公正妥当と認められる社会的ルールである。

　監査基準は，監査人，産業界，関係団体，監督官庁，学者等が公正妥当なものと合意した原則なので，一部の利害によって左右されない公正性を

もち，監査関係者の利害を調整する役割を果たしている。

　つまり，監査人は，監査基準に従って監査を実施しなければならず，同時に，これに違反する場合には責任や制裁を負う。経営者は，監査人による財務諸表監査が監査基準に従って行われるものである限り，これを受け入れなければならない。利害関係者は，監査基準に従った監査業務の実施を監査人に要求することができ，また，逆にそのような監査業務に納得しなければならない。

⑤　監査基準は，監査関係者を啓蒙し教育するに当たっての基準となる。

　監査基準は，財務諸表監査における基本的な事項，例えば，監査の目的，監査人の独立性，職業的専門家としての正当な注意，リスク・アプローチ監査，監査計画，監査要点，内部統制，監査証拠，試査，監査報告書の作成，監査意見，監査範囲の制約，継続企業の前提に関する監査等について規定しているので，監査基準を学ぶことによって，監査論及び監査実務のフレームワークを理解することができる。

2　監査基準の構成

　我が国の監査基準（企業会計審議会，最終改正平成17年10月28日）は，次頁の**図表5－2**のような構成である。

　監査基準は，「第一　監査の目的」，「第二　一般基準」，「第三　実施基準」，「第四　報告基準」から構成されている。

　監査の目的は，前章で検討したとおりである。従来の監査基準は監査それ自体の目的を明示してこなかったために，監査の役割について誤解を与え，これがいわゆる「期待ギャップ」（公認会計士監査に対する期待と監査実践とのギャップ）を醸成させてきた一因と言われている。そのため，2002（平成14）年改訂の際に新たに導入された。

　一般基準は，監査主体に関する基準であり，監査人の適格性の条件及び監査人が業務上守るべき規範を定めた原則である。企業活動の複雑化や資本市場の

図表5−2　監査基準の構成

```
第一　監査の目的
第二　一般基準
　　　1　職業的専門家としての知識の蓄積
　　　2　公正不偏の態度と独立性の堅持
　　　3　正当な注意と職業的懐疑心の保持
　　　4　不正・違法行為に起因する財務諸表の虚偽表示
　　　　 への関心
　　　5　監査調書の整備と保存
　　　6　監査の品質管理
　　　7　品質管理の方針と手続の遵守
　　　8　守秘義務
第三　実施基準
　　　一　基本原則
　　　二　監査計画の策定
　　　三　監査の実施
　　　四　他の監査人等の利用
第四　報告基準
　　　一　基本原則
　　　二　監査報告書の記載区分
　　　三　無限定適正意見の記載事項
　　　四　意見に関する除外
　　　五　監査範囲の制約
　　　六　継続企業の前提
　　　七　追記情報
```

　国際化，企業が採用する情報技術（ＩＴ）の高度化，国際会計基準との調和を目指す会計基準の新設や改訂等，我が国の公認会計士監査をめぐる環境は大きく変貌している。そこで，一般基準は，監査人と監査事務所に対し，専門的能力の向上と知識の蓄積，公正不偏の態度と独立性の堅持，正当な注意義務の履行と職業的懐疑心の保持，組織的監査の遂行等を求めている。

　実施基準は，監査実務における基準である。監査人がどのような監査を実施しどのような証拠を入手すべきかは企業の事情により異なるので，監査人の判断に委ねるべきである。しかし，監査人の能力や経験等には差異があるので一

切を監査人に委ねることは，監査の社会的信用を得ることにはならない。そこで，国際的な監査手法であるビジネス・リスク・アプローチも踏まえた監査実施に関する基準を設定し，それを監査人に遵守させることによって，目標とする監査水準を確保し，同時に監査人の任務の限界を明らかにすることができるのである。

報告基準は，監査人が意見を表明する際の判断と監査報告書の記載要件についての基準である。監査報告書は，監査の結果として，財務諸表に対する監査人の意見を表明する手段であるとともに，監査人が自己の意見に関する責任を正式に認める文書である。したがって，その内容を簡潔明瞭に記載して報告するとともに責任の範囲を明確に記載して意見を表明することは，利害関係者ばかりでなく監査人自身の立場を擁護するためにも重要である。

監査基準の内容については，本書全体で説明する。

IV 監査に関する品質管理基準

「監査に関する品質管理基準」(企業会計審議会，平成17年10月28日，以下，品質管理基準という) は，公認会計士による監査業務の質を合理的に確保するための基準であり，監査基準とともに一般に公正妥当と認められる監査の基準を構成し，監査基準と一体として適用されるものである。

監査事務所は，監査業務の質を合理的に確保するために，品質管理基準に依拠した事務所独自の「品質管理基準」を設定し，監査業務全体のプロセスにおいて品質管理のシステムを整備し運用しなければならない。そして，監査実施者は，監査事務所の品質管理基準に準拠して，監査業務を行わなければならない。

このように，監査に関する品質管理には監査事務所が遵守すべき品質管理と個々の監査実施者が遵守すべき品質管理とがあることから，品質管理基準は，

各項目ごとに監査事務所に適用される基準と監査実施者に適用される基準に分けて定めている。なお，監査事務所とは個人事務所及び監査法人をいい，監査実施者とは監査実施の責任者及び補助者をいう。

1　品質管理基準の構成

品質管理基準は，以下のような構成である。

```
第一    目的
第二    品質管理のシステムの整備及び運用
第三    品質管理のシステムの構成
第四    品質管理に関する責任
第五    職業倫理及び独立性
第六    監査契約の新規の締結及び更新
第七    監査実施者の採用，教育・訓練，評価及び選任
第八    業務の実施
第九    品質管理のシステムの監視
第十    監査事務所間の引継
第十一  共同監査
第十二  中間監査への準用
```

2　主な内容と考え方

(1)　品質管理のシステムの整備及び運用

最近の監査の失敗例を見ると，監査事務所は，監査契約の新規の締結及び更新に関する意思決定，監査人の適格性の判断，業務の実施，監査業務に係る審査等のそれぞれの過程において，個々の監査業務を管理する体制を整備し，適切に運用することが必要であると考えられる。

そこで，品質管理基準は，監査事務所に対して，監査契約の新規の締結及び更新から監査計画の策定，監査業務の実施，監査報告書の発行に至る品質管理のシステムを整備し運用するとともに，品質管理に関する責任者を明確にする

こと，そのシステムの整備・運用状況を適切に記録し保存すること，そのシステムを監視すること，そして，監査実施の責任者に対して，これらに従って監査業務を実施することを求めた。

なお，品質管理のシステムは，少なくとも，以下の事項に関する方針及び手続からなる。

① 品質管理に関する責任
② 職業倫理及び独立性
③ 監査契約の新規の締結及び更新
④ 監査実施者の採用，教育・訓練，評価及び選任
⑤ 業務の実施
⑥ 品質管理のシステムの監視

(2) 職業倫理及び独立性

公認会計士による監査が信頼されるためには，監査人が特定の利害に関係せず公正不偏の態度を保持し，財務諸表の適正性について公正な判断を下すことが重要である。監査基準は，一般基準において，公正不偏の態度や独立性の保持を求めているが，監査事務所は，監査実施者が法令や監査基準等で求められている独立性の要件等をその趣旨に照らして的確に確保しているかを判断しなければならない。そこで，品質管理基準は，監査事務所に対し，職業倫理及び独立性に関する方針と手続を策定すること，監査実施の責任者がその方針と手続を遵守すること，補助者がそれらを遵守していることを確かめることなどを求めている。

(3) 監査契約の新規の締結及び更新

監査事務所は，監査契約の新規の締結及び更新に関する方針と手続を策定し，監査事務所の規模・組織，当該監査業務に適した能力や経験を有する監査実施者の確保の状況等を勘案して，適切な監査業務を実施することができるかを判断しなければならない。また，監査実施の責任者は，監査契約が監査事務所の

定める方針と手続に従っていることを確かめなければならない。

(4) 監査実施者の採用，教育・訓練，評価及び選任

　監査実施者は，監査業務を実施できる能力や経験等を持たなければならない。そこで，品質管理基準は，監査事務所に対し，監査実施者の採用，教育・訓練，評価及び選任に関する方針と手続を策定し，これを遵守すべきことを求めている。

(5) 業務の実施
① 監査業務の実施

　　過去の監査の失敗例を踏まえると，監査事務所は，企業の業態や経営状況に応じて，監査事務所が有する情報や監査の手法を監査実施者に的確に伝えるとともに，監査実施者に適切な指示や指導を行う体制を整備することが必要と考えられる。そこで，品質管理基準は，監査事務所に対し，監査業務の実施に関する品質管理の方針と手続を定め，監査に必要な情報と技法を蓄積し，監査実施者に適時かつ的確に情報を伝達するとともに，適切な指示及び指導を行う体制を整備し，監査業務の品質が一定に保たれることを求めている。

　　また，リスク・アプローチの適用や見積りの要素の増大等により，監査人の判断の部分が多くなっていることから，監査手続書等を整備すること，判断及び過程を監査調書に十分に記載することが重要である。そこで，品質管理基準は，監査調書の記録と保存の方法等を定めること，監査調書を適切に作成すること，監査実施の責任者は監査意見の表明に先立ち，監査調書の内容が監査意見に適切に反映されているかを監査実施者との間で確かめなければならないことを求めている。

② 監査業務に係る審査

　　監査基準は「監査人は，意見の表明に先立ち，自らの意見が一般に公正妥当と認められる監査の基準に準拠して適切に形成されていることを確か

めるため，意見表明に関する審査を受けなければならない。この審査は，品質管理の方針及び手続に従った適切なものでなければならない」と定めている（報告基準・基本原則5）。

そこで，監査事務所は，監査業務に係る審査に関する方針と手続を定め，企業の状況等に応じて審査の範囲，担当者，時期等を考慮し，監査手続，監査上の判断及び監査意見について，適切な審査が行われていることを確かめなければならない。また，監査事務所は，監査業務に係る審査の担当者として，十分な知識，経験，能力，そして当該監査業務に対する客観性を有する者を選任しなければならない。さらに，監査事務所及び審査の担当者は，審査の内容や結論を監査調書として記録し保存しなければならない。

③ その他

品質管理基準は，監査実施者が監査事務所内外の専門的な知識や経験を有する者から専門的な事項に関する見解を得ること，監査実施者間または監査実施者と監査業務に係る審査の担当者等との間の判断の相違を解決するために必要な方針と手続を定めることを求めている。

(6) 品質管理のシステムの監視

品質管理基準は，監査業務の質を常時維持するために，監査事務所に対し，品質管理のシステムの日常的監視及び監査業務の定期的な検証に関する方針と手続を定め，それらが遵守されていることを確かめることを求めている。

また，監査業務に係る法令違反，監査事務所の定める品質管理のシステムへの抵触等に関して監査事務所内外から情報がもたらされる場合があることから，監査事務所に対し，これらに対処するための方針と手続を定めることも要求している。

(7) 監査事務所間の引継

　監査事務所が交代する場合には，後任の監査事務所にとって過年度における情報は非常に重要である。そこで，品質管理基準は，監査事務所間の引継に関する方針と手続を定め，適切な引継を行うことを求めている。そして，前任の監査事務所が経営者不正等に係る情報や状況を把握していた場合には，後任の監査事務所にそれらを伝達しなければならないことを定めている。

Ⅴ　日本公認会計士協会の実務指針と実務慣行

1　日本公認会計士協会の実務指針

　日本公認会計士協会の発表する実務指針は，監査基準や品質管理基準を実務に適用するに当たって，公認会計士の指針となるものである。その中心は，「監査基準委員会報告書」である。また，実務指針には「監査・保証実務委員会報告」等も含まれる（図表5－3）。

図表5－3　公認会計士監査実務指針

監査基準委員会報告書	監査・保証実務委員会報告
① 分析的手続 ② 経営者による確認書 ③ 他の監査人の監査結果の利用 ④ 試査 ⑤ 違法行為 ⑥ 会計上の見積りの監査 ⑦ 専門家の業務の利用 ⑧ 内部監査の実施状況の理解とその利用 ⑨ 監査調書 ⑩ 中間監査 ⑪ 委託業務に係る統制リスクの評価 ⑫ 確認 ⑬ 継続企業の前提に関する監査人の検討 ⑭ 監査報告 ⑮ 監査役若しくは監査役会又は監査委員会とのコミュニケーション ⑯ 監査実務指針の体系 ⑰ 監査計画 ⑱ 監査リスク ⑲ 企業とその環境の理解及び重要な虚偽表示リスクの評価 ⑳ 評価したリスクに対応する監査人の手続 ㉑ 監査証拠 ㉒ 監査上の重要性 ㉓ 監査業務における品質管理 ㉔ 監査人の交代 ㉕ 関連当事者の監査 ㉖ 財務諸表の監査における不正への対応	① 後発事象に関する監査上の取扱い ② 追加情報の注記について ③ 正当な理由による会計方針の変更 ④ 監査報告書作成に関する実務指針 ⑤ 連結の範囲及び持分法の適用範囲に関する重要性の原則の適用に係る監査上の取扱い ⑥ 連結財務諸表における子会社及び関連会社の範囲の決定に関する監査上の取扱い ⑦ 関連当事者との取引に係る情報の開示に関する監査上の取扱い ⑧ 繰延税金資産の回収可能性の判断に関する監査上の取扱い ⑨ 子会社株式等に関する投資損失引当金に係る監査上の取扱い ⑩ 期末日前の実証手続に関する実務指針 ⑪ 継続企業の前提に関する開示について

2　一般に認められる監査実務慣行

　一般に認められる監査実務慣行とは，監査人の間で一般に採用されている監査手続等のことである。

　証券取引法に基づく正規の監査が導入される直前の1956（昭和31）年12月に

公表された監査基準の「監査実施準則」は，監査手続を「通常の監査手続」と「その他の監査手続」に区分し，「通常の監査手続は，財務諸表監査において監査人が通常実施すべき監査手続であって，実施可能にして合理的である限り省略してはならないものである」とし，売上高，仕入高，製造費用，売掛金，受取手形，買掛金，支払手形，有形固定資産と減価償却費，現金預金，仮勘定，借入金，引当金等について，具体的な監査手続を例示した。例えば，売掛金についての通常の監査手続は，以下のとおりである。

〔取引記録の監査手続〕
1　売掛金勘定における記帳につき，商品又は製品の販売に関する記録と照合し，架空又は不当な売掛金の有無を確かめる。
2　売掛金の回収があった場合には，現金勘定又は預金勘定に相当する記帳が行なわれているかを確かめる。
　　売掛金の決済のために手形を受け取った場合には，受取手形勘定につき同様の監査を行なう。
3　売掛金を貸倒れと認定して償却した場合には，その承認が正当な手続を経て行なわれているかどうかの事実を確かめる。

〔財務諸表項目の監査手続〕
1　売掛金の明細表と関係帳簿残高を照合し，勘定分析等により残高の妥当性を確かめる。
2　原則として，債務者に対して確認を行なう。
3　売掛金の回収可能性を吟味して，適正な評価が行なわれているかどうかを確かめる。

このような通常の監査手続は，長い間，公認会計士の実務指針として，また，監査論を学ぶ学生の指針として大きな成果を挙げてきた。
しかし，平成3年改訂の監査基準は，監査手続は監査人が職業的専門家としての判断に基づいて選択・適用すべきもので，画一的に規定することはできな

いことを理由に，これまで例示してきた通常の監査手続を削除した。そして，「監査人は，財務諸表の監査に当たり，監査基準に準拠して通常実施すべき監査手続を実施しなければならない。通常実施すべき監査手続は，監査人が，公正な監査慣行を踏まえて，十分な監査証拠を入手し，財務諸表に対する意見表明の合理的な基礎を得るために必要と認めて実施する監査手続である」と規定したに止めたのである。

ところが，平成14年改訂の監査基準は，「『通常実施すべき監査手続』という概念はあたかも定型的な監査手続の組み合わせとその適用方法があるかのような誤解を与える」ので，その用語も削除した。したがって，現在の監査基準には「通常の監査手続」も「通常実施すべき監査手続」も存在しない。

しかし，上に例示したような売掛金に係る通常の監査手続は監査人の間で一般に採用されているので，「一般に認められる監査実務慣行」と言えるであろう。

第6章

監 査 人

Auditing Theory & Practice

財務ディスクロージャー制度において監査が重要な役割を果たしていることについてはすでに指摘したが，その監査が有効に機能するためには，なんと言っても，監査主体たる公認会計士が，職業的専門家としての力量を持ち，公正不偏の態度を保持し，正当な注意を払い，懐疑心を保持して監査を実施することである。これは，公認会計士に課せられた義務である。その義務を果たすことができなかった公認会計士や監査法人は責任が問われる。

I　公認会計士と監査法人

1　監　査　人

　監査人 (auditor) とは，監査を実行する人，すなわち監査担当者の総称である。監査人は，監査を職業として行うか否かによって職業的監査人 (professional auditor) と非職業的監査人 (non-professional auditor) とに大別される。
　職業的監査人の典型は，公認会計士と監査法人である。
　非職業的監査人は，監督官庁の職権に基づいて監査を行う公的監査人と企業において監査の職務を担う私的監査人とに区分される。公的監査人は，会計検査院の検査官や金融庁の金融証券検査官等である。私的監査人は，例えば，株式会社の監査役や内部監査人等である。

2　公認会計士

　公認会計士（CPA : Certified Public Accountant）とは，他人の求めに応じ報酬を得て，財務書類の監査または証明をすることを業として営むこと，及び財務書類の調整や財務に関する調査・立案，財務に関する相談に応ずることを業として営むことを国が認めた職業的専門家である。アメリカでは公認会計士（CPA），イギリスやカナダ，オーストラリアでは「勅許会計士」(Chartered

第6章 監査人

Accountant), ドイツでは「経済監査士」(Wirtschaftsprüfer) と呼ばれている。

公認会計士になるためには，公認会計士試験に合格し，実務経験を経て，日本公認会計士協会に登録しなければならない。

(1) 公認会計士試験
- □ 短答式試験
  - ① 財務会計論（簿記・財務諸表論等）
  - ② 管理会計論（原価計算等）
  - ③ 監査論
  - ④ 企業法（会社法等）
    - ＊ 短答式試験合格者は，以降2年間短答式試験が免除される。
- □ 論文式試験
  〔必須科目〕
  - ① 会計学（財務会計論・管理会計論）
  - ② 監査論
  - ③ 企業法
  - ④ 租税法（法人税法等）

  〔選択科目〕── 4科目中1科目選択
  - ① 経営学
  - ② 経済学
  - ③ 民法
  - ④ 統計学
    - ＊ 論文式試験で一定の成績を得た者は，以降2年間当該科目が免除される。

(2) 実務経験
- □ 業務補助等 ── 2年以上（試験合格の前後を問わず）
- □ 実務補習 ── 取得単位制度（修了時に統一考査を受験する）

2008年9月30日現在，我が国には18,770人の公認会計士が日本公認会計士協会に登録している。

3　監査法人

　監査法人 (audit corporation) とは，財務書類の監査または証明を組織的に行うことを目的として，公認会計士法の定めるところにより，公認会計士が共同で設立した特殊法人である。
　監査法人が必要とされる主な理由は，次のとおりである。
① 被監査会社が大規模化，情報化，国際化しているので，それに対処し得る監査体制が要求される。監査法人は，適切なチームを編成し指揮命令系統を明確にすることによって，組織的な監査を実施することができる。また，多様な人材を確保することによって専門領域の監査を徹底することができる。さらに，海外の監査事務所と連携し国際的なビジネスに対処することができる。
② 監査法人は，収入の面で被監査会社1社の監査報酬に依存する割合が低くなるので，その面から監査人の独立性を支えることができる。

　監査法人を設立するためには，以下の要件を備え，内閣府令で定める手続に従い，内閣総理大臣の認可を受けなければならない（公認会計士法34の7）。
① 社員は公認会計士のみであること
② 社員の数は5人以上であること
③ 社員の全部が無限責任社員（無限責任監査法人）または有限責任社員（有限責任監査法人）のいずれかであること
④ 業務を公正かつ的確に遂行できる人的構成と物的施設を有すること

　我が国の大手の監査法人は，2,000人を超す公認会計士を雇用しアメリカやヨーロッパ等世界各地に事務所を開設してビジネスの国際化に対処している。2008年9月30日現在，183の監査法人が日本公認会計士協会に登録している。
　なお，監査法人は，公認会計士法上の特殊法人であるから税理士業務を行うことはできない。

Ⅱ 監査人の資格と独立性

1 専門能力の向上と知識の蓄積

監査基準は，次のように定めている（一般基準1）。

「監査人は，職業的専門家として，その専門能力の向上と実務経験等から得られる知識の蓄積に常に努めなければならない。」

これは，監査人に対して職業的専門家に相応しい専門能力の向上と知識の蓄積に常に努めるべきことを要求する基準である。

専門能力と実務経験等に関する資格要件は，監査人が職業的専門家として業務を行う上での基本的なものである。そこで，専門的知識や技能が一定の水準に達しているかどうかを判定するために，我が国では公認会計士試験という国家試験が実施される。また，業務補助や実務補習等の実務経験も要請される。この点については，すでに指摘した。

さらに，専門的知識や技能，実務経験は国家試験に合格するための一時的な資格要件とみるべきではない。監査人は，大規模化し複雑化しそして国際化している企業がコンピュータを駆使し作成した財務諸表を監査する。市場に出回る新たな商品やサービスに伴い会計基準も高度に専門化している。したがって，監査人は，監査環境の変化に適応する能力を維持するために知識の蓄積に常に努めなければならない。公認会計士に対する「継続的専門研修制度」は，その1つである[1]。

2 公正不偏の態度と独立性

監査基準は,次のように定めている（一般基準2）。

「監査人は,監査を行うに当たって,常に公正不偏の態度を保持し,独立の立場を損なう利害や独立の立場に疑いを招く外観を有してはならない。」

この基準は,監査人に2つの「資格」を求めている。1つは,監査業務全体において公正不偏の態度を保持すべきこと,他の1つは,独立の立場を維持すべきことである。

前者の**公正不偏の態度**とは,監査契約を締結し,監査計画を策定し,監査を実施し,そして監査報告書を作成するまでの監査業務の全過程において,監査人が被監査会社やその他関係者からの懇請や圧力に屈せず,自らの良心と信念に従って常に客観的かつ公平な判断を行使するための心の状態である。すなわち,公正不偏の態度は,**精神的独立性**（independence in mental attitude）である。精神的独立性は,監査人の資格として最も重要な要件である。

監査人が事実の認定や処理の判断及び意見の表明を行う際に公正不偏の態度を貫くことによって,財務諸表に対して公平な意見を表明することができ,利害関係者は,安心して財務諸表を利用することができる。

事実の認定を行うに当たっての公正不偏の態度とは,企業において発生した取引や事象の真実性を,それを裏付ける証拠資料によって公平に判定することである。また,処理の判断を行うに当たっての公正不偏の態度とは,取引が一般に公正妥当と認められる企業会計の基準に準拠して処理されているかどうか,企業の存続に問題がないかどうか,そして財務諸表が法令や規則に準拠して適正に作成されているかどうか,を客観的に判断することである。さらに,意見の表明を行うに当たっての公正不偏の態度とは,事実の認定や処理の判断を通じて形成された財務諸表の適正性についての結論を監査報告書に記載するに当たって,被監査会社からの圧力や干渉,懇請に屈しない独立性を堅持すること

である。

　個々の監査人が公正不偏の態度を保持することによって，監査職業全体の信頼性も高まり，このことがまた個々の監査人の信頼性を一層高めることになり，財務諸表監査制度を確固たるものとすることができる。個々の監査人が公正不偏の態度を保持しなかった場合には，監査人への信頼を基礎として成立する財務諸表監査制度は崩壊する。

　後者の「独立の立場」とは，監査人が被監査会社から経済的にも身分的にも独立している事実をいう。つまり，監査人が役員・株主・債権者等として被監査会社との間に経済的利害関係を有していないこと，かつ，親族関係を通じて被監査会社と身分的な関係にないことをいう。これを監査人の**外観的独立性**（independence in appearance）または**経済的・身分的独立性**という。

　財務諸表監査の目的は，企業が公表する財務諸表の適正性について監査人が意見を表明することである。監査人が被監査会社との間に特別の利害関係がある場合には，さまざまな誘惑に負ける危険性が高く，自らの意見に情実を加えることにもなりかねない。したがって，そのような利害関係をあらかじめ排除しておくことが必要である。

　また，監査人と被監査会社との間に特別な利害関係があるように見える場合には，たとえ監査人が公正不偏の態度を保持し適切な監査を実施したとしても，外観的には独立性が欠如しているように映り，財務諸表利用者は監査結果に疑いを持つことになる。このような状況は避けなければならない。

　そこで，監査基準は監査人の外観的独立性を求め，公認会計士法と同施行令は，後述するように公認会計士または監査法人と被監査会社との特別の利害関係について具体的に規定しているのである（82頁）。

　監査人が被監査会社と経済的または身分的に特別な利害関係がある場合には，公正不偏の態度を保持しがたく，精神的独立性を維持できなくなる。この意味において，外観的独立性は精神的独立性を支える基盤である。

3 専門能力の向上・知識の蓄積と精神的独立性との関係

監査人の職業的専門家としての資格である専門能力の向上と知識の蓄積，それに精神的独立性とは，どのような関係にあるのだろうか。

精神的独立性は監査人の資格として最も重要な要件であるが，それは，監査人が公正不偏の態度で監査業務を実施するという心の状態であり，それを堅持するためには他の要件が必要となる。具体的には，会計や監査，税務を中心とする専門的知識，監査業務の遂行に必要な分析的能力や判断力，そして実務経験等である。これらの要件が備わっていなければ，監査人はいかに精神的独立性を堅持しようとしても困難であり，ひいては被監査会社の不当と思えるような主張も認めないわけにはいかなくなる。

その意味において，職業的専門家としての専門能力の向上と知識の蓄積は，監査人の精神的独立性を支える要件である。

4 監査人と被監査会社との特別の利害関係

監査人の外観的独立性を確保するために，公認会計士法と同施行令は，監査人と被監査会社との「特別の利害関係」について規定している。

(1) 公認会計士に係る著しい利害関係

例えば，以下のような場合には，公認会計士は被監査会社と「著しい利害関係」にあるので，当該会社に係る監査業務を行ってはならない（公認会計士法24，同施行令7）。

① 公認会計士またはその配偶者が，被監査会社の役員，これに準ずる者もしくは財務に関する事務の責任者であり，または過去1年以内にこれらの者であった場合
② 公認会計士またはその配偶者が，被監査会社の使用人であり，または過去1年以内に使用人であった場合

③ 公認会計士またはその配偶者が，国家公務員もしくは地方公務員であり，またはこれらの職にあった者でその退職後2年を経過していない者である場合において，その在職し，または退職前2年以内に在職していた職と当該公認会計士に係わる被監査会社とが職務上密接な関係にあるとき。
④ 公認会計士またはその配偶者が，被監査会社の株主，出資者，債権者または債務者である場合。ただし，利害関係に関する内閣府令で定める特別の事情を有する債権または債務である場合（預金や住宅ローン等）は除く。
⑤ 公認会計士またはその配偶者が，被監査会社から無償または通常の取引価格より低い対価による事務所または資金の提供その他の特別の経済上の利益の供与を受けている場合
⑥ 公認会計士またはその配偶者が，被監査会社から税理士業務等により継続的な報酬を受けている場合
⑦ 公認会計士またはその配偶者が，被監査会社の関係会社の役員もしくはこれに準ずる者である場合または過去1年以内にこれらの者であった場合
⑧ 公認会計士が，被監査会社の親会社または子会社等の使用人である場合

(2) 監査法人に係る著しい利害関係

例えば，以下のような場合には，監査法人は被監査会社と「著しい利害関係」にあるので，当該会社に係る監査業務を行うことはできない（公認会計士法施行令8）。
① 監査法人が，被監査会社の債権者または債務者である場合。ただし，内閣府令で定める特別の事情を有する債権または債務である場合は除く。
② 監査法人が，被監査会社から無償または通常の取引価格より低い対価による事務所または資金の提供その他の特別の経済上の利益の供与を受けている場合
③ 監査法人が，被監査会社の役員等または過去1年以内にこれらの者であった者から無償または通常の取引価格より低い対価による事務所または資金の提供その他の特別の経済上の利益の供与を受けている場合

④ 監査法人の社員のうちに被監査会社の使用人である者がある場合
⑤ 監査法人の社員のうちに被監査会社またはその親会社もしくは子会社の取締役，監査役または使用人である者がある場合
⑥ 監査法人の社員のうちに被監査会社から税理士業務により継続的な報酬を受けている者がある場合

そして，監査人の外観的独立性を一層強化するために，以下の事項も規定された（公認会計士法24の３，28の２）。
① 公認会計士または監査法人の社員は，７年ごと（大手監査法人については５年ごと）に関与先企業を変更しなければならない。
② 公認会計士は，監査終了後１年を経過しないと当該会社の役員等に就くことはできない。

5　マネジメント・コンサルティング・サービスと独立性

　監査人の独立性に関連して，被監査会社に対するマネジメント・コンサルティング・サービスの問題がある。
　公認会計士や監査法人は，監査業務，会計・税務業務に加えて，"マネジメント・コンサルティング・サービス"（MCS：Management Consulting Services）と言われる経営助言業務も行う。これには，経営計画，原価管理，棚卸資産管理，資金管理，マーケティング等の伝統的な領域のみならず，コンピュータ情報システムの設計管理，経営戦略の立案，合併・買収計画の策定，工場立地調査，リゾート開発調査，上級経営管理者の就職斡旋等も含まれる。
　そして，公認会計士や監査法人が監査人として監査している会社に対して行うＭＣＳは，その業務によっては監査人の独立性を脅かすことになる。
　例えば，被監査会社の合併・買収計画の策定やその交渉，上級経営管理者の被監査会社への就職斡旋等は，その一例であろう。合併・買収を有利に導くために公認会計士や監査法人が経営者に会計方針を助言することは問題であり，

また，就職を斡旋された経営管理者と公認会計士や監査法人との関係は好ましい状況ではない。結果として，当該会社の財務諸表に重要な影響を及ぼす。監査人はこれらのＭＣＳを行ってはならない。

アメリカにおけるエンロン社等の粉飾決算事件をきっかけに，先進国は，監査人の被監査会社に対するコンサルティング業務を禁止したり制限したりしている(2)。我が国においても，監査人が被監査会社に以下のような業務を実施することは禁止されている（公認会計士法24の2，内閣府令6）。

① 会計帳簿の記帳の代行，その他の財務書類の調製に関する業務
② 財務または会計に係る情報システムの整備または管理に関する業務
③ 現物出資財産，その他これに準ずる財産の証明または鑑定評価に関する業務
④ 保険数理に関する業務
⑤ 内部監査の外部委託に関する業務
⑥ 監査または証明をしようとする財務書類を自らが作成していると認められる業務または被監査会社等の経営判断に関与すると認められる業務

Ⅲ 監査人の義務と責任

1 正当な注意と職業的懐疑心

監査基準は，次のように定めている（一般基準3）。

「監査人は，職業的専門家としての正当な注意を払い，懐疑心を保持して監査を行わなければならない。」

これは，監査人に対して「職業的専門家として当然に払うべき注意」（due professional care）をもって監査業務を遂行することを要求する基準である。

職業的専門家としての正当な注意とは，職業的専門家一般に当然に期待される注意をいい，民法第644条に定める「善良な管理者の注意」（当該職業または社会的地位にある人として当然に要求される程度の注意）にほぼ相当すると考えられている。

職業的専門家としての正当な注意を払うということは，公認会計士に期待される監査の重要性を認識し，他の公認会計士と同程度の熟練と技能を有し，監査基準や監査に関する品質管理基準，日本公認会計士協会の発表する実務指針や各種の意見書等に準拠して，最善を尽くして誠実に監査を実施することである。したがって，正当な注意の内容とその水準は固定的なものではなく，監査水準や監査技術の向上とともにより高度なものが求められる。

このように，職業的専門家としての正当な注意に関する基準は，監査人が行使すべき注意の水準を示しているが，同時に監査人の責任の限界を示す基準でもある。監査人に過失があったか否かを判定する場合，職業的専門家としての正当な注意を払っていたかどうかは重要な判断基準となる。

ところで，上の基準がいう**懐疑心**（skepticism）とは何か[3]。

それは，監査という業務の性格から要求される監査人の姿勢のことである。そもそも，財務諸表の信頼性の基本は，作成者である経営者にある。その経営者は不誠実である，ということを前提とする監査はできない。なぜなら，それを前提とすると，監査人は，経営者の作成した会計記録や資料のすべてに疑いをもつことになり，監査を実施することは不可能だからである。とは言え，経営者はまったく誠実である，ということも前提としてはならない。それは，歴史が証明している。

つまり，懐疑心とは，監査人は経営者が誠実であるかどうかについて予断を持ってはならず，財務諸表が粉飾されているかもしれない恐れに常に注意して，「なぜ」の気持ちで鋭敏に行動しなければならないという意味である。例えば，経営者に対して懐疑心を保持する場合とは，監査人の質問に対する経営者の回答や経営者から入手したその他の情報の合理性について，監査の過程で入手し

たすべての証拠と照らし合わせて注意深く検討することである⁽⁴⁾。

2 守秘義務

監査基準は，次のように定めている（一般基準8）。

「監査人は，業務上知り得た事項を正当な理由なく他に漏らし，又は窃用してはならない。」

これは，監査人に対して業務上知り得た事項を厳守すべきことを要求する基準である。守秘義務は，監査人が職業的専門家として払うべき正当な注意の一つであり，職業倫理として最も重要なものである。

現在の財務ディスクロージャー制度は，何でも見せるという「完全公開」（full-disclosure）ではなく，財務諸表と関係事項のみを公開するという限定されたものである。監査人は財務諸表が作成されるすべてのプロセスに関与し公開されない会計帳簿や重要な契約書，議事録等も閲覧して，結果として財務諸表の適正性について判断する。したがって，監査人は業務上知り得た事項を厳守しなければならない。

監査人に守秘義務が課せられているから，依頼人は安心して監査を依頼することができ，監査に必要なすべての資料を提供するのである。監査人が入手した情報をもとに自己の利益を図ったり，特定の利害関係者の利益を擁護したりすれば，監査に対する信頼は失われ，結局は，財務諸表監査制度の崩壊をもたらすことになる。

ただし，監査人側に正当な理由があれば守秘義務は解除される。例えば，以下のような場合である。

① 裁判において監査人が自らの利益擁護のためにやむを得ず入手した情報を明らかにする場合
② 監督官庁が監査人の監査調書を提出させる場合

③ 監査契約の途中での監査人の交代により依頼人の許可を得て後任の監査人に監査調書を閲覧させる場合や不正等に係る情報を伝達する場合
④ 親会社の監査人の要請により，子会社や関連会社の許可を得て当該会社の監査調書を閲覧させる場合
⑤ 監査の質の管理のために外部の審査（例えば「品質管理レビュー」(5)）を受ける場合

3 監査人の責任

　通常の財務諸表監査における監査人，つまり，公認会計士または監査法人の責任は，監査によって影響を受ける者の立場からすると，監査依頼人に対する責任と監査報告書を利用する第三者に対する責任に分かれる。

(1) 監査依頼人に対する責任

　監査依頼人に対する監査人の責任は，監査契約に基づく責任である。監査契約約款には，「監査人は公正不偏の態度を保持し，職業的専門家としての正当な注意をもって監査を行う」ことや「監査人は監査契約及び約款に違反したときは，相手方に対し，その損害を賠償する」ことが定められている。したがって，監査人が職業的専門家としての正当な注意をもって監査を行うことは契約上の義務である。

　もし監査人がこの契約義務の遂行を怠たり依頼人が損害を被った場合，依頼人は，監査人に対して損害賠償を請求できる（民法415）。例えば，次のような場合である。

① 監査人として当然実施すべき監査手続を省略したために，従業員による多額な金銭の横領を発見できず会社が財産的損害を被った場合
② 監査人が財務諸表は適正である旨の意見を表明した後に財務諸表の重要な虚偽の表示が発見され，依頼人が合併や買収交渉等で財産的損害を被った場合

第6章 監査人

　問題は，監査人の行為が契約義務違反（債務不履行）に該当するか否かである。もっとも，監査人の詐欺または不正行為が明らかな場合，例えば，財務諸表が粉飾されたものであることを知りながら故意にその事実を隠蔽したり，経営者と共謀したりしたならば，それは単なる契約義務違反ではなく，民法第709条の不法行為に基づく損害賠償責任が問題になる。

　しかし，監査人が無意識の不注意によって財務諸表の重要な虚偽の表示を発見できなかった場合，それが契約違反かどうかの判断は難しい。無意識の不注意により依頼人に損害を与えた場合を「過失」というが，訴訟では，過失の程度（「重過失」か「軽過失」か）が監査人の責任の有無を判断する重要な基準となる。そして，過失の軽重を判断する基準が「職業的専門家としての正当な注意」である。

　監査人が職業的専門家としての正当な注意を払っていたか否かは，抽象的に判断できるものではなく，争点になっている個々の事例ごとに，監査基準や品質管理基準，実務指針や一般に認められる監査実務慣行，日本公認会計士協会の倫理規則等を基準に判断されることになるが，例えば，他の平均的な職業的監査人であれば発見し得たはずの従業員による多額な金銭の横領や重要な虚偽の表示を発見できなかった場合には，過失に基づく損害賠償責任が認められるであろう。反対に，監査人が正当な注意を払っていたにもかかわらず，被監査側の巧妙な操作や監査時間の制約等により従業員による多額な金銭の横領や粉飾決算を発見できなかった場合には，損害賠償責任は免れるであろう。

　逆に言えば，監査人は，正当な注意をもって監査を実施している限り，たとえ経営者や従業員の不正を発見できなかったとしても，そして，そのために依頼人が損害を被ったとしても，監査人は依頼人に対して損害賠償責任を負う必要はないのである。

(2)　監査報告書を利用する第三者に対する責任

　監査契約を締結していない監査報告書の利用者である第三者に対する監査人の責任については，金融商品取引法は，次のように定めている（金商法21①

3，21の2，22，24の4）。

　有価証券届出書及び有価証券報告書の財務諸表に重要な虚偽の記載があり，又は記載すべき重要な事項もしくは誤解を生じさせないために必要な重要な事実の記載が欠けているにもかかわらず，当該記載が虚偽でなく又は欠けていないものとして監査報告書を提出した場合には，公認会計士又は監査法人は，その財務諸表及び監査報告書を信頼して有価証券を取得した者に対して，記載が虚偽であり又は欠けていることにより生じた損害を賠償する責任を負わなければならない。

　このような規定に基づいて，投資者等の第三者が監査人の責任を追及する場合には，第三者は，自らに損害が生じたこと，監査人の任務懈怠がその損害を引き起こしたこと，の二点を立証すればよい。

　一方，監査人は，職務上故意または過失がなかったこと，すなわち，職業的専門家としての正当な注意をもって監査を行った事実を立証しなければ，責任を免れることはできない。ただし，監査人が当該虚偽証明をしたことについて故意または過失がなかったことを立証したときは，損害賠償責任を免れる（金商法21②）。

　このように，対監査依頼人にしろ，対第三者にしろ，監査人がその責任を負わなければならないかどうかは，職業的専門家としての正当な注意を払っていたかどうかである。

　実際問題としては，どれだけ注意すれば職業的専門家としての正当な注意を払ったことになるのかについて具体的に定めることは困難である。しかし，監査を通じて利害関係者を保護するという社会的使命を果たすために，公認会計士が監査環境の変化に対応しうる資質を常に保持し，監査基準や品質管理基準，実務指針等に準拠して監査を実施するということが基本となろう。いずれにせよ，監査人の責任の範囲やその内容が拡充されつつあることは確かである。

4 職業倫理

職業倫理（professional ethics）とは，公認会計士としての職業上の道義に関する自己規律であって，職業的専門家として当然遵守すべき基本原則である。日本公認会計士協会は，会員が遵守すべき「倫理規則」（最終変更平成19年12月20日）を定めている。

倫理規則は全30条から構成されているが，その前文（倫理規則の主旨及び精神）は，次のように述べている。

「公認会計士は，監査及び会計に関する職業的専門家として，公共の利益に資するため，その専門能力に基づき誠実かつ公正に業務を行い，社会の健全な発展に寄与することを使命とする。

自己責任の原則に支えられる社会においては，財務情報の開示制度の充実と開示された財務情報の信頼性の確保が必要とされる。それゆえに職業的専門家としての公認会計士に次の行動規準が求められている。

① 業務を遂行するに当たって達成すべき品質を確保すること。
② 社会に対する責任を認識し，その負託に応えるため，自らの業務上の行為を律する厳格な職業倫理に則って行動すること。

公認会計士は，自らの使命と行動規準の重要性を自覚し，その専門分野に関する不断の研鑽に励み，深い教養の涵養と高い品性の陶冶に努め，正当な注意と適切な判断によって業務を行い，また，監査及びその他の保証業務を行うに当たっては，常に独立不羈の立場を堅持し，確固たる社会的信頼が得られるように行動しなければならない。

日本公認会計士協会は，公認会計士がその社会的役割を自覚し，自らを律し，かつ，社会の期待に応え得るよう，ここに倫理規則を定めるものである。」

職業倫理の本質は，法律のような他律規範ではなく自己規律であるという点

にある。社会における職業的専門家たる公認会計士の地位は，かかる自己規律を十分に行いうる当事者能力と，それをなそうとする公認会計士全体の総意にかかっている。高い水準の職業倫理の維持と高揚は，公認会計士に対する社会的信頼を高め，結果として，公認会計士の行う監査業務の社会的受容を促進させることになろう。

なお，金融商品取引法は，法規等に違反した監査人に対して，10年以下の懲役または1,000万円以下の罰金等の司法機関による社会的制裁（刑事責任）を科している（金商法197）。

また，行政機関（内閣総理大臣）も，公認会計士法に定める義務違反として，「戒告」，「2年以内の業務の停止」，「登録の抹消」という行政処分を定めている（公認会計士法29）。

〔注〕
(1) 日本公認会計士協会は，公認会計士の資質の向上と公認会計士が環境の変化に適応するための支援を目的として，1998年4月より継続的専門研修（CPE：Continuing Professional Education）制度を導入している（2002年4月より義務化）。会員は，集合研修，自己学習，著書等執筆，研修会等講師の4種類の研修方法により，原則として1年間に40単位以上を履修しなければならない。
(2) 2001年12月，総合エネルギー会社エンロンは不透明な簿外取引等が原因で倒産した（2000年度売上高1,000億ドル，約12兆円，全米第7位）。同社は，アーサー・アンダーセン会計事務所に2000年度5,200万ドル（約67億円）の報酬を支払った。内訳は，監査報酬2,500万ドル（約32億円），その他の報酬2,700万ドル（約35億円）である。監査報酬に加えてコンサルティング収入が膨大であり，また，エンロンはアンダーセンにとっては二番目に大きな顧客であったので，監査を甘くしたのでないかと疑われた。エンロンの経営者は禁固刑に処せられ，会計監査資料を破棄し有罪評決を受けたアーサー・アンダーセン会計事務所（米国上場会社約2,300社を監査）は解体した（拙稿「何が名門会計事務所を崩壊に導いたのか」『旬刊 経理情報』，2002年6月1日号，14－17頁）。
　エンロン事件の結果，アメリカは，サーベンス・オクスレー法（正式には「証券諸法に準拠し，かつ，その他の目的のために行われる会社のディスクロージャーの正確性と信頼性の向上により投資者を保護するための法律」という。日本では「企業改革法」と呼ばれている）を制定した。これを受けて，日本でも，被監査会社に対する監

査人のローテーションの実施や被監査会社への就職制限,被監査会社に対するコンサルティング業務の禁止等,監査人の独立性に関する規定が強化された(84-85頁)。また,金融庁の下に「公認会計士・監査審査会」が設置され,監査法人に対する監督が強化された。

(3) アメリカの公認会計士の実務指針である監査基準書第53号(1988年)は,監査人が監査計画や監査実施プロセスにおいて「専門家としての懐疑の姿勢」(an attitude of professional skepticism) を堅持すべきことを強調し,次のようにいう。「監査人は,経営者は不正直(dishonesty)であるということを前提としてはならない。また,まったく正直(unquestioned honesty)であるということも前提とすべきではない。監査人は,財務諸表に重要な虚偽の表示がないかどうかを決定するために,観察した状況と入手した監査証拠を客観的に評価しなければならない」(AICPA, Statement on Auditing Standards No. 53, "The Auditor's Responsibility to Detect and Report Errors and Irregularities," April 1988, *Codification of Statements on Auditing Standards*, AU Section 316.16-17.)。

(4) 日本公認会計士協会監査基準委員会報告書第35号「財務諸表の監査における不正への対応」,2006年10月,25項。

(5) 「品質管理レビュー制度」は,日本公認会計士協会に所属する品質レビューチームが監査事務所の品質管理状況をレビューし,その結果を監査事務所に通知し,必要に応じ改善を勧告し,監査事務所は勧告に対する改善状況を報告する,という制度である。

アメリカ公認会計士協会(AICPA)は,すでに1979年から**ピアレビュー**(Peer Review)を導入している。ピアレビュー制度は,会員の公認会計士事務所に対し,AICPAの定める「品質管理基準」に準拠した品質管理に関する方針や手続の策定を要求し,それらが遵守されているかを他の公認会計士事務所または公認会計士から成るチームが原則として3年に1度レビューするという制度である。ピアレビューの結果であるピアレビュー報告書と問題点を指摘するコメント・レターならびにコメント・レターに対する会計事務所の回答は,3年間一般の縦覧に供される。

そして,このようないわば「同僚検閲」を監視するために,米国証券取引委員会(SEC)の管理下に「公開会社会計監視審議会」(PCAOB:Public Company Accounting Oversight Board)を設置し,PCAOBに,定期的検査や問題の調査権限,監査業務・品質管理・職業倫理・独立性等に関する基準の設定権限を付与している(拙著『アメリカ監査論——マルチディメンショナル・アプローチ&リスク・アプローチ(第2版)』中央経済社,1998年,700-719頁)。

第7章

リスク・アプローチ監査

Auditing Theory & Practice

I　リスク・アプローチ監査の構造

　旧監査基準（平成14年1月25日）は，次のように定めていた（実施基準・基本原則1）。

　「監査人は，監査リスクを合理的に低い水準に抑えるために，<u>固有リスクと統制リスクを暫定的に評価して</u>発見リスクの水準を決定するとともに，監査上の重要性を勘案して監査計画を策定し，これに基づき監査を実施しなければならない。」

　現監査基準（平成17年10月28日）は，次のように定めている（実施基準・基本原則1）。

　「監査人は，監査リスクを合理的に低い水準に抑えるために，<u>財務諸表における重要な虚偽表示のリスクを評価し</u>，発見リスクの水準を決定するとともに，監査上の重要性を勘案して監査計画を策定し，これに基づき監査を実施しなければならない。」

　旧監査基準と現監査基準が示すこのような監査手法を「リスク・アプローチに基づく監査」（以下リスク・アプローチ監査）という。
　ところで，現監査基準は，旧監査基準が区分していた「固有リスク」と「統制リスク」を結合したものとして，「重要な虚偽表示のリスク」という概念を導入した（下線部分。これについては第8章で検討する）。
　しかし，現監査基準は旧監査基準のリスク・アプローチ監査の考え方を踏襲しているので[1]，ここでは，固有リスクと統制リスクを区分して検討することにする。その方が，リスク・アプローチ監査の構造を容易に理解することができるからである。

第7章　リスク・アプローチ監査

1　リスク・アプローチ監査の意味

リスク・アプローチ監査の"4つのキーワード"について定義しよう(2)。

監査リスク（Audit Risk）とは，監査人が財務諸表の重要な虚偽の表示を看過して誤った意見を形成する可能性のことである。典型的には，財務諸表が一般に公正妥当と認められる企業会計の基準に準拠せず誤って作成されているにもかかわらず財務諸表は適正であるという意見を表明してしまうことである。

固有リスク（Inherent Risk）とは，経営環境の変化や財務諸表項目が本来有するリスクなどにより，財務諸表に重要な虚偽の表示がなされる可能性をいう。固有リスクを防御するために，企業は内部統制を構築する。

統制リスク（Control Risk）とは，財務諸表の重要な虚偽の表示が企業の内部統制によっても防止または適時に発見されない可能性をいう。

発見リスク（Detection Risk）とは，企業の内部統制によって防止または発見されなかった財務諸表の重要な虚偽の表示が，監査人が監査手続を実施してもなお発見されない可能性をいう。

このように，「虚偽の表示」という言葉が頻繁に使われている。第4章で検討したように，財務諸表が誤って作成される原因は誤謬と不正にある。誤謬とは従業員による意図的でない"ミス"であり，不正とは主に従業員による資産の流用と経営者が行なう粉飾である。誤謬と不正によって財務諸表に虚偽の表示がもたらされるが，重要な虚偽の表示は経営者による粉飾決算に起因することを再確認しよう。

監査人は，最初に，監査リスクの水準を決定しなければならない。監査リスクとは財務諸表に重要な虚偽の表示があるにもかかわらず，監査人がこれを看過して誤った意見を表明する可能性をいうのだから，当然，低い方が望ましい。しかし，監査リスクを0にすることはできない。それは，すでに第1章で検討したように，財務諸表監査は会計方針の選択や適用に際しての経営者の判断や

将来事象に対する経営者の見積りといった不確定要素を対象に，しかもそれらを「試査」により検証するので，財務諸表が虚偽に表示されているかもしれない可能性は常に残るからである。しかし，監査人は，監査リスクを社会の人々が"プロ"としての監査人に期待するできるだけ低い水準に抑えなければならない。

　次に，監査人は，企業の固有リスクを評価する。固有リスクとは，企業内外の経営環境の影響を受けて，また，特定の取引や会計事象等が本来有する特性によって財務諸表に重要な虚偽の表示が行われる可能性をいう。この固有リスクを防御するために，経営者は内部統制を構築する。しかし，内部統制が財務諸表の虚偽の表示を防止または発見できないこともある。その可能性を統制リスクという。監査人は，これらの固有リスクと統制リスクを総合的に評価して，財務諸表に重要な虚偽の表示が行われる可能性を判断するのである。そして，その可能性に応じて発見リスクの水準を決定し，その水準に応じた監査手続を計画するのである。

　このように，監査人は，固有リスクと統制リスクの程度を評価し，そして発見リスクの水準を決定する。固有リスクと統制リスクは会社側のいわば環境条件であり，監査人はそれらのリスクの程度を評価することはできるが，それらのリスクを調製することはできない。

　しかし，発見リスクは監査人側の問題なので，監査人は，監査リスクを考慮しつつ，発見リスクの程度を引き上げたりまたは引き下げたり調製することができる。例えば，固有リスクと統制リスクが「高い」（虚偽の表示が行われる可能性が高い）と判断した場合には，自ら設定した監査リスクの水準が達成されるように，発見リスクの水準を「低く」（虚偽の表示を看過する可能性を低く）設定し，適切な監査手続を実施しなければならない。一方，固有リスクと統制リスクが「低い」と判断した場合には，発見リスクを高めに設定しても監査リスクの水準をクリアーすることができる。

　そこで，リスク・アプローチ監査とは，次のように言える。

　リスク・アプローチ監査は，文字通り「リスク」を監査のポイントとする。

財務諸表に重要な虚偽の表示が行われる可能性を評価し、その評価を通じて実施する監査手続やその実施時期及び範囲を決定するのである。つまり、重要な虚偽の表示が生じる可能性が高い領域を識別し、その領域により多くの監査資源を投入し重点的に監査することによって監査の有効性（財務諸表監査の目的）を達成する一方、リスクの小さい領域には少ない監査資源を配分することによって監査の効率性も確保しようとする監査手法である。したがって、リスク・アプローチ監査においては、監査人による各リスクの評価が決定的に重要となる。

2　リスク・アプローチ監査の論理モデルと実践的評価

(1) リスク・アプローチ監査の論理モデル

4つのキーワードで説明されるリスク・アプローチ監査は、以下のような論理上のモデルを基礎にしている。ただし、これは、あくまで概念上のもので、算式ではないことに注意しよう。

$$監査リスク = 固有リスク \times 統制リスク \times 発見リスク$$

$$発見リスク = \frac{監査リスク}{固有リスク \times 統制リスク}$$

この論理モデルについて説明しよう。

監査人は、監査リスクを合理的に低い水準に抑えなければならない。例えば、社会の人々が財務諸表の適正性についての監査人の意見に95％の保証を求めているとするならば、監査人は職業的専門家として自らの意見に95％の確かさ（確信度）を持つことが必要である。したがって、監査リスクを5％に抑えなければならない。なぜなら、

> 監査保証 ＝ 1 － 監査リスク

だからである。

　そこで，まず，監査人はこのような財務諸表全体のレベルにおける監査リスクを決定する。そして，監査は実際には財務諸表項目を対象に実施されるので，監査人は，財務諸表全体として決定された監査リスクを，個々の財務諸表項目の監査リスクの水準として用いる。

　次に，監査人は，固有リスクと統制リスクを評価する。両リスクとも，財務諸表項目ごとに評価する。

　そして，監査人は，監査リスクと固有リスク及び統制リスクの程度を考慮して発見リスクを決める。発見リスクの程度も，財務諸表項目ごとに決定する。

　例えば，売掛金残高についての発見リスクの程度を決定するとしよう。

　監査人が自らの意見に95％の確信度をもつために，財務諸表全体のレベルにおける監査リスクを5％と決定したとする。そして，売掛金についての監査リスクを財務諸表全体のレベルにおける監査リスクと同じ5％と決定する。

　次に，売掛金は景気の後退で得意先の業績が悪化し不良債権となる可能性が高まるので固有リスクを100％，売掛金の管理には請求漏れや二重請求等の内部統制の欠陥が見られるので統制リスクを100％と評価すると，発見リスクは，監査リスク・モデルより5％と計算される。

$$5\% = \frac{0.05}{1.0 \times 1.0} \times 100$$

　この5％の発見リスクが売掛金に関する監査実施の目標となる。

　ここで5％を売掛金監査の実施目標とするということは，次のことを意味する。それは，この例のように固有リスクが大きくかつ内部統制も有効に機能していない場合には，売掛金に不正が行なわれたり誤って表示される可能性が高

いので，監査人がそれらを発見できない可能性も高くなるはずである。

しかし，監査人は社会が期待する5％の監査リスクを達成するために，発見リスクが5％となるように売掛金に係る監査手続を計画しなければならない。つまり，発見リスクの程度と必要な監査証拠とは相反する関係にあるので，発見リスクの程度を低く設定すると証明力の強い証拠をできるだけ多く入手しなければならないのである。

そこで，例えば，以下の事項を売掛金の監査計画に盛り込むのである。
① 売掛金に関わる取引（売掛金の発生と減少）の検証の範囲を拡大する。
② 売掛金に対する「確認」（売掛金残高について得意先に文書で質問し，文書による回答を得ること）の範囲を拡大する。また，確認の基準日は貸借対照表日（決算日）とする。
③ 売掛金の正味実現可能価額（回収可能価額）を確かめるために，貸倒引当金と貸倒損失の監査について，豊かな経験や能力のある監査人を配置する。

監査リスクとその構成要素との関係は，次頁の図表7－1のように示すことができる。

(2) リスクの実践的評価

ところで，監査リスクと3つの構成要素を数値で捉えることは，実際には不可能である。そこで，監査人は，監査リスク・モデルをベースに作成された図表7－2に基づいて，監査リスクを低く抑えるために，財務諸表項目ごとの発見リスクの程度を次のように決定する。

固有リスクと統制リスクの程度がともに高い場合，または一方のリスクの程度が中位であってももう一方のリスクの程度が高い場合は，両者の総合的なリスクの程度は高いと判断する必要があるので，監査リスクを一定水準に抑えるために，発見リスクの程度を低くする必要がある。

また，固有リスクと統制リスクの程度がともに低い場合，または一方のリスクの程度が中位であってももう一方のリスクの程度が低い場合に両者の総合的

なリスクの程度は低いと判断する場合には，発見リスクの程度を高くしても監査リスクを一定水準に抑えることが可能となる。

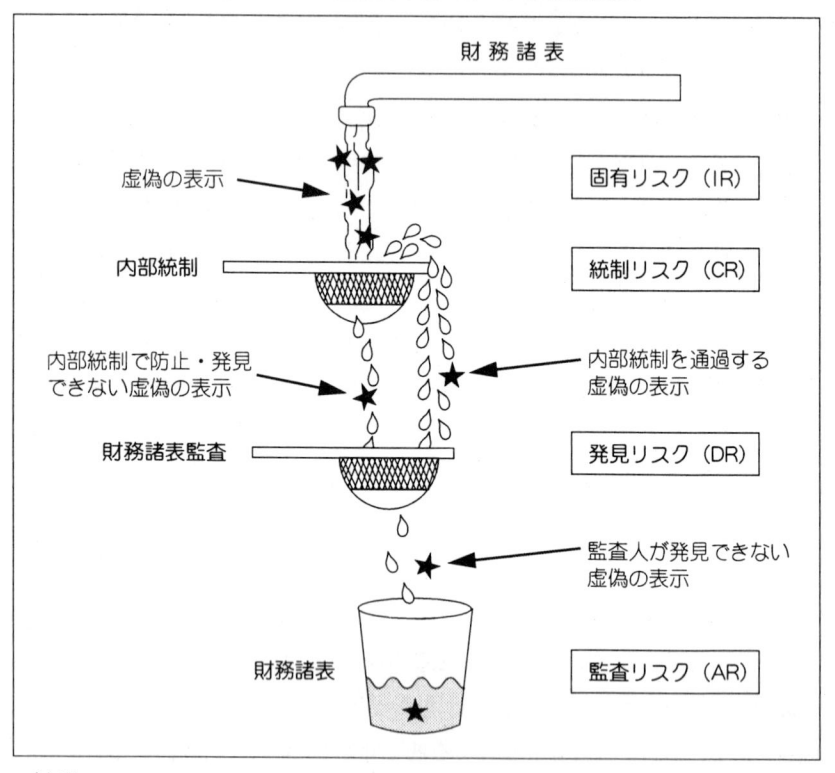

図表7－1　監査リスクと3つの構成要素

(出所：*Auditing Procedures Study, in "Audits of Small Business,"* AICPA, New York, 1985, p.44. 伊豫田隆俊・松本祥尚・林　隆敏著『ベーシック監査論』同文舘出版，2004年，130頁，一部修正)

図表7-2　監査リスクと3つの構成要素の相互関係

		固有リスクの程度		
		高い	中位	低い
統制リスクの程度	高い	低	低	中
	中位	低	中	高
	低い	中	高	高

（注）　表中の高，中，低は，監査人が設定する発見リスクの程度を表す。
　　　低：発見リスクの程度を低く抑えるような監査手続が要求される。
　　　中：発見リスクの程度を中水準に保つ監査手続でよい。
　　　高：発見リスクの程度を高くしてもよい程度の監査手続でよい。
　　　　なお，リスクの程度が低い，中位，高いという評価は，画一的な尺度に照らして行われるのではなく，監査人の職業的専門家としての判断に基づいて行われるものであり，その評価結果は相対的なものである。

（出所：日本公認会計士協会監査基準委員会報告書第5号「監査リスクと監査上の重要性」2002年5月）

II　監査リスクと重要性

　本章の冒頭に示した実施基準の「基本原則1」を受けて，実施基準の「監査計画の策定」は，次のように定めている（実施基準二1）。

　「監査人は，監査を効果的かつ効率的に実施するために，監査リスクと監査上の重要性を勘案して監査計画を策定しなければならない。」

1　監査リスク

　リスク・アプローチ監査を計画するに当たって，監査人は，最初に監査リスクを決定しなければならない。

　すでに指摘したように，監査リスクとは財務諸表に重要な虚偽の表示があるにもかかわらず，監査人がこれを看過して誤った意見を表明する可能性をいうのだから，監査リスクは低い方が望ましい。しかし，監査は不確定な将来事象に対する経営者の判断を「試査」により検証するので，監査リスクを0にすることはできない。とは言え，監査人は，監査リスクを社会の人々が監査人に期待するできるだけ低い水準に抑えなければならない。

　財務諸表全体のレベルにおける監査リスクを「できるだけ低い水準」に抑えるということは，監査は財務諸表を構成している項目を対象に実施されるので，財務諸表項目ごとの監査リスクも「できるだけ低い水準」に抑えなければならないということである。

　財務諸表項目ごとの監査リスクとは，監査人が個々の財務諸表項目における重要な虚偽の表示を看過し，結果として誤った判断をしてしまう可能性のことである。このような監査リスクを監査計画において決定することが，当該財務諸表項目についての監査手続を決定するのに必要なのである。

　原理的には，財務諸表項目ごとの監査リスクは，当該財務諸表項目の特性，例えば，項目の重要性，判断の介入の多いさ，不正流用の危険性，データ処理担当者の能力や経験等を考慮して，職業的専門家としての監査人の判断により個々別々に決定され，そして，財務諸表項目ごとの監査リスクを総合したものが財務諸表全体の監査リスクと一致するようにすべきであろう。

　しかしながら，これは困難な作業である。そこで，財務諸表項目ごとの監査リスクは，通常，財務諸表全体のレベルにおける監査リスクの値が使用される。つまり，財務諸表全体のレベルにおける監査リスクを「低い」水準に設定したならば，売上高や売掛金，仕入高や買掛金等の財務諸表項目の監査リスクも「低い」水準とするのである。

第7章 リスク・アプローチ監査

2 監査上の重要性

重要性とは、会計情報に依拠する人々の合理的な判断に影響を与えるであろうと思われる当該会計情報の大きさ（マグニチュード）をいう。重要性には、量的重要性と質的重要性がある。

監査上の量的重要性とは、金額の重要性である。例えば、同一会社の財務諸表において、10億円の虚偽の表示は1億円の虚偽の表示よりも重要である。

監査上の質的重要性とは、虚偽の表示の原因の重要性である。例えば、監査の実施過程において発見された経営者の不正行為に起因する虚偽の表示は、その金額が小さいため量的重要性はないと判断される場合であっても、次年度以降においてその不正行為による多額の罰金や資産の没収等の可能性が高いと判断される場合には質的に重要である。また、利害関係者の関心の高い項目、例えば会社と役員や関係会社との取引等も質的に重要である。

3 監査リスクと重要性との関係

監査人は、リスク・アプローチに基づく監査計画の策定において、財務諸表において重要であると判断する虚偽の表示の金額を重要性の基準値として決定しなければならない。なぜなら、監査リスクは重要な虚偽の表示が財務諸表に含まれているにもかかわらず監査人がこれを発見できず誤った意見を表明してしまう可能性であり、重要性はその虚偽の表示の大きさだからである。

つまり、両者は、「当社の財務諸表にとって重要と判断される5億円を超える虚偽の表示を監査人が看過してしまう可能性は5％である」という関係にある（もし監査人の意見がこのようなものであるならば、財務諸表利用者は監査報告書に一層興味を示すであろう）。

このように、監査リスクと重要性は、切り離して考えることはできない。監査リスクは、重要性の基準値が変更されると、それに応じて変化することになる。すなわち、監査人が重要性の基準値を大きくした場合には、監査リスクは

低くなる。例えば，監査人が財務諸表全体について5億円の虚偽の表示を重要と判断したが，それを10億円と変更した場合，監査人が虚偽の表示を看過して誤った意見を表明する可能性（監査リスク）は当初の水準よりも低くなる。逆に，重要性の基準値を当初の値よりも小さくした場合，例えば5億円を1億円に変更した場合には，監査リスクは当初の水準よりも高くなる（しかし，監査人は監査リスクをできるだけ低い水準に抑えなければならない）。

監査人は，このような監査リスクと重要性との関係を十分に考慮して，被監査会社にマッチした監査計画を策定しなければならない。

4 重要性の基準値の決定

監査人は，過年度の財務諸表数値や当年度の予算に基づく財務諸表数値そして「決算短信」(3)における業績予想等をベースに，経常利益と当期純利益に与える影響，売上高や総資産に与える影響，自己資本に与える影響等を考慮して，財務諸表全体にとっての重要性の基準値を決定する(4)。

次に，監査人は，財務諸表全体にとっての重要性の基準値に基づいて，財務諸表項目ごとの重要性の値を決定しなければならない。監査は財務諸表項目を対象に行われるからである。この値も，監査人の専門的な判断をもって決定されるが，重要性の基準値より相対的に小さい金額として決定する。それは，特定の財務諸表項目において発見した虚偽の表示の金額が重要性の金額を超えていない場合であっても，発見したすべての虚偽の表示の金額を合計すると重要性の基準値を超える場合も考えられるからである。

一般に，大きな金額の勘定科目には，重要性の金額を多く割り当てる。それは，大きな金額の項目には誤りの発生する可能性が高く，したがって，証明力の強い証拠をできるだけ多く入手しなければならないからである。例えば，財務諸表全体にとって5億円が重要であると決定し「売掛金」の重要性に5,000万円を割り当てるとすると，売掛金の虚偽の表示が5,000万円以下であるならば売掛金は適正に表示されている，と判断するのである。

監査人は，財務諸表項目ごとの重要性の値を考慮することによって，適切な監査手続を計画し必要な証拠を入手することができる。例えば，貸借対照表の売掛金10億円について監査するとき，売掛金の重要性を5,000万円とするならば，1億円を重要とするときよりも多くのそして強力な証拠を入手するための監査計画を策定しなければならない。逆に，重要性を考慮しないと過剰な監査を計画してしまうことにもなる。つまり，すべてを合計しても重要性の範囲内にあるような小額の虚偽の表示をも発見するための監査計画を策定してしまうことにもなるのである。

III 固有リスク

監査人は，財務諸表における重要な虚偽の表示を看過しないようにするために，固有リスクの要因を検討し，固有リスクを識別しなければならない。

1 固有リスクの要因

財務諸表に重要な虚偽の表示をもたらす固有リスクの要因には，企業内外の経営環境に係わるものと特定の取引記録や財務諸表項目の特性によるものとがある。

(1) 企業内外の経営環境に係る固有リスクの要因

経営環境には，一般的経済環境，企業の属する産業の経済環境，企業の事業活動環境等がある。例えば，以下のような事項がこれに含まれる。

景気の動向，外国為替相場の動向，企業の属する産業の状況と規制環境，競争の状況，製品・サービスに関する技術革新の影響，事業の特殊性，業界に特殊な会計慣行，新たな会計基準，ＩＴの状況，経営者の誠実性や倫理観，経営者の意向や姿勢，経営方針や経営戦略，取締役会と監査役の監視機能，組織構

造や慣行，権限と職責，任期途中の経営者や幹部の交代，取引銀行や顧問弁護士の交代等。

(2) 特定の取引記録や財務諸表項目の特性による固有リスクの要因

これには，以下のような事項が含まれる。

経営者の見積りや判断を多く必要とする項目，資産の不正流用の危険性の高い項目（例えば，現金や有価証券等），通常の処理によらない例外的な取引，専門家の判断を必要とするような特殊なまたは複雑な取引や会計事象，年度末やその近くで発生した多額の取引，子会社や役員との取引等。

2　固有リスク

上のような固有リスクの要因により，次のような固有リスクが識別される(5)。

(1) 企業内外の経営環境の影響を受けて発生する固有リスク
① 景気の後退期になると，棚卸資産の在庫が増加し，陳腐化した棚卸資産が滞留する可能性がある。また，与信先の業績が悪化し，債権が回収不能になる可能性もある。
② 外国為替相場の変動が激しい状況のもとでは，為替取引や金融商品取引に関わっている会社の場合，先物為替予約や通貨オプション取引等の失敗により巨額の損失が発生する可能性がある。
③ 会社が技術革新のテンポの著しく速い産業に属する場合には，生産設備の陳腐化が著しく，遊休資産の発生の可能性が高い。また，棚卸資産が陳腐化し販売不能となる可能性も高くなる。
④ 会社が商慣習の確立していない業界，特殊な会計実務や会計慣行に問題のある業界に属する場合には，売上計上時点が不明確であったり，代金の回収も規則的に行われなかったりして異常が識別しにくいので，不正が行われる可能性がある。

第7章　リスク・アプローチ監査

⑤　会社が受注産業に属する場合，熾烈な受注競争が行われると，裏リベート等の支出が発生する可能性がある。また，リベートや仮単価等による取引が慣行化している業種では不正が発生しやすい。

⑥　不動産や美術品等が商取引の対象となる場合，その取引価格に必ずしも客観性があるわけではないので，利益操作の道具とされる可能性がある。

⑦　会社の規模や業種等に照らして情報システムの要員が不足している場合，異常に多い処理ミスや出力遅れ等のようなコンピュータ処理に対する内部統制が不十分な場合は，不正の発生する可能性が高い。

⑧　経営者が積極的な経営方針を掲げ厳しい販売目標を設定している場合，従業員が，その圧力に耐えられず，押込販売を行ったり，架空売上をする可能性がある。

⑨　経営者が開示制度の重要性を十分に理解していない場合，会計方針の採用に当たって適切な判断ができなかったり，会計方針を変更して利益操作を行う可能性がある。

⑩　経営者報酬の大部分がボーナスや株式オプション等であり，それらが経営成績に関する目標を達成することに依存している場合には，利益を過大に報告する傾向にある。

⑪　取締役会や監査役会の監視が十分に機能していない場合には，経営者が不正を行う可能性がある。

(2)　特定の取引記録や財務諸表項目等の特性によって発生する固有リスク

①　棚卸資産や投資有価証券，繰延税金資産のような資産の評価や引当金の計上は，経営者の見積りや判断を必要とするので，実際の商取引に基づく会計記録よりも虚偽の表示の発生する可能性が高い。

②　現金や有価証券，商品である貴金属等は，盗難の危険性が高く，また，経営者や従業員の横領の対象となる可能性がある。

③　"タックスヘイブン"（租税回避地）に"ペーパーカンパニー"がある場合，当該会社との取引記録や財務諸表項目について利益操作が行われる可能性

が高い。
④　子会社との取引や役員に対する貸付金等を含む特別利害関係者との取引は，不正の発生する可能性が高い。

IV　統制リスク

　企業は固有リスクに起因する財務諸表の重要な虚偽の表示を防止または適時に発見するために内部統制を構築するが，その内部統制が財務諸表の虚偽の表示を防止または適時に発見できない可能性がある。それを「統制リスク」という。

1　内部統制の意味

　内部統制（internal control）とは，業務の有効性と効率性，財務報告の信頼性，事業活動に関わる法規の遵守，資産の保全という4つの目的を達成するために，業務に組み込まれ，組織内のすべての者によって遂行されるプロセスをいう[6]。業務とは，組織の事業活動の目的を達成するために，組織内のすべての者が日々継続して取り組む活動のことである。
①　業務の有効性と効率性とは，事業活動の目的を達成するために業務の有効性と効率性を高めることをいう。業務の有効性とは，事業活動や業務の目的が達成される程度をいい，業務の効率性とは，組織が目的を達成しようとする際に，時間，人員，コスト等の組織内外の資源が合理的に使用される程度をいう。
②　財務報告の信頼性とは，財務諸表及び財務諸表に重要な影響を及ぼす可能性のある情報の信頼性を確保することをいう。財務報告は組織の内外の者が当該組織の活動を確認するうえで極めて重要な情報であり，財務報告の信頼性を確保することは，組織に対する社会的な信用の維持・向上に資

することになる。逆に，誤った財務報告は，多くの利害関係者に対して不測の損害を与えるだけでなく，組織に対する信頼を失墜させることとなる。
③ 事業活動に関わる法規の遵守とは，事業活動に関わる法令その他の規範の遵守を促進することをいう。組織や組織内の者が法令の遵守を怠り，また社会的規範を無視した行動をとれば，それに応じた罰則や批判を受け，組織の存在すら危うくしかねない。反対に，商品の安全基準の遵守や操業の安全性の確保など，法令等の遵守への真摯な取組みが認知された場合には，組織の評判や社会的信用の向上を通じて，業績や株価等の向上にも資することになる。このように，組織が存続し発展していくためには，事業活動に係る法令等の遵守体制を適切に整備することが不可欠である。
④ 資産の保全とは，資産の取得，使用及び処分が正当な手続や承認の下に行われるよう，資産の保全を図ることをいう。資産が不正にまたは誤って取得，使用，処分された場合，組織の財産や社会的信用に大きな損害や影響を及ぼす。また，組織が出資者等から財産の拠出等を受けて活動している場合，経営者は，これを保全する責任を負っている。なお，資産には，有形資産のほか，知的財産や顧客に関する情報など無形の資産も含まれる。

2 内部統制の基本的要素

内部統制の基本的要素とは，内部統制の4つの目的を達成するために必要とされる内部統制の構成部分をいい，内部統制の有効性を判断する基準となるものである。内部統制の基本的要素は，統制環境，リスクの評価と対応，統制活動，情報と伝達，モニタリング，ＩＴへの対応の6つである[7]。
① 統制環境
　統制環境とは，組織全体の統制に影響を及ぼす環境のことで，組織の気風を決定し，組織内のすべての者の統制に対する意識に影響を与えるとともに，他の基本的要素の基礎となるものである。例えば，誠実性と倫理観，経営者の意向や姿勢，経営方針や経営戦略，取締役会の役割，監査役

（または監査委員会）の監視機能，組織構造や慣行，権限と職責，人的資源に対する方針と管理等である。

内部統制は企業構成員によって遂行されるプロセスであることから，すべての者の誠実性や倫理観に大きく依存するが，特に，組織の頂点に立つ経営者の誠実性や倫理観に基づいた行動が重要であることは言うまでもない。

経営者の意向や姿勢は，予算・利益・その他の目標を達成しようとする意欲，財務報告に対する考え方（会計方針の選択に際しての強引さや保守性，会計上の見積りを行う際の誠実さや慎重さ）等に影響を及ぼす。

経営方針や経営戦略は，企業の直面するビジネス・リスクへの対処，企業の将来性，事業の運営方法等に大きな影響を与える。

取締役会は，内部統制の整備・運用に係る基本方針を決定し，経営者による内部統制の整備・運用に対する監督責任を有している。

監査役（または監査委員会）は，独立した立場から，内部統制の整備・運用状況を監視し検証する責任を負っている。

企業目的を達成するための事業活動を計画・実行・管理するための組織構造や慣行，業務活動に対する権限と責任の付与，承認と報告の指揮命令系統等は，内部統制の効果的な運用と密接に関係している。

統制環境には，人的資源である従業員の採用，教育・研修，評価，昇進，給与体系，懲戒制度等の人事に関する方針や管理も含まれる。いかなるシステムであれ，最も重要な点は，それが「人」によって支えられているということである。有能かつ誠実な従業員を確保するためには，適切な人事政策や人事方針が不可欠である。

ところで，統制環境のうち，経営者の誠実性や倫理観，経営者の意向や姿勢，経営方針や経営戦略，取締役会と監査役会の監視機能，組織構造等は，すでに検討したように固有リスクの要因でもある。ここに，固有リスクと統制リスクを結合して評価すべきとする理由がある（107頁）。

② リスクの評価と対応

　リスクの評価とは，組織目標の達成を阻害する要因をリスクとして識別し，分析し，そして評価するプロセスをいう。つまり，天災，盗難，市場競争の激化，外国為替や資源相場の変動等の外部的要因と，情報システムの故障，不正な会計処理の発生，高度な経営判断に関わる情報の流出といった内部的要因によってもたらされるビジネス・リスクを識別し，それらのリスクの重要性を分析し，リスク発生の可能性をどのように評価するかということである。

　また，リスクへの対応とは，リスクの評価を受けて，当該リスクへの適切な対応を選択するプロセスをいう。例えば，リスクを管理することが困難な場合にはリスクの原因となる活動を見合わせたり，リスクの発生可能性や影響を弱めるため新たな内部統制を構築したり，保険への加入やヘッジ取引の締結等によってリスクを移転することである。

③ 統制活動

　統制活動とは，経営者の命令や指示が適切に実行されることを確保するために定める方針と手続をいう。統制活動は，内部統制の目的を達成するために，あらゆる階層，部門・部署等の事業活動に組み込まれている。

　具体的には，職務の分掌，業務を実施する際の承認，権限の委譲と責任の分担，業務相互間の照合・調整，内部牽制，資産の保全等に係る方針と手続を整備し運用することである。

④ 情報と伝達

　情報と伝達とは，必要な情報が識別され，人的及び機械化された情報システムに取り入れられ（把握），目的に応じて処理され，組織内外の関係者に正しく伝えられることを確保することをいう。組織を構成する各メンバーの職務の遂行に必要な情報は，適時かつ適切に，識別，把握，処理，伝達されなければならない。また，必要な情報が伝達されるだけでなく，それが受け手に正しく理解され，その情報を必要とする組織内のすべての者に共有されることが重要である。

なお，不正等の情報は取引先等を通じてもたらされることもあるので，組織の外部からの情報を適切に処理するプロセスも整備する必要がある。
⑤　モニタリング

モニタリングとは，内部統制が有効に機能していることを継続的に評価するプロセスをいう。モニタリングにより，内部統制は常に監視，評価，是正されることになる。これには，業務に組み込まれて行われる日常的モニタリングと業務から独立した視点から実施される独立的評価がある。

日常的モニタリングとは，内部統制の有効性を監視するために，経営管理や業務改善等の通常の業務に組み込まれて行われる活動をいう。独立的評価とは，日常的モニタリングとは別個に独立して定期的または随時に行われる内部統制の評価であり，経営者，取締役会，監査役会，内部監査等を通じて実施される。
⑥　ＩＴへの対応

ＩＴへの対応とは，組織を取り巻くＩＴ環境を理解し，ＩＴの利用及び統制について適切に対応することをいう。

ＩＴ環境とは内外のＩＴの利用状況のことであり，組織は，社会や市場におけるＩＴの浸透度，組織が行う取引等におけるＩＴの利用状況，組織が採用している一連の情報システム等の状況について考慮する。それらを踏まえて，ＩＴを有効かつ効率的に利用すること，そして，ＩＴを利用した情報システムに関して適切な方針や手続を定めることが必要である。

これらの６つの要素が経営管理に組み込まれて一体となって機能することで，冒頭で指摘した内部統制の４つの目的が達成されるのである。

3　内部統制の限界

内部統制の限界とは，適切に整備され運用されている内部統制であっても，内部統制が本来有する制約のゆえに有効に機能しなくなることをいう[8]。

① 内部統制は，判断の誤り，不注意，複数の担当者による共謀によって有効に機能しなくなる場合がある。
② 内部統制は，当初想定していなかった組織内外の環境の変化や非定型的な取引等には，必ずしも対応しない場合がある。
③ 内部統制の整備及び運用に際しては，費用と便益を比較考慮することが求められる。
④ 経営者が不当な目的のために内部統制を無視したり無効ならしめることがある。

4 内部統制の状況についての理解

　監査人は，統制リスクを評価するために，まず，企業の内部統制の状況について理解しなければならない(9)。

　「統制環境」と「リスクの評価と対応」のように事業運営全般に関連する内部統制については，経営者や取締役会，監査役会等とディスカッションすることにより，その状況を理解する。例えば，新製品の開発や新規事業の立ち上げ等によって生ずるリスクと必要な措置，会計方針の選択や会計上の見積りなどに対する経営者の姿勢，取締役会の内部統制システムに対する監視体制，監査役の経営執行からの独立性，財務報告プロセスや内部統制システムに関する組織的・人的構成等について理解する。

　「統制活動」は，職務の分掌，業務を実施する際の承認，権限の委譲と責任の分担，業務相互間の照合・調整，資産の保全等に係る方針や手続なので，主として現場の管理者や担当者に係る内部統制である。これについては，特に会計処理・報告プロセス（取引の開始・記録・処理・報告）を把握し，そのプロセスに関連する統制活動について理解する。例えば，売掛金の借方計上（発生）までの売上プロセスは，受注，出荷，売上計上，請求といった一連の業務により構成されるが，この受注から売掛金・売上計上，請求までの数値，帳票，業務の流れを把握することにより，この流れのどこに，どのような統制活動が設け

られているかを理解する。販売部門における受注記録と出荷指図書の照合，出荷部門における出荷指図書と出荷する製品現物との照合，経理部門における売上伝票と出荷報告書の照合，売上請求書集計の検算，総勘定元帳と得意先元帳の照合，さらに販売部門における売上伝票と請求書の照合等は，売上プロセスの統制活動の一例である。

「情報と伝達」については，例えば，不正の発生に関する情報のような内部統制に関する重要な情報が，経営者及び組織内の適切な者に適時かつ適切に伝達される仕組みについて理解する。また，組織の情報と伝達及びモニタリングの仕組みの一つとして「内部通報制度」を設ける場合があるが，通報者を保護する仕組みを含み，その方針と手続の整備と運用状況を確かめる。

「モニタリング」のうち日常的モニタリングについては，例えば，各業務部門における帳簿記録と実際の製造・在庫ないし販売数量等との全体的チェックの状況や重要な売掛金についての残高確認の実施過程と発見された差異の分析・修正作業等について理解する。また，独立的評価については，内部監査の状況や監査役会の業務監査の状況等について把握する。

「ＩＴへの対応」については，例えば，多くの企業は，ＩＴを利用して販売管理部門において売掛債権の発生や回収を適時に把握し，回収が滞っている売掛債権については別途に管理している。また，生産管理システムにおいて，製造部門が製造指図書のデータに従って原材料の出庫数量を入力し，倉庫係が日々の原材料の実在庫データを入力する手続を業務プロセスに組み込むことにより，瞬時に帳簿在庫と実在庫の差異を把握できるシステムなどを採用している。そこで，それらの運用状況を把握する。また，プログラムの不正な使用，改ざんなどを防止するためのシステムへのアクセス管理の状況や除外処理（エラー）の修正と再処理の状況等について理解する。

内部統制を理解するに当たっては，過年度から継続して監査を実施する場合には過年度の監査において入手した情報を利用するが，内部統制に重要な変更がある場合には，その変更による影響を中心に内部統制を理解する。

〔注〕
(1) 企業会計審議会「監査基準の改訂について」，平成17年10月28日，二 1 。
(2) 企業会計審議会「監査基準の改訂について」，平成14年 1 月25日，三 3 (2)。
(3) 証券取引所は上場会社に対して取締役会での決算（四半期決算も含む）案の承認後ただちに決算概要を発表するよう要請しているが，上場会社は，これに応えて**決算短信**（通常「タンシン」と呼ばれる）を作成して証券取引所に提出するとともに，取引所の記者クラブで記者会見を行っている。

 決算短信には，当期の業績として，売上高，営業損益，経常損益，当期純損益，1 株当たり当期純損益等が開示されるが，さらに次期の業績予想として，売上高，営業損益，経常損益，当期純損益，1 株当たり当期純損益，1 株当たり配当金も公表される。業績の「予想値」が公表されるのは決算短信だけである。拙著『会計学入門 ── 会計・税務・監査の基礎を学ぶ（第 9 版）』中央経済社，2008年，116 − 120頁。
(4) 日本公認会計士協会監査基準委員会報告書第 5 号「監査上の重要性」，2005年 3 月，6 項。
(5) 日本公認会計士協会監査基準委員会報告書第 5 号「監査リスクと監査上の重要性」，2002年 5 月。
(6) 企業会計審議会「財務報告に係る内部統制の評価及び監査の基準」，2007年 2 月15日。
(7) 同上書。

 国際的な内部統制の枠組みとして，アメリカの**COSO**（Committee of Sponsoring Organization of the Treadway Commission）が発表した「内部統制の統合的枠組みに関する報告書」(1992年)があるが，我が国の「財務報告に係る内部統制の評価及び監査の基準」は，国際的な内部統制議論がCOSO報告書をベースとしていることを考慮しCOSO報告書の枠組みを基本的に踏襲しつつも，我が国の実情を反映し，COSO報告書の 3 つの目的と 5 つの構成要素にそれぞれ 1 つずつ加え，4 つの目的と 6 つの基本的要素としている。

 すなわち，内部統制の目的に関して，我が国においては，資産の取得，使用及び処分が正当な手続と承認の下に行われることが重要であることから，独立させて 1 つの目的として明示している。また，内部統制の基本的要素に関しても，COSO報告書公表後のIT環境の飛躍的進展により，ITが組織に浸透した現状に即して「ITへの対応」を基本的要素の 1 つに加えている。
(8) 同上書，I 3 。
(9) 日本公認会計士協会監査基準委員会報告書第29号「企業とその環境の理解及び重要な虚偽表示リスクの評価」2005年 3 月，88 − 89項。

第8章

重要な虚偽表示のリスク

Auditing Theory & Practice

I　ビジネス・リスク・アプローチと重要な虚偽表示のリスク

1　ビジネス・リスク・アプローチ

実施基準の「基本原則2」は，次のように定めている。

　「監査人は，監査の実施において，内部統制を含む，企業及び企業環境を理解し，これらに内在する事業上のリスク等が財務諸表に重要な虚偽の表示をもたらす可能性を考慮しなければならない。」

そして，「監査基準の改訂について」（平成17年10月28日）は，次のようにいう。

　「現実の企業における日常的な取引や会計記録は，多くがシステム化され，ルーティン化されてきており，財務諸表の重要な虚偽の表示は，経営者レベルでの不正や，事業経営の状況を糊塗することを目的とした会計方針の適用等に関する経営者の関与等から生ずる可能性が相対的に高くなってきていると考えられる。また，経営者による関与は，経営者の経営姿勢，内部統制の重要な欠陥，ビジネス・モデル等の内部的な要因と，企業環境の変化や業界慣行等の外部的な要因，あるいは内部的な要因と外部的な要因が複合的に絡みあってもたらされる場合が多い。
　一方，監査人の監査上の判断は，財務諸表の個々の項目に集中する傾向があり，このことが，経営者の関与によりもたらされる重要な虚偽の表示を看過する原因となることが指摘されている。そこで，リスク・アプローチの適用において，リスク評価の対象を広げ，監査人に，内部統制を含む，企業及び企業環境を十分に理解し，財務諸表に重要な虚偽の表示をもたらす可能性のある事業上のリスク等を考慮することを求めることとした。
　さらに，こうした観点から，固有リスクと統制リスクを結合した『重要な

虚偽表示のリスク』の評価,『財務諸表全体』及び『財務諸表項目』の二つのレベルにおける評価等の考え方を導入した。このようなリスク・アプローチを『事業上のリスク等を重視したリスク・アプローチ』という。」

このように，監査基準は，監査人に対して，内部統制を含む企業及び企業環境に内在する事業上のリスク，つまり，企業目的の達成や戦略の遂行に悪影響を及ぼす重大な状況や事象（以下"ビジネス・リスク"という）を把握し，それらが財務諸表に重要な虚偽の表示をもたらす可能性を評価し，それらに対応する監査の実施を求めている。それは，より効果的な監査を実施するためには，ビジネス・リスクを従来以上に広範囲に認識することによって，それらが財務諸表の重要な虚偽の表示に結び付く可能性を早めに把握する必要があるからである。そして，ビジネス・リスクを財務諸表全体に係るレベルのものと財務諸表項目に係るレベルのものとに区分して，それぞれに対応する監査手続の計画を求めている。このような監査手法をビジネス・リスク・アプローチという。

2 重要な虚偽表示のリスクの意味

第7章で説明したリスク・アプローチ監査においては，監査人は，監査リスクを合理的に低い水準に抑えるために，固有リスクと統制リスクを個々別々に評価して，発見リスクの水準を決定することとしていた。しかし，固有リスクと統制リスクは実際には複合的な状態で存在することが多い。特に経営者に係る事項，例えば，経営者の誠実性や倫理感，経営者の意向や姿勢，経営者の経営方針や経営戦略等は，固有リスクと統制リスクに大いに関係している（107，112頁）。また，固有リスクと統制リスクとが独立して存在する場合であっても，監査人は，重要な虚偽の表示が生じる可能性を適切に評価し，発見リスクの水準を決定することが重要であり，固有リスクと統制リスクを分けて評価することは必ずしも重要ではない。むしろ固有リスクと統制リスクを分けて評価することにこだわることは，リスク評価が形式的になり，発見リスクの

水準の的確な判断ができなくなるおそれもある。そこで，現監査基準は，監査リスク・固有リスク・統制リスク・発見リスクというリスク概念やその相互関係，リスク・アプローチの考え方を基本的に踏襲しつつ(1)，固有リスクと統制リスクを結合したリスクを**重要な虚偽表示のリスク**と呼び，それを評価したうえで，発見リスクの水準を決定するというアプローチを採用したのである。

II　重要な虚偽表示のリスクの評価 ── 監査計画の策定

実施基準は，「監査計画の策定」において，次のように定めている（実施基準二 2, 3, 4）。

「監査人は，監査計画の策定に当たり，景気の動向，企業が属する産業の状況，企業の事業内容及び組織，経営者の経営理念，経営方針，内部統制の整備状況，情報技術の利用状況その他企業の経営活動に関わる情報を入手し，企業及び企業環境に内在する事業上のリスク等がもたらす財務諸表における重要な虚偽表示のリスクを暫定的に評価しなければならない。」

「監査人は，広く財務諸表全体に関係し特定の財務諸表項目のみに関連づけられない重要な虚偽表示のリスクがあると判断した場合には，そのリスクの程度に応じて，補助者の増員，専門家の配置，適切な監査時間の確保等の全般的な対応を監査計画に反映させなければならない。」

「監査人は，財務諸表項目に関連して暫定的に評価した重要な虚偽表示のリスクに対応する，内部統制の運用状況の評価手続及び発見リスクの水準に応じた実証手続に係る監査計画を策定し，実施すべき監査手続，実施の時期及び範囲を決定しなければならない。」

監査人は，企業とその環境（内部統制を含む）に内在するビジネス・リスク等がもたらす財務諸表における重要な虚偽表示のリスクを暫定的に評価しなければれ

ばならない。その際,「広く財務諸表全体に関係し特定の項目のみに関連づけられない重要な虚偽表示のリスク」(以下「財務諸表全体としての重要な虚偽表示のリスク」という) と,「財務諸表項目に関連する重要な虚偽表示のリスク」を区別して評価する。

財務諸表に重要な虚偽の表示をもたらすリスクを「財務諸表全体」と「財務諸表項目」という二つのレベルで評価しなければならない理由について,『監査基準の改訂について』は,次のようにいう。

「財務諸表における重要な虚偽の表示は,経営者の関与等から生ずる可能性が相対的に高くなってきていると考えられるが,従来のリスク・アプローチでは,財務諸表項目における固有リスクと統制リスクの評価,及びこれらと発見リスクの水準の決定との対応関係に重点が置かれていることから,監査人は自らの関心を,財務諸表項目に狭めてしまう傾向や,財務諸表に重要な虚偽の表示をもたらす要因の検討が不十分になる傾向があることから,広く財務諸表全体における重要な虚偽の表示を看過しないための対応が必要と考えられた。そこで,財務諸表における『重要な虚偽表示のリスク』を『財務諸表全体』及び『財務諸表項目』の二つのレベルで評価することとした。」

(1) **財務諸表全体としての重要な虚偽表示のリスクと全般的な対応**

財務諸表全体としての重要な虚偽表示のリスクは,財務諸表全般に広く係りがあるリスクで,財務諸表項目の重要な虚偽表示のリスクを増大させるものである。このリスクは,多くの場合,企業の統制環境に関連する。典型的には,経営者が内部統制を無視する場合である。

財務諸表全体のレベルにおいて重要な虚偽表示のリスクが認められた場合には,そのリスクの程度に応じて,**全般的な対応**を監査計画に反映させる。全般的な対応とは,例えば,職業的懐疑心の一層の高揚,豊かな経験や専門的知識・技能を持つ者から成る監査チームの編成,監査実施者に対する指導・監督の強化,十分な監査時間の確保等である。

(2) 財務諸表項目ごとの重要な虚偽表示のリスク

監査人は，財務諸表項目，例えば，現金，売掛金，買掛金，売上等における重要な虚偽表示のリスクを評価するために，次のような監査手続を計画する。

① 識別した固有リスクと内部統制の状況（内部統制がその目的を達成できるように実際に設計され，そして，それが実際に適用されているかどうか）についての理解を基礎に(115頁)，財務諸表項目に関連する重要な虚偽表示のリスクを暫定的に評価する。

② 暫定的に評価した重要な虚偽表示のリスクに対応する監査手続を計画する。これは，内部統制の運用状況の評価手続と実証手続からなる。

　財務諸表項目に関連する重要な虚偽表示のリスクの評価は，上の暫定的評価だけでは十分ではない。監査人は，内部統制が監査対象期間を通じて継続的に有効に運用されているかどうかを確かめなければならない。この監査手続を**内部統制の運用状況の評価手続**という。この評価手続は，リスクの暫定的評価の段階で監査人が内部統制は有効に運用されていると想定した場合に，その評価を裏付けるために実施される監査手続である。したがって，重要な虚偽表示のリスクの可能性が高いと暫定的に評価した場合には，監査手続を広範囲に実施し，より証明力の強い監査証拠を入手しなければならない。

　そして，監査人は，財務諸表項目ごとの発見リスクの水準に応じた実証手続を計画する。

(3) 特別な検討を要するリスク

監査人は，会計上の見積りや収益認識等の判断に関して財務諸表に重要な虚偽の表示をもたらす可能性のある事項，不正の疑いのある取引，特異な取引等，特別な検討を必要とするリスクがあると判断した場合には，そのリスクに対応する監査手続に係る監査計画を策定しなければならない（実施基準二５）。

III 監査の実施 —— 実証手続

実施基準の「監査の実施」は，次のように定めている（実施基準三1，3）。

「監査人は，実施した監査手続及び入手した監査証拠に基づき，暫定的に評価した重要な虚偽表示のリスクの程度を変更する必要がないと判断した場合には，当初の監査計画において策定した内部統制の運用状況の評価手続及び実証手続を実施しなければならない。また，重要な虚偽表示のリスクの程度が暫定的な評価よりも高いと判断した場合には，発見リスクの水準を低くするために監査計画を修正し，十分かつ適切な監査証拠を入手できるように監査手続を実施しなければならない。」

「監査人は，特別な検討を必要とするリスクがあると判断した場合には，それが財務諸表における重要な虚偽の表示をもたらしていないかを確かめるための実証手続を実施し，また，必要に応じて，内部統制の整備状況を調査し，その運用状況の評価手続を実施しなければならない。」

(1) 実証手続の意味

監査基準は実証手続について定義していないが，実証手続は，分析的実証手続と詳細テストからなる[2]。

分析的手続とは，第9章で説明するように，財務データ相互間あるいは財務以外のデータと財務データ間の矛盾や異常な変動の有無を検討し，財務データの合理性を確かめることである。それは，関連するデータ間に異常な状況がなければ，当該データ間に存在する合理的な関係は存続するということを前提としている。したがって，データ間に合理的な関係が見られない場合には，異常な取引や事象の発生，会計処理の変更，虚偽の表示等が考えられるのである。

分析的手続は，監査計画の段階，内部統制の評価の段階，実証手続として，そして監査の最終段階において適用されるが，実証手続として実施される分析

的手続を**分析的実証手続**という。分析的実証手続は，一般的に，取引の総体的な妥当性や異常事項の有無を確かめるために適用される (157頁)。

詳細テストとは，貸借対照表の残高や損益計算書の計上額の妥当性を検証するために実施される監査手続のことである。したがって，第10章で説明する実査，立会，確認，証憑突合，質問等のほとんどすべての監査手続がこれに含まれる。

(2) 実証手続の選択，実施時期及び範囲の決定

ある財務諸表項目における重要な虚偽表示のリスクが高いと評価した場合には，監査リスクを合理的に低い水準に抑えるために発見リスクの程度を低く設定しなければならないので，より強い証明力を有する監査証拠を入手する。そこで，被監査会社の内部資料を中心とする実証手続よりも外部資料や外部関係者を対象とする実証手続を実施しなければならない。

発見リスクの程度は，実証手続の実施時期にも影響を与える。発見リスクを高く設定した場合には，実証手続は期末日以前数カ月前に実施することができ，発見リスクを低く設定した場合には，期末日またはそれに近い日に実施する。

また，発見リスクの程度は，実証手続によって収集される証拠の量にも直接影響を及ぼす。発見リスクを低く設定した場合には，高く設定した場合よりも多くの証拠を必要とする。例えば，売掛金の実在性を検証するために「確認」を実施する場合，確認依頼状の発送件数は，発見リスクを高く設定した場合には100件，それを低く設定した場合には300件となる。

Ⅳ　不正リスク要因

財務諸表における重要な虚偽の表示，つまり粉飾は，多くの場合，経営者不正によってもたらされる。経営者不正が行なわれるということは，経営者に不正に関与しようとする「動機やプレッシャー」があり，不正を実行する「機会」

があり，そして，経営者の「姿勢」に問題があるからである。

　日本公認会計士協会は，経営者不正をもたらす以下のような要因を例示している(3)。

(1)　経営者が不正に関与しようとする動機やプレッシャー
① 　財務的安定性または収益性が，以下のような一般的経済状況や企業の属する産業または企業の事業環境により脅かされている。
・利益の減少を招くような過度の競争があるまたは市場が飽和状態にある。
・技術，製品陳腐化，利子率等の急激な変化，変動に十分に対応できない。
・顧客の需要が著しく減少したり，企業の属する産業または経済全体において経営破綻が増加している。
・経営破綻や敵対的買収を招く原因となる営業損失が存在する。
・利益が計上されているにもかかわらず営業活動によるキャッシュ・フローが経常的にマイナスとなっている。
・同業他社と比較した場合，急激な成長または異常な高収益が見られる。
② 　経営者が，以下のような第三者からの期待または要求に応えなければならない過大なプレッシャーを受けている。
・経営者の非常に楽観的なプレス・リリースなどにより，証券アナリスト，投資家，大口債権者等の外部者が企業の収益力や継続的な成長について過度のまたは非現実的な期待をもっている。
・競争力を維持するに必要な研究開発や設備投資等のために巨額な資金を必要としている。
・取引所の上場基準や債務の返済等に十分に対応できていない。
③ 　企業の業績が，以下のような関係や取引によって，経営者等の個人財産に悪影響を及ぼす可能性がある。
・経営者等が企業と重要な経済的利害関係を有している。
・経営者の報酬の大部分が，株価や経営成績等に左右されるストック・オプションで構成されている。

・企業の債務を個人的に保証している。
④ 経営者や営業担当者が，取締役会等が掲げた売上や収益性等の財務目標を達成するために，過大なプレッシャーを受けている。

(2) **不正を実行する機会**
① 企業が属する産業や企業の事業特性が，以下のような要因により不正な財務報告に係る機会をもたらしている。
・通常の取引過程から外れた重要な関連当事者との取引，または監査を受けていない重要な関連当事者との取引が存在する。
・仕入先や得意先等に対し不適切な条件を強制できるような財務上の強大な影響力を有している。
・重要で異常な取引，極めて複雑な取引等が期末日近くに発生している。
・事業環境や文化の異なる外国において重要な事業が実施されている。
・タックスヘイブン（租税回避地域）において，事業上の合理性があるとは考えられない巨額の銀行口座がある，または子会社や支店を運営している。
② 経営者の監視が，以下のような状況により不十分となっている。
・経営が1人または少数の者により支配されている。
・財務報告プロセスと内部統制に対する取締役会や監査役等による監視が効果的ではない。
③ 組織構造が，以下のような状況により複雑または不安定となっている。
・企業を支配している組織等の識別が困難である。
・異例な法的実態や権限系統となっているなど，極めて複雑な構造である。
・経営者または監査役等が頻繁に交代している。
④ 内部統制が，以下のような要因により不備である。
・内部統制（ITにより自動化された内部統制を含む）に対して十分な監視活動が行なわれていない。
・従業員の転出入率が高く，十分な能力を持たない経理や内部監査，IT

の担当者を採用している。
- 内部統制が重要な欠陥を有しているなど，会計システムや情報システムが有効ではない。

(3) **経営者の姿勢**
- 経営者が，経営理念や企業倫理の伝達・実践を効果的に行なっていない，または不適切な経営理念や企業倫理が伝達されている。
- 財務，経理担当以外の経営者が会計方針の選択や重要な見積りの決定に過度に介入している。
- 過去において法令等に関する違反があった，または不正や法令違反により，企業，経営者等が損害賠償請求を受けた事実がある。
- 経営者が株価や利益傾向を維持したり，増大させることに過剰な関心を示している。
- 経営者が投資家や債権者等の第三者に積極的または非現実的な業績の達成を確約している。
- 経営者が内部統制における重大な欠陥を発見しても適時に是正しない。
- 経営者が不当に税金を最小限とすることに関心がある。
- 経営者のモラルが低い。
- オーナー経営者が個人の取引と企業の取引を混同している。
- 経営者が重要性がないことを根拠に不適切な会計処理を頻繁に正当化する。
- 会計，監査，報告に関する事項について，経営者と現任または前任の監査人とが頻繁に論争している，または論争していた。
- 経営者が監査の終了や監査報告書の発行に関して極端な時間的制約を課すなど，監査人への不合理な要求を行なっている。
- 経営者が監査人に対して，従業員等から情報を得ることや監査役等とコミュニケーションをとることを不当に制限しようとしている。
- 経営者が，監査業務の範囲または監査チームのメンバーの配置等に影響

を与えたり，監査人に対して高圧的な態度をとる。

　このような不正リスク要因があっても，それのみでは不正が存在することにはならないが，多くの場合，不正が存在している可能性は高い。そこで，このような状況に遭遇した場合には，監査チーム内での徹底的な討議と適切な監査手続が必要である。

〔注〕
(1)　企業会計審議会「監査基準の改訂について」，平成17年10月28日，二１。
(2)　日本公認会計士協会監査基準委員会報告書第30号「評価したリスクに対応する監査人の手続」，2005年３月，47項。
(3)　日本公認会計士協会監査基準委員会報告書第35号「財務諸表の監査における不正への対応」，2006年10月，付録１「不正リスク要因の例示」。

第9章

監査計画, 監査要点, 監査証拠

Auditing Theory & Practice

I 監査計画

1 監査計画の意義

監査計画 (audit plan) とは，監査業務に関する計画のことである。監査人は，監査を効果的かつ効率的に実施するために，監査の基本方針を策定し，それに基づいて詳細な実施計画を作成しなければならない。

監査計画は，次のような意味において重要である。

① 監査人は，被監査会社の実情に適した監査計画を策定することによって，財務諸表に重要な虚偽の表示が生じる可能性の高い領域に重点的に監査資源を投入することができる。

② 監査人は，監査計画を策定することによって，適時にそして秩序整然と監査を実施することができる。その意味で，監査計画は「適時性」と「秩序性」を備えたものでなければならない。

　適時性とは，監査手続の執行に関する時期の決定と監査手続の同時性をいう。監査手続の時期の決定とは，監査業務を期中と期末に配分することである。例えば，決算に係る期末監査を重点的に行なうために，継続して発生する売上や仕入，販売費や一般管理費等に係る取引記録の監査をできるだけ期中に計画すること，固定資産は期中に取得されるのでその勘定分析を期中に計画すること，内部統制の調査を期中を通じて行うことなどである。監査手続の同時性とは，関連科目の監査を同時に行うことである。例えば，借入金と支払利息及び当座預金，売掛金と売上高及び貸倒引当金の監査を同時に行なうこと，相互融通の危険を避けるために現金・預金・手形・有価証券その他の換金性資産を同時に実査することなどである。

　秩序性とは，監査手続の適用順序を適切に計画することをいう。例えば，会社が行なう棚卸資産の実地棚卸に立会う前に陳腐化した商品や製品の一覧表を入手しておくこと（棚卸の現場で確かめるため），関係会社の監査の前

第9章 監査計画,監査要点,監査証拠

に親会社の当該関係会社との取引を監査しておくことなどである。
③ 監査計画は,監査業務を各監査人や他の専門家に割り当て,執務内容や執務時間を定め,責任の所在を明らかにするので,監査責任者は,監査計画に基づいて監査業務を組織的に管理することができ,かつ,他の監査人を指導・監督することもできる。特に,我が国の場合は企業の決算が3月に集中しているので,公認会計士事務所や監査法人にとっては,監査人を適切に配置し有効かつ効率的な監査を実施するうえからも,監査計画は重要である。

このように,監査計画は,監査実施のプランニング(監査手続の計画化)とコントロール(監査事務及び質の管理)の手段であり,監査業務全般の指針である。

2 監査計画の種類

監査計画には,監査の基本方針と詳細な実施計画とがある。

(1) 監査の基本方針

監査の基本方針は,効果的かつ効率的な監査を実施するための方向性を示すものである。ポイントは,重要な虚偽表示のリスクを評価し,監査業務全体を把握して,監査チーム編成の大枠を決定することである。つまり,被監査会社のビジネス・リスクを把握し,外国子会社等を含む監査対象や適切な監査時間を決定し,リスクに対処しうる経験や能力を有する監査人や専門家を配置することなどである。この方針に基づいて,詳細な実施計画が作成される。

監査の基本方針を策定するに当たっては,被監査会社の経営環境,経営者の誠実性や倫理観,経営者の意向や姿勢,経営方針や経営戦略(M&A,事業の売却等),継続企業の前提に疑義を抱かせる事象または状況の存在,ビジネス・リスク・アプローチ監査の大前提となる監査リスクの水準や重要性の基準値,財務諸表の重要な虚偽表示のリスクの高い項目,ITの利用状況,内部統制の状況,グループ会社と重要な子会社の状況,専門家の利用,会社が採用する会計

方針，過年度の重要な問題点等が検討される。

(2) 詳細な実施計画

詳細な実施計画とは，財務諸表項目ごとの監査リスクを合理的に低い水準に抑え，十分かつ適切な監査証拠を入手するために，監査チームのメンバー，各監査人が実施すべき監査手続，実施の時期，実施範囲，監査時間等を計画することである。

詳細な実施計画には，貸借対照表や損益計算書を構成する項目の監査要点と実証手続に関する計画，実査・立会・確認等の計画，事業所や関係会社（子会社や持分法適用の関連会社）の監査計画，連結財務諸表の基礎となる連結精算表に関する監査計画等がある。

II 監査要点

1 経営者の主張

経営者は，「(自らが作成した) 財務諸表は，一般に公正妥当と認められる企業会計の基準に準拠して，企業の財政状態と経営成績それにキャッシュ・フローの状況をすべての重要な点において適正に表示している」と主張している。つまり，貸借対照表は一定時点の財政状態を，損益計算書とキャッシュ・フロー計算書は一定期間の経営成績とキャッシュ・フローの状況を適正に表示している，と主張しているのである。さらに，経営者は，例えば決算日の貸借対照表に記載されている現金5,000万円は，決算日において会社に現金5,000万円が実在している，と主張しているのである。

ところで，アメリカの公認会計士の実務指針である「監査基準書」は，経営者の主張 (assertions) は次の5つであるとしている[1]。

① 実在性または発生（existence or occurrence）
② 網羅性（completeness）
③ 権利及び義務（rights and obligations）
④ 評価または配分（valuation or allocation）
⑤ 表示及び開示（presentation and disclosure）

　①の実在性または発生は，貸借対照表の資産及び負債は貸借対照表日（決算日）現在実在しており，損益計算書の収益及び費用は当該期間中に発生したものであるという主張である。例えば，貸借対照表の「製品」は決算日において実際に存在しかつ販売可能である，と経営者は主張する。同様に，損益計算書の「売上高」は1年間において実際に発生した製品やサービスの取引額である，と経営者は主張する。

　②の網羅性は，財務諸表に表示されなければならないすべての取引や残高が財務諸表に表示されているという主張である。例えば，貸借対照表の「借入金」は決算日現在会社が負うすべての借入金である，と経営者は主張する。

　③の権利及び義務は，貸借対照表の資産は会社が所有権を有するものであり，負債は会社が負う義務であるという主張である。例えば，貸借対照表の「土地」は会社が所有するものであり，「買掛金」は会社が支払わなければならない債務である，と経営者は主張する。

　④の評価または配分は，資産，負債，純資産，収益，費用の構成項目は適正な金額で財務諸表に表示されているという主張である。例えば，貸借対照表の「売掛金」は正味実現可能価額である，と経営者は主張する。同様に，貸借対照表の「建物」の金額は取得原価で記録され，減価償却を通じて会計期間に規則的に配分されている，と経営者は主張する。

　⑤の表示及び開示は，財務諸表の特定の項目は適正に分類され，記述され，開示されているという主張である。例えば，貸借対照表の「長期借入金」は1年後に返済される債務なので固定負債に表示している，と経営者は主張する。同様に，損益計算書の「有価証券売却益」はその内容に相応しく営業外収益に表示している，と経営者は主張する。

2　監査要点の意味

　第3章において，アメリカ会計学会の基礎的監査概念委員会による監査の定義を根拠に，財務諸表監査を次のように定義した（42頁）。
　　「財務諸表監査とは，企業の経済活動や経済事象についての経営者の主張である財務諸表と一般に公正妥当と認められる企業会計の基準との合致の程度を確かめるために，公認会計士または監査法人が，財務諸表に関する証拠を独立の立場で収集し評価するとともに，その結果を監査報告書で利害関係者に伝達する体系的な過程である。」
　このように，監査人の責任は，経営者の主張である財務諸表が「一般に公正妥当と認められる企業会計の基準」に準拠しているかどうかを監査し意見を表明することである。監査意見を表明するためには，それを裏付ける証拠，つまり監査証拠が必要である。しかし，財務諸表が一般に公正妥当と認められる企業会計の基準に準拠して作成されているかどうかを直接証明する監査証拠は存在しない。
　なぜなら，財務諸表は，現金，売掛金，建物，買掛金，借入金のような1年間における取引残高を示す貸借対照表と売上高，売上原価，販売費，一般管理費のような1年間における取引発生高を示す損益計算書等から構成されており（株主資本等変動計算書は純資産の「内訳明細表」であり，キャッシュ・フロー計算書は貸借対照表と損益計算書の諸項目とその増減額に基づいて作成される），これらの構成項目の適正性が確保されない限り，財務諸表全体の適正性については判断できないからである。
　そこで，監査人は，主として貸借対照表と損益計算書を構成している各項目についての経営者の主張を監査目標としてその妥当性を検証するのである。この監査上の目標を**監査要点**（audit objective）という。
　つまり，監査人は，財務諸表の各項目についての監査要点を立証することによって各項目の適正性を確かめ，各項目の適正性を総合的に勘案して，財務諸表全体が一般に公正妥当と認められる企業会計の基準に準拠して作成されてい

るかを判断するのである。

3 監査要点の種類

監査基準は，次のように定めている（実施基準・基本原則3）。

「監査人は，自己の意見を形成するに足る合理的な基礎を得るために，経営者が提示する財務諸表項目に対して，実在性，網羅性，権利と義務の帰属，評価の妥当性，期間配分の適切性及び表示の妥当性等の監査要点を設定し，これらに適合した十分かつ適切な監査証拠を入手しなければならない。」

監査要点は経営者の主張を監査人の立場から監査目標として捉えたものであり，〔（アメリカの監査基準書の）5つの経営者の主張＝5つの監査要点〕も成立するが，我が国の監査基準は，実在性，網羅性，権利と義務の帰属，評価の妥当性，期間配分の適切性，表示の妥当性の6つの監査要点を例示している。

以下，これらの監査要点について説明しよう。

① **実在性**——財務諸表に表示されている資産項目や負債項目，そして取引や会計事象は，貸借対照表日（決算日）現在実在しまたは当該期間中に発生したものでなければならない。

　例えば，貸借対照表の「製品」は決算日において実際に存在しかつ販売可能である，と経営者は主張している。同様に，損益計算書の「売上高」は1年間において実際に発生した製品やサービスの取引高である，と経営者は主張している。そこで，監査人は，「実在性」という監査要点を設定し，製品が実際に存在しかつ販売可能であるかについて，会社の実地棚卸に立会うことによって検証する。また，監査人は，「発生」という監査要点（収益または費用項目については「実在性」に代えて「発生」）を設定し，売上高を構成する製品やサービスが実際に当該期間中に発生したものであるかについて，〔注文 → 出荷 → 売上・売掛金の計上 → 売掛金の回収〕という

プロセスを検証する。

実在性の監査要点は，特に資産項目に関係する。経営者が財政状態を良好に見せようとする場合には，実在しない資産を計上しようとするからである。

② **網羅性** ── 財務諸表にはそこに表示されるべきすべての取引や残高が表示されなければならない。つまり，財務諸表に表示されていない資産や負債は存在してはならない。

例えば，決算日に存在するすべての資産とすべての負債は貸借対照表に表示されている，と経営者は主張している。そこで，監査人は「網羅性」という監査要点を設定し，簿外資産や簿外負債が存在していないかを検証する。

この監査要点は，すべての取引や残高に関係するが，特に負債項目に関係する。それは，経営者が財政状態を良好に見せようとする場合には，存在している借入金を貸借対照表に計上しなかったり，過小に表示するからである。

③ **権利と義務の帰属** ── 貸借対照表に表示されている資産は会社に属するものであり，負債は会社が負うものでなければならない。

例えば，貸借対照表の「土地」は会社が所有するものであり，「買掛金」は会社が支払わなければならない債務である，と経営者は主張している。そこで，監査人は「権利の帰属」という監査要点を設定し，登記簿謄本等を閲覧することによって，会社が土地の所有権を保有しているかを検証する。また，「義務の帰属」という監査要点を設定し，買掛金は通常の取引に基づいて発生した会社が負う営業上の未払金であるかを確かめる。

④ **評価の妥当性** ── 財務諸表項目の金額は，一般に公正妥当と認められる企業会計の基準に準拠して適正に決定されなければならない。

例えば，貸借対照表の「売掛金」は正味実現可能価額である，と経営者は主張している。そこで，監査人は「評価の妥当性」という監査要点を設定し，売掛金に対して適正な貸倒引当金が計上され，売掛金が回収可能価

額で評価されているかを検証する。

　この監査要点は，特に資産の適正な評価を課題とする。
⑤　**期間配分の適切性**　――　適正な期間損益を算定するために，収益と費用は，一般に公正妥当と認められる企業会計の基準に準拠して計上されなければならない。

　例えば，売上高は当期に実現したもので次期に計上されるべきものはないと，また，建物の減価償却費は取得原価を規則的に償却したものである，と経営者は主張している。そこで，監査人は「期間配分の適切性」という監査要点を設定し，売上高は実現主義の原則に準拠しているか，減価償却費は継続的な方法で計算され当該期間に配分されているかを検証する。
⑥　**表示の妥当性**　――　財務諸表は一定の様式で作成され，各項目は適切に分類・表示され，そして，注記は事実を十分かつ適正に記述しなければならない。

　例えば，貸借対照表と損益計算書は表示に関する会計基準に準拠して作成されている，と経営者は主張している。また，損益計算書の「有価証券売却益」はその内容に相応しく営業外収益に表示している，と経営者は主張している。そこで，監査人は「表示の妥当性」という監査要点を設定し，財務諸表の用語・様式・作成方法等が財務諸表等規則に準拠しているかを検証する。また，有価証券売却益は特別な取引の結果ではなく経常的な取引の結果かどうかを確かめる。

　注意すべきことは，これらの監査要点のすべてが財務諸表の構成項目のすべてに，しかも同等の比重をもって設定されるのではないということである。例えば，貸借対照表の土地1億円は会社が1億円の価値のある土地を所有しているという経営者の主張であるが，監査人が現場で土地の実在を検証し実在性の監査要点を立証しても，ポイントとなる「権利の帰属」と「評価の妥当性」という監査要点を立証したことにはならない。そのためには，監査人は登記簿謄本を閲覧し，かつ土地の売買契約書や時価を調査しなければならないのである。

監査人は，財務諸表項目ごとの重要な虚偽表示のリスクを考慮して，職業的専門家としての判断で監査要点を選択し設定しなければならない。

Ⅲ 監査証拠

1 監査証拠の意義

　監査証拠（audit evidence）とは，監査において一定の事実の存在または不存在，一定の事項の真偽または適否を客観的に立証しうる資料をいい，監査人の意見形成の根拠となるものである。

　監査証拠は，監査要点を立証するために，その要求するところに適合するものでなければならない。監査要点と関連性のない証拠を求めても無意味だからである。このような監査要点の立証に役立ちうる証拠の能力，すなわち監査要点の指向するポイントと適合しうる能力を，証拠の「適合力」という。

　また，監査証拠の効力のことを「証明力」または「証拠力」という。それぞれの監査証拠のもつ証明力は，その種類によって異なり，また同一の証拠でもそれが入手される状況によって異なる。そこで，監査証拠の種類や条件に応じて，それぞれの証明力の差異を正しく識別することが大切である。

　このように，監査人が証拠の適合力の大小を評価すること及び証拠の証明力の大小または強弱を評価することを**監査証拠の評価**という。監査証拠の評価は，監査計画の策定時（監査証拠の入手前）と監査意見形成時（監査証拠の入手後）に行なわれる。それは，監査計画は監査要点を立証するに必要な十分かつ適切な監査証拠を入手するためにあり，財務諸表の適正性に関する監査人の意見は監査証拠に基づいて形成されるからである。

2 十分かつ適切な監査証拠

監査人は，監査要点に適合した十分かつ適切な監査証拠を入手しなければならない（実施基準・基本原則3）。

監査基準が定める「十分かつ適切な監査証拠」の「十分」とは，監査証拠の量の問題（必要量）であり，「適切」とは，監査証拠の質の問題（適合力と証明力）である。つまり，**十分かつ適切な監査証拠**とは，以下の3つの要件を備えた証拠のことである。

① 必要量 —— 監査要点を立証するために必要な量を有する証拠
② 適合力 —— 立証すべき監査要点に最も適合する証拠
③ 証明力 —— 監査要点を立証するために必要な証明力を備えた証拠

監査人は，監査要点を立証するために必要な量を有する証拠を入手しなければならない。しかし，監査証拠の入手にはコストを必要とする。十分な証拠を求めるといっても，必要な証拠の限界を超えてはならない。少ない証拠で十分とされるのに，さらに監査手続を実施して多量の証拠を求めることは，不必要であるばかりでなく無駄である。例えば，支店の現金監査において会社の内部監査人が実査を行っており，その結果が信頼できるものあるにもかかわらず，さらに監査人が繰り返し実査する場合等である。要は，監査人は「過不足なき証拠」を入手するのである。

監査人は，立証すべき監査要点に最も適合する証拠を入手しなければならない。ところが，監査証拠は適合力においても差がある。例えば，売掛金の残高について得意先に文書で質問し文書での回答を入手した場合，その回答書は，売掛金の監査要点である「実在性」に適合し（売掛金の実在を証明された），多くの場合「期間配分の適切性」にも適合する（売掛金の当該期間における発生が証明された）が，「評価の妥当性」には適合しない。なぜなら，回答書は，売掛金の回収可能性を考慮した正味実現可能価額については何らの情報を提供していないからである。また，会社の借入金に対して，取引銀行（実際には10行あるとする）の発行する貸付金残高証明書は帳簿に記録された借入金の「実在性」とい

う監査要点には適合するが,会社がある取引銀行からの借入金を隠蔽し帳簿に記録しない場合には,当該銀行の貸付金残高証明書は入手できず,9行の貸付金残高証明書は,その合計金額と帳簿上の金額が一致しても,借入金の「網羅性」の監査要点には適合しない。

さらに,監査人は,監査要点を立証するために必要な証明力を備えた証拠を入手しなければならない。以下に示すように,証明力においても強弱の差がある。また,証明力の強いものでも場所的あるいは経済性の観点から入手できないこともある。したがって,ある監査要点につき,1個の証拠だけで決め手となる場合は比較的少なく,多くの場合,複数の情報源からのまたは異なる種類の監査証拠を入手しなければならない。

3　監査証拠と合理的な基礎

財務諸表が会社の財政状態,経営成績及びキャッシュ・フローの状況をすべての重要な点において適正に表示している旨の監査人の意見は,財務諸表には全体として重要な虚偽の表示がないということについても,監査人が合理的に保証していることである(54頁)。このような監査人の意見と保証は,実施基準・基本原則3が定めるように,「合理的な基礎」に基づくものでなければならない(137頁)。

では,合理的な基礎とは何か。

監査人は,特定の財務諸表項目の適正性を立証するために,十分かつ適切な監査証拠を入手しなければならないが,さらに,監査意見の形成段階においては,財務諸表全体の立場から,これまでに入手した財務諸表項目に係る監査証拠間の関連性や当該会社の状況と監査証拠の整合性等について総合的に検討するのである。そして,財務諸表全体の適正性についての監査意見を表明するのである。**合理的な基礎**とは,十分かつ適切な監査証拠を基礎として形成される監査人の心証をいう。

4 監査証拠の分類と証明力

監査証拠を形態別と源泉別の2つに分類して,その特徴を説明しよう。

(1) 形態別分類

証拠は,その形態により,物理的証拠,文書的証拠,口頭的証拠,状況証拠に分類される。

物理的証拠とは,例えば,現金,商品,土地,建物といった資産について,監査人自身が実際にその存在や数量の検証を行うことにより得られた証拠である。

文書的証拠とは,会計帳簿(仕訳帳,総勘定元帳,補助元帳等),請求書や領収書のような証憑,伝票,契約書,証明書,議事録等のような文書による証拠,監査人自身が作成した月別売上高比較表や不良債権一覧表等のような文書による証拠,経営者や顧問弁護士等への質問に対する文書による回答等である。後述する内部証拠と外部証拠の区別は,主としてこの文書的証拠の問題である。

口頭的証拠とは,被監査会社の内外の関係者からの口頭による陳述または証言ないし説明をいう。

状況証拠とは,物理的証拠・文書的証拠・口頭的証拠以外の証拠であり,例えば,「確認」の回答が入手できない状況や被監査会社の経営者から適切な口頭説明を受けられない状況等である。

物理的証拠は最も強い証明力を有する。それは,現金や商品,土地,建物の存在自体が証拠となるからである。しかし,入手範囲が限られている。文書的証拠は,広範囲から容易に入手できるが偽造や改ざんの可能性もあるので,その証明力は内容によりかなりの差がある。口頭的証拠は,記憶違いや虚偽の説明あるいは意図的な隠蔽等の可能性も少なからず存在するので,証拠としては相当制限される。状況証拠は,それ自体としては証明力は弱い。

(2) 源泉別分類

証拠は，その入手源泉により，内部証拠と外部証拠に分けられる。

内部証拠とは被監査会社の支配力の及ぶ範囲内から入手されたものであり，**外部証拠**とは被監査会社の支配力の及ばない範囲から入手されたものである。証拠の入手可能性と適合力及び証明力の差を正しく認識するために，両者の区別は非常に重要である。

① 内部証拠

内部証拠は，会計帳簿，監査人が入手した各種の証憑，伝票，契約書，議事録等の証拠である。内部証拠は，ほとんどの監査要点の立証に利用できるので証拠としての適合力は大きい。これを入手することは監査の常識であり，大部分の監査実務はこの点に向けられ，その結果，監査証拠の多くは内部証拠である。

内部証拠は，証明力の強弱を中心に分類すれば，次の2種類となる。

(a) 企業の内部で作成されたが，外部にも流通する証拠
(b) 企業の内部で作成され，内部のみに流通する証拠

(a)は，企業の内部で作成し外部の取引先へ引き渡した文書の控えまたは原本，及び外部へ引き渡した後外部から回収された文書である。例えば，注文書控，売上納品書控，取引契約書，銀行の認印のある当座入金票控，振り出した手形で銀行から返却された支払済のものなどである。これらは企業内部で作成されたものであるが，独立の外部者の手を経たことによって証明力が強化されている。言わば，「外部的内部証拠」である。

(b)は，会計帳簿，伝票，領収書控，請求書控，棚卸表，議事録，稟議書，納税申告書，内部監査報告書，その他の会計記録や業務記録等で，完全に企業の支配下に置かれているため，前者に比して証明力は弱い。しかし，内部統制が有効に機能している中で作成された資料や役員または責任者が内容の真実性を証明したものについては，その証明力はある程度強い。

原本はコピーやファックスによるものよりは証明力が強いことは，容易に理解できるであろう。

② 外部証拠

　外部証拠は，監査人自らが現金や有価証券の実在性を実地調査して入手した証拠，預金の実在性に関する銀行からの回答書のように企業外部の第三者より入手した証拠である。外部証拠は，被監査会社の支配力が及ばない範囲から入手されるために，その証明力は一般に強い。しかし，入手しうる範囲が限られており，また入手するためにはコストを要し，さらに特定の監査要点を立証するために入手するので証拠としての適合力は小さい。

　外部証拠のうち，監査人自ら資産の現物に接触して入手する物理的証拠は，その証明力において最も強力である。通常は，実地調査をもって資産の実在性を確かめることにより入手される。また，文書的証拠の大部分は内部証拠であるが，企業外部で作成された文書は外部証拠とみることができる。

　企業外部で作成された文書にも2種類ある。第1は，企業外部で作成され監査人に直接提供された文書であって，企業の支配力が及ばないので物理的証拠に次ぐ強力な証拠と考えられる。債権債務の確認に関する外部関係者の回答書，銀行預金残高証明書，倉庫業者の保管証明書，証券業者の有価証券預り書，係争事件に関する弁護士からの報告書等がこれである。

　第2は，企業外部で作成されたが企業の所有下にある文書で，物品預り書，借用証書，権利証書，銀行の利息計算書，銀行の振込通知書，仕入送り状，取引先発行の領収書等である。この種の文書は企業外部で作成されたものであるが，企業の所有物であるため偽造や差し替え等の可能性が残されているのでその信頼性は前者より劣るが，内部証拠よりははるかに強力である。言わば，「内部的外部証拠」である。

　いずれにせよ，監査証拠の多くは絶対的なものではないので，監査人は，監査証拠の形態や証明力の強弱，入手可能性や入手方法，入手時期や経済性等を考慮して，証拠を適切に組み合わせ，十分かつ適切な監査証拠を入手しなければならない。

図表9－1は，証拠の形態別分類・源泉別分類と証明力の関係を示している。

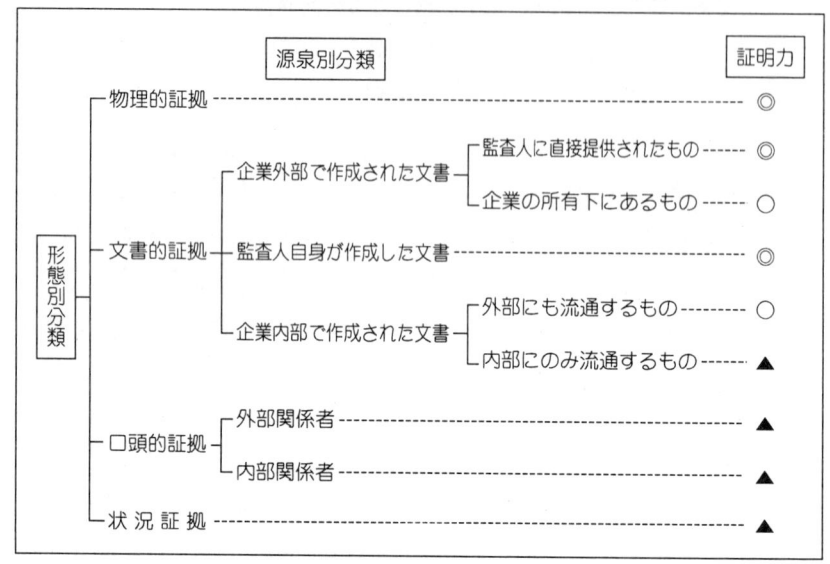

図表9－1　証拠の形態別分類・源泉別分類と証拠力の関係

形態別分類	源泉別分類		証明力
物理的証拠			◎
文書的証拠	企業外部で作成された文書	監査人に直接提供されたもの	◎
		企業の所有下にあるもの	○
	監査人自身が作成した文書		◎
	企業内部で作成された文書	外部にも流通するもの	○
		内部にのみ流通するもの	▲
口頭的証拠	外部関係者		▲
	内部関係者		▲
状況証拠			▲

（注）◎証明力　強，○証明力　やや強，▲証明力　弱

〔注〕
(1) Statement on Auditing Standards No. 80, "Amendment to Statement on Auditing Standards No. 31," December 1996, *Codification of Statements on Auditing Standards*, AU Section 326.02.

第10章

監査手続と試査

Auditing Theory & Practice

I 監査手続

　監査手続 (auditing procedure) とは，監査人が監査証拠を入手するために実施する手続のことである。

　監査人は，十分かつ適切な監査証拠を入手するために，適切な監査手続を選択し適用しなければならない。監査手続の「選択」とは，どのような監査手続を採用するかを決定することをいう。監査手続の「適用」とは，選択された監査手続について，その実施時期，範囲及び方法を勘案して，これを実行することをいう。

　例えば，貸借対照表に記載されている売掛金の監査において，その残高の妥当性を検証するために，得意先に文書で質問し文書による回答を入手する「確認」を実施するか否かを決定することは，監査手続の選択である。確認を実施しても回答を得ることができないことが事前にわかっている場合には（例えば，防衛省に対する売掛金の確認），確認という監査手続を選択しない。

　これに対して，何時の時点で確認を実施するのか（決算日現在が原則），得意先の全部に確認を求めるのかそれとも一部に限定するのか，あるいは確認を実施するに当たり「積極的確認」（照会事項の正否に係りなく取引先から回答を求めること）によるのか「消極的確認」（照会事項に異議ある場合のみ回答を求めること）によるのかなどを決定して，確認を実施することが監査手続の適用である。

　ITを利用している情報システムの場合，監査人は，コンピュータ・プログラムが取引を正確に処理しているか，エラーチェックなどの統制活動が有効に機能しているかなどを判断するために，自ら作成したテスト・データを会社のコンピュータで利用するという監査手続を実施する場合もある。

Ⅱ 監査手続の種類

監査手続には，以下のようなものがある。

1 実　　査

　実査とは，「実物検査」の略称であって，資産の実在性と数量を確かめるために，監査人自らがその資産の現物について実地調査を行うことである。企業が保有する現金，定期預金証書，手形，有価証券等に対して実施される。

　実査は，会社側の責任の下で行われるべきである。注意すべきことは，会社が実査を察知して資産相互の融通が行われないように，現金，手形，有価証券等の換金性の高い資産については同時に実査することが大切である。もし実査と帳簿残高とに食い違いがあれば，その原因を追求し，納得のいく説明を求め，実査の結果に基づいて帳簿残高を修正するよう指導しなければならない。

　実査は，監査人自身による実物検査であるから最も強力な証拠を提供しうるが，すべての項目に対して実施することはできない。実査の対象となる資産は物理的形態のあるものに限られており，また監査費用や監査人の人数に限りがあるからである。そこで，棚卸資産のように種類や数量が多いものについては，実査に代えて立会を行うのが普通である。

2 立　　会

　立会とは，会社が実施する棚卸資産の実地棚卸や有形固定資産の現物調査等の現場に監査人が赴いて，その実施状況を確かめる監査手続である。

　特に，会社が商品や製品，仕掛品，半製品，原材料等の棚卸資産の実地棚卸を行う際に，監査人は，現場へ出席し，その実施状況を観察して，実地棚卸が実地棚卸計画に従って適切に実施され，その結果，棚卸資産の数量等が正確に

計算されていることを確かめなければならない。

その際，監査人は，立会だけを単独に行うことは妥当でなく，これと実査を適当に組み合わせることが必要である。すなわち，立会によって当該項目の実在性に関する心証を得るとともに，その一部を自ら実査して（数量を数えて）立会を補足するのである。この方法を"テストカウント"(test count)という。また，立会においては事前に入手した陳腐化した棚卸資産の一覧表と現物を照合することも当該棚卸資産の評価に役立つ。

立会は，棚卸資産に限らず現金や有価証券にも適用されることもある。立会において得られた証拠の証明力も，実査と同様強力である。

3 確　　認

確認とは，財務諸表項目に関連する情報について，一定の事実または計算の正否を確かめるため，監査人が外部の取引先に直接に文書で問い合わせ，文書による回答を入手することである。

確認は，預金を含む金融機関との取引，手形，売掛金，貸付金，担保として他に保管されている有価証券，倉庫業者・運送業者・外注加工業者等に保管されている棚卸資産，借入金，買掛金，偶発債務，リース取引に係る債権・債務等の実在性や網羅性を検証するために適用される。

確認依頼書の依頼人名義は被監査会社であるが，監査人が直接に取引先へ問合わせかつ監査人宛に回答を求めるのは，回答書の途中改ざんを防ぐためである。なお，会社によっては取引先と共謀しあるいは架空の取引先を設定して不実の回答を行わせる恐れもあるので，単に確認を求めるだけでなく，取引先または保管者の真偽と信頼性を別の証拠によって確かめる必要がある。

確認には，「積極的確認」と「消極的確認」がある。**積極的確認**は，照会事項の正否に係りなく取引先から回答を求める確認をいう。**消極的確認**は，照会事項に異議ある場合のみ回答を求める確認をいう。そのため，取引先が回答を拒否したりあるいは回答を忘れた場合等は，監査人は取引先が照会事項の正当

性を認めたと解してしまう危険性が高い。したがって，通常は，積極的確認が望ましい。特に，以下のような取引先に対しては，決算日現在における状況を把握するために積極的確認を実施すべきである。

① 売掛金残高が大きな得意先
② 予信限度（信用供与限度額）を超える売掛金や貸付金残高のある取引先
③ 長期の未回収残高のある取引先
④ 被監査会社と特別な利害関係のある取引先
⑤ 係争事件中の取引先
⑥ 清算会社や更生会社等である取引先

確認によって得られた証拠の証明力は実査に次いで高く，特に積極的確認においてはそうである。しかし，共謀が行われていれば，その効果は無に等しい。

4 質　　問

　質問とは，財務諸表監査に関連する事項について，経営者や取締役，監査役，従業員，弁護士等に問い合わせ，説明または回答を求めることをいう。

　質問には，口頭による質問と書面による質問とがある。口頭による質問は監査のあらゆる局面で行なわれる。監査人は，各部署に所属する責任者や従業員等に質問し，それぞれの回答の一致，不一致を確かめることによって，該当項目や財務諸表に対する信頼性の程度を知ることができる。また，ときには帳簿外に存在する重要な事実を引き出す糸口ともなる。しかし，質問に対する回答のみでは十分かつ適切な監査証拠となり得ないことが多いため，それを裏付ける情報等が必要であることは言うまでもない。また，文書による質問は経営者や顧問弁護士等に対して行われ，重要な問題や訴訟事件等に関連して書面を入手する。

5　観　　察

　観察とは，監査人が会社の業務の現場に赴いて，内部統制の運用状況を確かめたり，仕掛品の進捗度（仕上がり程度）を把握することである。
　観察によって得た監査証拠は観察を行った時点のみの監査証拠である。例えば，経理部門における売上伝票と出荷報告書の照合という統制活動の実施状況を観察し（116頁），その適切性を確かめたとしても，それが監査対象期間を通じて実施されているかどうかは，観察では確かめることはできない。

6　閲　　覧

　閲覧とは，契約書や取締役会議事録，稟議書，経理規程や原価計算規程等の文書を調べ読むことである。
　監査人は，契約書や取締役会議事録，経理規定等を閲覧することによって，会社が直面している諸課題（ビジネス・リスク）とその対応について，また，会計及び決算業務の流れや統制活動等について理解することができる。閲覧は基本的な監査手続であるが，これのみでは監査要点を立証するに足る監査証拠を入手することは難しい。

7　証憑突合
　　　しょうひょうつきあわせ

　証憑突合とは，領収証や請求書のような証憑それ自体の信憑性を吟味すること，そして，証憑と関係帳簿記録を突き合わせて個々の帳簿記録の正否を明らかにすることである。
　前者は，証憑そのものについて，内容が真実であること，取引が適法であること，金額や数量の計算が正確であること，日付や宛名が適正であること，正当な責任者の承認があることなどを確かめ，その実質的正当性を判断することである。

後者は，会計帳簿が証憑の示すとおり正しく記帳されているかを確かめることで，例えば，売上送状控や請求書と売上帳との突合，領収書と現金出納帳または当座預金出納帳との突合等である。

　証憑はあらゆる会計記録の基礎をなす重要な書類である。証憑が真実なものでなかったり，その記載事項が不正確であったりすれば，これに基づく会計記録はまったく無意味である。したがって，証憑の真実性とその記載事項の正確性を確かめ取引記録の信頼性を検証することは，財務諸表監査において最も基本的かつ不可欠な監査手続である。そして，証憑突合の適用範囲は極めて広く，ほとんどすべての監査項目について実施することができ，また，これによって入手された資料の証明力は内部証拠のうちで最も強力である。

8　帳簿突合

　帳簿突合とは，一定の項目の監査に当たり相互に関連する帳簿を突き合わせて記録の正否を確かめることである。

　例えば，総勘定元帳の統括勘定とその内訳記録である補助簿との照合（例えば，売掛金勘定と得意先元帳との照合）や本店における支店勘定と支店における本店勘定の照合等である。

　帳簿突合は証憑突合と同様に広範囲に適用できるが，コンピュータの利用により帳簿間の不一致ということは少なくなり，その検証能力には大きな限界がある。ただし，総勘定元帳や補助簿の前期末残高（次期繰越高）と当期の期首繰越高との照合は重要である。帳簿突合は，証憑突合と並行して実施することが望ましい。

9　計算突合

　計算突合とは，「計算調べ」とも言われ，各種の帳簿や明細表等における縦横の合計額，差引残高，積数等の計算を検算し，その正確性を確かめことであ

る。

　コンピュータの利用により計算の誤りは少なくなったが，桁違いのインプットによる誤りや積数等の計算を操作する場合もあるので，それらを検出する糸口として，計算突合は基本的な監査手続である。計算突合も，証憑突合や帳簿突合と並行して実施すべきである。

10　勘定分析

　勘定分析とは，特定の勘定の借方記入と貸方記入を構成要素別に分解し，その勘定がどのような内容から構成されているかを明らかにすることである。

　これにより，異常項目を識別し，会計基準の適用の誤り等を発見するのに役立つ。例えば，修繕費勘定を分析することによって資本的支出と収益的支出の区分の妥当性を確かめること，売掛金勘定を分析することによって売掛金の滞留状況や貸倒引当金の適否を検証すること，建設仮勘定の期中増加高と本勘定振替高の関連性等を確かめることなどは，その好例である。

　ただし，勘定分析により勘定の内容を貸借の構成要素別に分解しただけでは不十分である。それらの借記または貸記が正当な取引によるものかあるいは実在するかは，必ずしも明らかでないからである。そこで，分析によって判明した重要な事項や異常な事項については，証憑突合や確認，質問等の監査手続により記入内容を検証しなければならない。

　勘定分析の適用範囲は比較的狭い。その理由は，実施に相当な時間と手数を要するためである。通常は，金額的に重要な勘定，誤りの発生する可能性の大きな勘定，他の監査手続により記入内容に疑義が生じた勘定等について実施される。この場合，対象とする特定の勘定を単独に分析するのでなく，関係諸勘定を1つのグループとして総合的に分析することが望ましい。例えば，機械装置勘定においては，減価償却費，減価償却累計額，修繕費，建設仮勘定を1つのグループとして同時に分析することによって，監査の有効性と効率性を高めることができる。

11 分析的手続

分析的手続は、監査の有効性と効率性を達成するうえで、特に注目されている監査手続である。少し詳細に検討しよう[1]。

(1) 分析的手続の意味

分析的手続とは、財務データ相互間あるいは財務以外のデータと財務データ間の矛盾や異常な変動の有無を検討し、財務データの合理性を確かめることである。

分析的手続は、関連するデータ間に異常な状況がなければ、当該データ間に存在する合理的な関係は存続するということを前提としている。したがって、データ間に合理的な関係が見られない場合には、異常な取引の発生、会計処理の変更、虚偽の表示等が考えられるのである。つまり、分析的手続は、財務データの合理性や首尾一貫性を総合的な見地から検討する監査手続である。

また、分析的手続は、監査業務の効率化のためにも有用である。それは、この手続は比較的短時間で実施でき、より複雑な場合でもコンピュータによって容易かつ迅速に実施できるからである。

(2) 分析的手続の種類

分析的手続には、以下のような趨勢分析、傾向分析、比率分析、合理性テスト等がある。

① 勘定残高、取引高、各種の重要な比率等を数年間のそれらと比較する。
  例えば、売上総利益率や棚卸資産回転率は、売上高や仕入高、売上原価、棚卸資産との関係を示しているので、それらを数期間比較することによって、販売価格や仕入価格の変動を考慮しつつ、売上の過大計上や過小計上を推定することができる。
② 被監査会社のデータと業界の平均的会社のデータを数年間比較する。
③ 財務データを会計部門以外で作成された経営管理データと比較する。例

えば，ホテルを監査している場合，部屋数やルームレート，利用率から売上高を予想し，それを実際の売上高と比較する。また，バス会社や航空会社の場合，乗客数，走行・飛行距離，乗客一人当たりの収入を全体の売上高の推定に利用する。

④ 最近では，各種の条件をモデル化した回帰分析のような高度な技法も分析的手続に利用されている。回帰分析は，統計的手法で求めた推定値と財務データを比較して，両者の差異の妥当性や異常な変動を識別する方法である。

例えば，製造会社における従業員の賃金と労働時間の関係において，過去のデータから変動比率(a)と固定費(b)を決定すると，当期の賃金(y)は，〔y ＝ 変動比率(a) × 直接労働時間(x) ＋ 固定費(b)〕で推定することができる。このモデルを利用して監査対象期間の賃金総額を推定し，実績の妥当性や異常性を判定する。

また，ある会社の10工場ごとの賃金を比較しようとする場合，各工場は同様な賃金体系を持っているので，直接労働時間のデータが入手できれば，各工場の賃金を回帰線で推定できる。例えば，8工場においては妥当と判断されるが，2工場におけるデータに異常な変動が見られたとすると，監査人は，これら2工場を重点的に監査することが有効かつ効率的である。

(3) 分析的手続の適用

分析的手続は，監査計画の段階，内部統制の評価の段階，実証手続として，そして監査の最終段階において適用される。

① 監査計画の段階における分析的手続は，被監査会社の状況を全体的に把握し，監査実施過程で重点的に監査資源を投入すべきリスクの高い領域や項目を識別するために行う。したがって，データベースや数年間の財務諸表等のような総括的なデータが用いられる。

例えば，監査人は，コンピュータを利用して同業他社の情報をデータベースから入手し，これらの情報と被監査会社との情報の一致，不一致を

分析し，特に不一致の場合に予想される重要な虚偽表示のタイプを識別し，それらを追跡するという監査手法を計画する。
② 内部統制の評価の段階で分析的手続を実施することによって，財務データ相互間に矛盾や異常な変動が発見されなかったならば，財務データの合理的関連性や首尾一貫性が確かめられたことになる。このことは，監査計画段階における重要な虚偽表示のリスクの暫定的評価を裏付けるものであり，また，内部統制に干渉や変更が加えられずその有効性の程度が期中・期末を通じて一定であることが確認できたことでもある。
③ 実証手続としての分析的手続（「分析的実証手続」のこと，126頁）は，取引記録と勘定残高の妥当性や異常事項の有無を確かめ，監査を効果的かつ効率的に実施するために適用される。

例えば，給与の支払総額と在籍従業員数との比較によって，個々の給与支払に対する試査による監査手続では発見しにくい架空の従業員への支払や給与の計上漏れの可能性を明らかにすることができる。

また，分析的手続を適用した結果，矛盾または異常な変動がないとされた監査項目については，一般に，証拠突合，帳簿突合，計算突合等の監査手続の範囲を縮小することができるので，監査の効率化を図ることができる。

しかし，分析的手続によって得られた証拠は状況証拠なので，分析的手続のみによって財務諸表項目に重要な虚偽表示がないと結論付けることには慎重でなければならず，特に発見リスクの程度を低く抑えることが必要な場合は，詳細テスト（126頁）を十分に実施しなければならない。
④ 監査の最終段階における分析的手続は，財務諸表を総括的に検証する際に適用される。

例えば，監査計画または監査の実施過程において明らかにされていた異常な項目や諸関係が修正され，財務諸表全体の立場から合理性や整合性が確保されているかを判定する。

Ⅲ 試　　査

1　試査の意義とそれが採用される理由

監査基準は，次のように定めている（実施基準・基本原則4）。

「監査人は，十分かつ適切な監査証拠を入手するに当たっては，財務諸表における重要な虚偽表示のリスクを暫定的に評価し，リスクに対応した監査手続を，原則として試査に基づき実施しなければならない。」

試査（test checking）とは，「試験的照査」の略称で，特定の監査手続の実施に際して，母集団からその一部の項目をサンプルとして抽出して，それに対して監査手続を実施することである。

一方，試査に対する**精査**（complete checking）とは，母集団からすべての項目を抽出して，それに対して監査手続を実施することである。精査は，母集団が少数の金額的に重要な項目から構成されている場合や粉飾決算が行われている可能性が極めて高い項目等に適用される。

財務諸表監査において試査が取られる理由は，以下のとおりである。

① **財務諸表監査の目的との関係**

今日の財務諸表監査の目的は，財務諸表が企業の財政状態と経営成績それにキャッシュ・フローの状況をすべての重要な点において適正に表示しているか否かについて監査人が専門家としての意見を表明することにより，財務諸表の信頼性の程度を明らかにすることである。つまり，監査人は，投資者を含む利害関係者が財務諸表を通じて企業の収益性や安全性等を理解する際に，当該財務諸表に依拠できるかどうかの情報を監査報告書で提供するのである。

したがって，監査人は，財務諸表がそのような役割を果たすのに必要か

つ十分な範囲内で監査を実施することが合理的であり，それは，精査でなく試査でも十分に達成できる。

② 内部統制との関係

経営者が内部統制の有効性を高めようとしている会社の場合には，誤謬や不正が事前に防止され，あるいは発見されても財務諸表が修正される結果，財務諸表の信頼性は相対的に高まる。事実，会社は内部統制を充実することの重要性を認識しつつあり，特に大会社に対しては会社法もその整備と運用を強制している（53頁）。このような会社の財務諸表を対象とする監査は，試査でも監査目的を達成することができる。

③ 会計記録の性質と確率論との関係

売上や仕入に係る会計記録は大量かつ反復的であるから統一的な処理が行われ会計記録の均質化が図られているので，試査の前提たる検査部分と推定部分の同質性が確保されている。また，それらの誤謬や不正は，類似の取引や記録の一群について一定の確率をもって発生する。特に，コンピュータの利用においてその傾向は顕著である。

したがって，統計理論や確率論等の応用により，一部のサンプルを抜き出しそれを検査することによって母集団全体の適否を判断することができるので，精査でなく試査でも十分である。

④ 監査上の制約との関係

今日の大規模化した企業の会計記録や資料を精査することは，時間的にも経済的にも不可能である。したがって，試査によらざるを得ない。実際上，試査が採用される最大の理由である。

2 試査の種類

試査には，「サンプリングによる試査」と「特定項目抽出による試査」とがある[2]。

(1) サンプリングによる試査

サンプリングによる試査とは，母集団からその一部の項目をサンプルとして抽出し，それに対して監査手続を実施し，その結果から母集団全体の一定の特性を推定することを目的とする試査である。

サンプリングによる試査には，非統計的サンプリング（non-statistical sampling）と統計的サンプリング（statistical sampling）とがある。

非統計的サンプリングの典型は，監査人が，重要な虚偽表示のリスク，監査上の経済性，過去の監査経験等を考慮して経験的判断によりサンプルを抽出し，そのサンプルを監査し，その結果に基づいて母集団についての結論を推定する方法である。したがって，監査人の経験や知識，性格等によるバイアスのかかったサンプルやその大きさを抽出しがちであり，母集団についての結論も主観的にならざるを得ない。

統計的サンプリングとは，統計理論に基づいて決定されたサンプル数を無作為に抽出して監査し，その結果に基づく母集団についての結論を確率論を応用して形成する方法である。統計的サンプリングは非統計的サンプリングの欠点や限界を克服しようとするもので，監査人の主観が介入する余地は少なく，試査による結論の信頼度を明らかにすることができる。

例えば，実地棚卸の対象とした商品の帳簿価額5億円分に対して1,000万円の誤りが発見されたとする。誤謬率は2％である。この2％をベースに，一定の信頼水準のもとで，母集団（例えば貸借対照表上の商品10億円）の最大の誤謬率を測定するために確率論を利用するのである。すると，通常，次のような結論を導き出すことができる。「サンプルの商品5億円の虚偽表示の金額は1,000万円である。しかし，貸借対照表の商品10億円の虚偽表示の金額は1,000万円から3,000万円の間にあると95％の信頼度をもって表明することができる。」

しかし，統計的サンプリングの適用は同種同類の大量の取引記録を母集団とする項目に限定され，同質性が少ない決算処理項目には適用できない。財務諸表監査全体からみると，統計的サンプリングの適用できる領域は極めて限られている。

(2) 特定項目抽出による試査

　特定項目抽出による試査とは，母集団全体の特性を評価することを目的としない試査のことである。

　監査人は，ある財務諸表項目に虚偽の表示が行われているかどうかを直接的に立証するため，金額的に重要な項目，潜在的に誤謬や不正の発生する可能性の高い項目，誤謬や不正の発生したことのある項目等を抽出して，これに対して監査手続を実施する。また，ある統制活動が実際に継続的に運用されているかどうかを確かめるために，特定の項目を抽出し内部統制の運用状況の評価手続を実施することもある（124頁）。

　このような特定項目抽出による試査は，監査現場において大いに利用されている。

〔注〕
(1) 日本公認会計士協会監査基準委員会報告書第1号「分析的手続」，2004年9月。
(2) 日本公認会計士協会監査基準委員会報告書第9号「試査」，2002年11月。

第11章

監査調書，経営者確認書

Auditing Theory & Practice

I 監査調書

監査基準は，次のように定めている（一般基準5）。

「監査人は，監査計画及びこれに基づき実施した監査の内容並びに判断の過程及び結果を記録し，監査調書として保存しなければならない。」

1 監査調書の意味

監査調書（working papers）とは，監査契約の締結から監査計画の策定，監査の実施，そして監査報告書の作成までの監査業務の全過程において，監査人が入手した情報や作成した資料，監査人の判断等を記録したものをいう。監査調書は，書類，電磁媒体，マイクロフィルム等として保存される。

2 監査調書作成の目的

監査調書を作成する目的は，次のとおりである。
① 監査報告書のための基礎資料とする。

　監査調書には，監査項目，監査要点，実施した監査手続，その範囲，実施日，実施場所，所要時間，応対した相手方の氏名，入手した証拠，検出した問題点，監査要点に対する結論等が詳細に記録されるので，監査意見形成の基礎となる。

　つまり，監査人は，監査調書に記載された事項を財務諸表全体の立場から総合的に検討して合理的な基礎を形成し，監査意見を表明するのである。監査調書を作成する最大の目的は，監査報告書のための基礎資料とすることである。

第11章 監査調書，経営者確認書

② 監査業務の品質管理の手段として役立てる。

　監査事務所は，監査業務の質を高め維持するために，「監査に関する品質管理基準」に準拠した事務所独自の品質管理システムを整備しなければならない (66頁)。そして，監査人は，この品質管理の方針や手続に従って監査を実施しなければならない。監査人の行為はすべて監査調書に記録されるので，監査実施の責任者は，監査調書を査閲することによって補助者が品質管理の方針や手続に準拠した監査を実施しているかを判断し，同時に，それらを遵守するよう指導監督する。監査調書は，品質管理の重要な用具である。

③ 監査業務を合理的に遂行するうえでの管理手段として役立てる。

　監査業務は監査計画に従って実施され，その実施作業の記録や入手した証拠，被監査会社に対する指摘事項等が監査調書に記録される。監査実施の責任者は，補助者の監査業務が監査計画に従って実施されているかを監査調書の査閲を通じて把握しかつ指導する。

④ 監査人が「一般に公正妥当と認められる監査の基準」を遵守して監査を実施したことを立証するための資料とする。

　監査人は自らの責任を問われるような事態に対処し説明責任を果たすためには，実施した監査業務について記録を残さなければならない。監査調書は，裁判その他の事件において，監査人が職業的専門家としての正当な注意をもって監査を実施し，監査報告書を作成したことを立証する有力な証拠となる。

⑤ 次回以降の監査を合理的に計画し実施するための資料とする。

　監査調書には実施した監査手続とその範囲，実施日，所要時間，検出事項等が詳細に記録されているので，次回以降の監査計画の策定や監査実施に当たって参考資料となる。

3　監査調書の種類

監査調書は，永久調書と当座調書に分けられる。これは，監査調書の内容と利用可能期間の長短を基準とする分類である。

「永久調書」とは，その内容に大きな変化がなく，次回以降の監査においても利用できる資料であり，適切に補正・更新することによって，かなり長期間にわたって当該会社の監査に役立つと考えられるものである。これには，定款，登記書類，取締役会規定，労働協約，業務組織図，経理規程，勘定科目一覧表，会計処理基準一覧，不動産賃貸借契約書のような長期契約書等が含まれる。

「当座調書」とは，当年度の監査において監査人が入手した情報や作成した資料である。多くの監査調書はこれに含まれる。監査計画書，試算表，確認の回答書，経営者からの確認書，顧問弁護士からの回答書等も当座調書である。

4　監査調書の要件

監査調書は，その作成目的を満たすために次の要件を具備しなければならない。

① 完全性 ── 監査意見を形成するに足る合理的な基礎を得るために，監査項目，監査要点，実施した監査手続，入手した監査証拠，検出した問題点，監査項目や監査要点に対する結論等の重要な事項が漏れなく記録されていること。つまり，財務諸表項目や監査要点についての結論に至るまでの事項が過不足なく記載されていること。

② 秩序性 ── 監査対象事項が秩序整然と整理され，かつ関係する項目や他の監査調書との関連性が明らかにされていること。

③ 明瞭性 ── 監査調書の作成者以外の監査実施者でも，実施した監査の内容や結論が理解できるように，簡潔明瞭に記録されていること。

④ 正確性 ── 客観的事実に即して正しく記録されていること。

⑤ 経済性その他 ── 上記の要件を阻害しない限りにおいて必要な事項のみ

が記録されていること。また，監査実施の能率向上のため，監査調書の様式や用紙の規格，色等についても考慮されていること。

5 監査調書の保存と秘密の保持

　監査調書の管理・整理・保存に関する監査人の責任については，職業的専門家としての正当な注意が要求される。監査証明府令第6条は「公認会計士又は監査法人は，監査等の終了後遅滞なく，当該監査等に係る記録又は資料を当該監査等に係る監査調書として整理し，これをその事務所に備えておかなければならない」と定め，監査人の監査調書備置義務を明示している。

　したがって，監査調書が被監査会社の役員や従業員に閲覧されないように，また，改ざんされたり数字に変更が加えられないように管理することは当然である。そして，火災・盗難・紛失等に十分注意し，監査終了後も相当な期間，監査調書を整理・保存しなければならない。監査調書の保存期間については特別の定めがなく，会計帳簿に準じて10年間と一般には解されている[1]。

　電子データによる監査調書が電磁媒体によって保存されている場合には，データの書換えやコピーの容易性等を十分に考慮して，電磁媒体や電子データへのアクセス管理，データのバックアップ，データの訂正・加除の履歴の確保等，監査証拠としての証明力に問題が生じないように特別な対応が必要である。

　監査調書は監査人の所有物であるが，被監査会社に関する秘密事項が記載されているので，悪用したり，他人に示すことは許されない。監査人は守秘義務を負う。しかし，次のような場合には守秘義務は免れる（87頁）。

　①　裁判所や監督官庁から監査調書の提出命令があった場合
　②　監査契約の途中での監査人の交代により，依頼人の許可を得て後任の監査人に監査調書を閲覧させる場合
　③　親会社の監査人の要請により，子会社や関連会社の許可を得て当該会社の監査調書を閲覧させる場合
　④　「品質管理レビュー」を受ける場合（93頁）

Ⅱ 経営者による確認書

監査基準は,次のように定めている(実施基準三8)。

「監査人は,適正な財務諸表を作成する責任は経営者にあること,財務諸表の作成に関する基本的な事項,経営者が採用した会計方針,経営者は監査の実施に必要な資料を全て提示したこと及び監査人が必要と判断した事項について,経営者から書面をもって確認しなければならない。」

このように,監査基準は,経営者からの書面による確認を監査手続として明確に位置付けている。監査人は,経営者からの書面による確認を監査の終了時に限ることなく,必要に応じて入手しなければならない。

経営者からの書面による確認のうち,監査人が監査意見の表明に当たって入手する経営者による確認書を**経営者確認書**という。以下,これについて検討しよう(2)。

1 経営者確認書の意義と目的

財務諸表監査制度は,財務諸表の作成者と監査人が協力して真実かつ公正な財務諸表を利害関係者に提供することを本来の目的としている。したがって,両者は,財務諸表に関する責任を分担しながら,相互に協力し合う関係にある。このような協力関係を示すことによって監査制度に対する社会的信頼性を一層高めていくために,監査人は,経営者確認書を入手する。

経営者確認書の入手は,「一般に公正妥当と認められる監査の基準」に準拠して実施される監査手続である。しかし,監査人は,経営者確認書を入手したことを理由に,監査の実施において必要と判断した監査手続を省略することはできない。

経営者確認書を入手する主な目的は，次のとおりである。
① 財務諸表の作成責任が経営者にあることの確認
　　一般に公正妥当と認められる企業会計の基準に準拠して財務諸表を作成し，会社の財政状態，経営成績，キャッシュ・フローの状況を適正に表示する責任は経営者にあることについて，経営者自身が認識していることを確認する。また，財務諸表の作成責任に関連して，財務諸表とその作成の基礎となる会計記録に適切に記録していない重要な取引がないこと，財務諸表に重要な影響を及ぼす不正や違法行為がないことについて，経営者が認識していることを確認する。
② 内部統制を構築し維持する責任が経営者にあることの確認
　　適正な財務諸表を作成するために，内部統制を構築し維持する責任は経営者にあることについて，経営者自身が認識していることを確認する。
③ 監査の実施に必要なすべての資料が監査人に提供されたことの確認
　　監査人が必要と判断したすべての資料がいかなる制約もなく経営者から監査人に提供されたことを確認する。この資料には，議事録，稟議書，契約書，継続企業の前提に関する経営者の評価の基礎資料等が含まれる。
④ 重要な偶発事象，後発事象等に関する確認
　　重要な偶発事象や後発事象のように財務諸表に重要な影響を及ぼす事項について，その最新の情報を確実に知り得る立場にある経営者から，その有無，内容等を確認する。
⑤ 監査実施時の確認事項についての文書による再確認及び追加確認
　　財務諸表に重要な影響を及ぼす事項に関し，監査の実施過程で行った口頭による質問の回答について，経営者と監査人との間の解釈の曖昧さや誤解を避けるために文書で再確認し，また，その後監査報告書作成日までの間にその内容に変化がなかったことを追加確認する。
⑥ 経営者の意思や判断に依存している事項についての確認
　　財務諸表に重要な影響を及ぼす事項で，経営者の意思や判断のような主観的要素に負うところの大きいものについて，その内容と根拠を確認する。

資産の評価，会計上の見積り等の経営者の意思や判断に依存している事項については，経営者確認書の入手が監査意見を形成するうえでの合理的な基礎を補完する手段となる。
⑦ 監査人が発見した未訂正の財務諸表の虚偽の表示による影響が，個別にも集計しても，財務諸表全体にとって重要でないことの確認

　　財務諸表の作成責任に関連して，監査人が発見した未訂正の財務諸表の虚偽の表示による影響が，個別にも集計しても，財務諸表全体にとって重要でないと経営者が判断していることを確認する。監査人は，発見した未訂正の財務諸表の虚偽の表示を要約して，経営者確認書に含めるかまたは添付しなければならない。

2　経営者確認書を入手する際の留意事項

経営者確認書の入手に当たっては，以下の点に留意しなければならない。
① 経営者確認書は監査人に対する経営者からの書面であるが，記載される内容はいずれも監査人が必要と認めて経営者に確認を求める事項であり，また，記載内容のいかんによっては監査手続にも影響を及ぼすため，通常，監査人が草案を作成し，経営者に内容の説明を行って事前に了解を求めなければならない。なお，監査の過程での質問に対し経営者の行った回答が他の監査証拠と矛盾する場合には，監査人は状況を調査し，経営者によりなされる確認の信頼性について評価しなければならない。
② 確認すべき事項は，監査契約（監査目的），経営環境，財務諸表の種類，会計方針，会社の置かれている状況等により異なるが，財務諸表にとって重要と考えられる事項であり，かつ監査意見の表明に当たって必要と認めた事項を記載するよう求めなければならない。確認を求める際に，特定の項目に関する監査人の重要性についての考えを経営者に伝えることが必要となる場合がある。
③ 経営者確認書は，監査報告書の交付日に入手しなければならない。

④　経営者確認書は，監査報告書を提出する場合には，その都度，入手しなければならない。すなわち，金融商品取引法に基づく監査報告書を提出する場合や会社法に基づく監査報告書を提出する場合はもちろん，起債等に際し開示する財務諸表に添付される監査報告書を提出する場合にも，入手しなければならない。

⑤　経営者確認書には，確認事項について最終的な責任を有する経営者，すなわち会社の代表者の署名（または記名押印）を求めなければならない。また，当該代表取締役以外の取締役が財務諸表の作成業務を担当する部署を所管している場合には，当該取締役の署名（または記名押印）を併せて求めなければならない。

3　経営者が確認することを拒否した場合の取扱い

　監査人が必要と認めて経営者確認書への記載を求めた事項の全部または一部について，経営者が確認を拒否した場合には監査範囲の制約となる（187頁）。したがって，監査人は，当該事項の影響の重要性を考慮して意見を限定するかまたは意見を表明しないことを検討しなければならない。

　なお，経営者が確認を拒否した事項が財務諸表監査の前提となるような事項，例えば，財務諸表の作成責任や内部統制を構築・維持する責任が経営者にあることなどの場合には，原則として監査人は意見を表明してはならない（196頁）。

4　経営者確認書の具体例

　有価証券報告書に含まれる財務諸表等の監査に関する経営者確認書の文例は，図表11－1のとおりである。

図表11-1　経営者確認書

```
                                              平成×年×月×日
　公認会計士○○○○殿

                      ○○株式会社
                      代表取締役(署名または記名押印)
                      財務・経理担当取締役(署名または記名押印)

　当社の有価証券報告書に含まれる平成×年×月×日から平成×年×月×日までの第
××期事業年度の財務諸表及び同期間の連結会計年度の連結財務諸表（以下「財務諸
表等」という。）の監査に関連して，私たちが知り得る限りにおいて，下記のとおり
であることを確認いたします。また，財務諸表等の作成責任は，経営者にあることを
承知しております。
                          記
１．財務諸表等は，一般に公正妥当と認められる企業会計の基準に準拠して財政状態，
　経営成績及びキャッシュ・フローの状況を適正に表示しております。
２．財務諸表等及びその作成の基礎となる会計記録に適切に記録していない重要な取
　引はありません。
３．当社及び連結子会社が内部統制を構築し，維持する責任は経営者にあることを承
　知しております。
４．当社及び連結子会社の経営者や内部統制に重要な役割を果たしている従業員等に
　よる財務諸表等に重要な影響を与える不正及び違法行為はありません。
５．貴殿から要請のあった会計記録及び監査の実施に必要な資料は，すべて貴殿に提
　供いたしました。
６．本日までに開催された当社の株主総会及び取締役会の議事録並びに重要な稟議書
　及び契約書は，すべて貴殿の閲覧に供しました。
７．行政官庁からの通告・指導等で財務諸表等に重要な影響を与える事項はありませ
　ん。
８．財務諸表等の資産又は負債の計上額や表示に重要な影響を与える経営計画や意思
　決定はありません。
９．当社及び連結子会社は，契約不履行の場合に財務諸表等に重要な影響をもたらす
　ような契約諸条項をすべて遵守しております。
10．財務諸表等に注記しているものを除き，所有権に制約がある重要な資産はありま
　せん。
11．財務諸表等に計上又は注記している事項を除き，重要な偶発事象及び後発事象は
　ありません。
12．下記事項のうち，重要なものは財務諸表等に適切に注記しております。
　(1)　関連当事者との取引及び債権債務の残高
　(2)　デリバティブ取引
13．別添資料の貴殿が監査中に集計した未訂正の財務諸表等の虚偽の表示による影響
　は，個別にも集計しても，財務諸表等全体に対する重要性はないものと考えており
　ます。
14．……
                                                    以　上
```

第11章 監査調書,経営者確認書

〔注〕
(1) 会社法は,「株式会社は,会計帳簿の閉鎖の時から十年間,その会計帳簿及びその事業に関する重要な資料を保存しなければならない」と定めている(432②)。
(2) 日本公認会計士協会監査基準委員会報告書第3号「経営者による確認書」,2004年3月。

第12章

監査報告書

Auditing Theory & Practice

I　監査報告書の意義

　監査報告書（auditor's report）は，監査の結果として，財務諸表が会社の財政状態と経営成績それにキャッシュ・フローの状況をすべての重要な点において適正に表示しているかどうかについて監査人が意見を表明する手段であり，同時に，監査人が自己の意見に関する責任を正式に認める文書である。

　すでに検討したように，財務諸表は単なる取引や事象の反映ではなく，むしろ多分に会計慣行と経営者の主観的判断が加味されたものである。監査人は，このような財務諸表が一般に公正妥当と認められる企業会計の基準に準拠して作成されているかどうかを検証し，その結果を監査意見として監査報告書で表明するのである。利害関係者は監査人に対し職業的専門家としての責任ある意見を期待しているので，監査報告書は財務諸表に対する監査人の意見表明の手段以外のなにものでもない。

　そして，監査報告書は監査人がその責任を正式に認める文書でもある。すなわち，監査人は実施した監査の概要とその結論を監査報告書に記載して，自己の負うべき責任の性質や範囲を明らかにするのである。監査範囲が制限され監査手続が実施できなかった場合や十分かつ適切な監査証拠を入手できなかった場合には，監査の限界を明らかにし自己の責任の範囲を限定しなければならない。

II　監査報告書の種類

(1)　監査報告書は，その利用目的によって，短文式監査報告書，長文式監査報告書，監査概要書に分類される。

①　**短文式監査報告書**は，財務諸表とともに有価証券報告書等で不特定多数の人々に公開される。単に監査報告書といえば，通常は短文式監査報告書

を指す。

　金融商品取引法に基づく監査においては，公開される財務諸表により，連結財務諸表に関する監査報告書，財務諸表に関する監査報告書，中間連結財務諸表に関する監査報告書，中間財務諸表に関する監査報告書，四半期連結財務諸表に関する監査報告書，四半期財務諸表に関する監査報告書がある（図表3－1）。

② **長文式監査報告書**は，監査依頼人に提出される非公開の報告書で，法律上要請されるものではない。したがって，その様式や内容はまちまちであるが，通常，短文式監査報告書では指摘する必要のない事項，例えば，不良債権とその回収可能性，棚卸資産の滞留状況，遊休固定資産の状況，繰延税金資産の回収可能性，内部統制の問題点と改善提案，子会社や関連会社の状況，債務保証等のような経営管理情報が報告される。

　短文式監査報告書が「意見報告書」であるのに対して，長文式監査報告書は「情報報告書」としての性格が強い。そして，長文式監査報告書が活用されると，それに関連して公認会計士の指導機能が促進され（44頁），監査に対する会社側の認識も高まる。

③ **監査概要書**は，金融商品取引法に基づく監査において，監督官庁である金融庁が公認会計士監査を監督・審査するために，年度監査と中間監査または四半期レビュー終了時に提出させる非公開の報告書である。監査概要書の様式は定められており，以下の事項等が記載される（監査証明府令5）。

・監査人の状況 ―― 監査責任者と補助者の氏名，監査人の異動状況
・監査報酬の額 ―― 監査または証明業務，その他の業務に区分して2期間分を記載
・品質管理の状況 ―― 品質管理担当者名，意見審査担当者名
・監査の実施状況 ―― 人数，従事日数または時間数
・監査の実施において特に考慮した事項 ―― 監査人の交代における引継ぎの有無，監査計画の策定及び監査手続の実施において特に考慮した重要な事項，内部統制の重要な欠陥に関する経営者等への報告の

　　　　状況，重要な不正及び違法行為に関する対処の状況，経営者等との
　　　　ディスカッションの状況
　　・他の監査人の監査結果等の利用状況
　　・監査意見等に関する事項——監査意見，無限定適正意見以外の意見
　　　または意見を表明しない場合の理由，審査の状況
　　・追記情報の有無及び事由

　金融商品取引法に基づく監査は，会計検査院の検査や金融庁の金融証券検査のように，政府自ら監査主体となる直接的強制監査ではない。投資者保護のために監査を強制するが，その実施は会社と公認会計士または監査法人との自由な契約に委ねる間接的強制監査である。政府は監査の現場での監査人の行為を直接監督する代わりに，監査人の職業倫理を信頼して，監査の実施を彼らに委託しているのである。

　したがって，監査人が自らの社会的責任を自覚し最善の努力を払って監査を実施するならば，そしてその保証があるならば，「監査人に対する政府の監査」は不要となるわけであるが，実際にはそこに問題がないわけではない。それは，残念ながら歴史が証明するところである。そこで，政府は，監査概要書を通じて公認会計士または監査法人の監査業務を間接的に監督するのである。

(2)　短文式監査報告書は，監査人の意見が記載されるか否か，及び記載される意見の内容によって，次のように分類される。

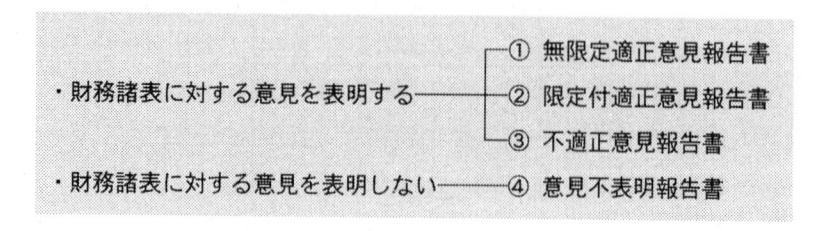

・財務諸表に対する意見を表明する
　　① 無限定適正意見報告書
　　② 限定付適正意見報告書
　　③ 不適正意見報告書
・財務諸表に対する意見を表明しない
　　④ 意見不表明報告書

　監査人は，必要な範囲において監査を実施し十分かつ適切な監査証拠を入手したときは，財務諸表に対する意見を表明しなければならない。この場合，記

載される意見の内容によって監査報告書は，以下の3つに分類される。
　① **無限定適正意見報告書**は，財務諸表を適正と認める旨の意見を記載した報告書である。
　② **限定付適正意見報告書**は，監査範囲または監査結果の一部に不満足な個所があるため，条件付きで財務諸表を適正と認める旨の意見を記載した報告書である。
　③ **不適正意見報告書**は，財務諸表の項目または記載事項が著しく適正を欠いているため，財務諸表全体の適正性を否定し，不適正と認める旨の意見を記載した報告書である。

　また，ときには重要な監査手続が実施できなかったことにより，監査人は自己の意見を形成するに足る合理的な基礎を得ることができないこともある。この場合には，財務諸表に対する意見を表明してはならない。このような報告書を**意見不表明報告書**という。

Ⅲ　無限定適正意見報告書

　財務ディスクロージャー制度における監査報告書とは，通常，財務諸表とともに公表される短文式監査報告書のことである。短文式監査報告書は有価証券報告書等で多くの人々に公開されるので，監査基準や監査証明府令は，その記載内容を定めている（報告基準，監証令4）。
　そこで，**図表12−1**を見よう。これは，金融商品取引法に基づく個別財務諸表に関する無限定適正意見報告書である。

図表12−1　監査報告書（無限定適正意見報告書）

独立監査人の監査報告書

平成×年×月×日

○○株式会社
　　取締役会　　御中

　　　　　　　　　　　　　○○　監査法人
　　　　　　　　　　　指　定　社　員
　　　　　　　　　　　業務執行社員　　公認会計士○○　印
　　　　　　　　　　　指　定　社　員
　　　　　　　　　　　業務執行社員　　公認会計士○○　印

【導入部分】

　当監査法人は，金融商品取引法第193条の2第1項の規定に基づく監査証明を行うため，「経理の状況」に掲げられている○○株式会社の平成×年×月×日から平成×年×月×日までの第××期事業年度の財務諸表，すなわち，貸借対照表，損益計算書，株主資本等変動計算書，キャッシュ・フロー計算書，及び附属明細表について監査を行った。この財務諸表の作成責任は経営者にあり，当監査法人の責任は独立の立場から財務諸表に対する意見を表明することにある。

【監査の対象】

　当監査法人は，我が国において一般に公正妥当と認められる監査の基準に準拠して監査を行った。監査の基準は，当監査法人に財務諸表に重要な虚偽の表示がないかどうかの合理的な保証を得ることを求めている。監査は，試査を基礎として行われ，経営者が採用した会計方針及びその適用方法並びに経営者によって行われた見積りの評価も含め全体としての財務諸表の表示を検討することを含んでいる。当監査法人は，監査の結果として意見表明のための合理的な基礎を得たと判断している。

【実施した監査の概要】

　当監査法人は，上記の財務諸表が，我が国において一般に公正妥当と認められる企業会計の基準に準拠して，○○株式会社の平成×年×月×日現在の財政状態並びに同日をもって終了する事業年度の経営成績及びキャッシュ・フローの状況をすべての重要な点において適正に表示しているものと認める。

【財務諸表に対する意見】

追記情報

　財務諸表作成のための基本となる重要な事項に記載されているとおり，会社は工事進行基準を適用する長期大型工事の範囲を変更した。

【追記情報】

　会社と当監査法人又は業務執行社員との間には，公認会計士法の規定により記載すべき利害関係はない。

【利害関係の有無】

　　　　　　　　　　　　　　　　　　　　　　　　　　以　上

この無限定適正意見報告書を分析してみよう。

監査報告書は,「導入部分」,「監査の対象」,「実施した監査の概要」,「財務諸表に対する意見」, 必要ならば「追記情報」, そして「利害関係の有無」から構成されている。

(1) 導入部分

まず, 監査報告書の表題, 監査報告書の作成日, 監査報告書の宛先が記載され, 監査人が署名押印する。

① 監査報告書の表題は,「独立監査人の監査報告書」と記載される。監査人の独立性を強調することによって, 財務諸表利用者に監査報告書への信頼感を与えることができるからである。同時に, 監査人に対して独立性の重要さを再認識させる意味もあろう。国際的にも "Independent Auditors' Report" あるいは "Report of Independent Public Accountants" のように "Independent" を挿入するのが一般的である。

② 監査報告書の作成日は, 監査人が監査を完了し最終的な判断を固めた日(通常は監査事務所の審査終了日以後)である。それは, 監査人が負うべき責任の時間的限界を示す日でもある。

③ 監査報告書の宛先は, 取締役会とする。金融商品取引法に基づく監査人は, 通常, 取締役会で選任されるからである。

④ 署名押印は, 監査報告書を作成した公認会計士が自署押印するとともに, 監査人が監査法人の場合には, 当該監査証明について監査法人を代表する「指定社員」と業務を執行した社員(「業務執行社員」という)が自署押印しなければならない(公認会計士法34の12②, 監証令4①)。

なお, 国際的な慣行では, 監査に対する責任は監査法人にあることから法人名で署名する。

(2) 監査の対象

ここには, 監査対象とした財務諸表の範囲, 財務諸表の作成責任は経営者に

あること，監査人の責任は独立の立場から財務諸表に対する意見を表明すること，の３つの事項について記載する。

監査対象とした財務諸表の範囲には，監査対象事業年度の財務諸表名を記載する。図表３－１（46頁）で確認しよう。

後の２つの事項は，財務諸表に対する経営者の作成責任と監査人の意見表明責任という財務ディスクロージャー制度を支える「二重責任の原則」について財務諸表利用者を啓蒙し，公認会計士監査制度についての理解を深める意味で記載する（23頁）。

(3) 実施した監査の概要

ここには，以下のように実施した監査の概要を記載する。

① 監査が我が国において一般に公正妥当と認められる監査の基準に準拠して行われたこと。

　これは，監査人は一定の資格と技能を有し，被監査会社から経済的にも身分的にも独立した立場で公正不偏の態度を堅持し，職業的専門家としての正当な注意を払い懐疑心を保持して，監査を実施したことを明らかにしている。また，この一文を記載することにより，職業的専門家の間では当然適用されるべき監査手続を実施したということになるので，適用した個々の監査手続の記載を省くことができる。

② 監査の基準は監査人に財務諸表に重要な虚偽の表示がないかどうかの合理的な保証を得ることを求めていること。

　これは，第４章で検討したように，財務諸表の表示が適正である旨の監査人の意見には，財務諸表には全体として重要な虚偽の表示がない，粉飾決算が行なわれていないということについての監査人の合理的な保証も含まれるということを明示している。

③ 監査は試査を基礎として行われていること，監査は経営者が採用した会計方針とその適用方法，それに経営者によって行われた見積りの評価も含め全体としての財務諸表の表示を検討することを含んでいること。

監査は母集団からその一部をサンプルとして抽出する試査で行われ，また，会計方針の選択・適用や将来事象等に対する経営者の判断の妥当性を監査人が判断するという仕組みであり，したがって，監査には自ずと限界があることを示している。
④　監査人は監査の結果として意見表明のための合理的な基礎を得たと判断していること。

これは，③のように監査には限界があるが，監査人は監査の結果として十分かつ適切な監査証拠を入手し，それに基づいて意見表明のための合理的な基礎が形成できたことを明示している。

これらの記載は，財務諸表監査の枠組みについて財務諸表利用者の理解を促すためであり，同時に，監査人は監査の基準の要求する水準の監査を実施したこと，そして，その水準を満たさなかった場合には責任を負うということを宣言しているのである。

(4)　財務諸表に対する意見

ここには，監査人の意見を記載する。

財務諸表が会社の財政状態，経営成績及びキャッシュ・フローの状況をすべての重要な点において適正に表示しているという無限定適正意見は，財務諸表には全体として重要な虚偽の表示がなく，利害関係者の意思決定の判断資料として信頼して利用できるということを述べているのである。

監査人は，財務諸表が一般に公正妥当と認められる企業会計の基準に準拠して作成されている限り，財務諸表は会社の財政状態と経営成績それにキャッシュ・フローの状況を適正に表示していると判断する。

したがって，大幅な債務超過でその存続に重要な疑義が認められる会社でも，財務諸表が一般に公正妥当と認められる企業会計の基準に従って作成され，その重要な疑義の内容やそれに対処する経営計画等が「注記」で適正に開示されている限り，監査人は「財務諸表は適正である」という無限定適正意見を表明

するのである（この点については次章で検討する）。逆に、業績が好調で豊富な資金を有する会社でも、その財務諸表が重要な点において一般に公正妥当と認められる企業会計の基準に著しく反しているならば、監査人は「財務諸表は不適正である」という不適正意見を表明するのである。

多くの人々は、「この会社は安全です」「この会社は将来成長するでしょう」という意見を、公認会計士や監査法人に期待している。しかし、それはできない。監査人の意見表明の判断基準は「一般に公正妥当と認められる企業会計の基準」である。経営者の作成した財務諸表が一般に公正妥当と認められる企業会計の基準に準拠していれば無限定適正意見を、それが重要な点において著しく乖離しているならば不適正意見を表明する。会社の安全性や将来性については、利害関係者が自ら判断しなければならないのである。

黒字会社に対して、株価はさらに上ると判断する株主もあれば、そろそろ下がると判断する株主もある。赤字会社に対して、貸し付けた資金を早く回収しようと判断する銀行もあれば、将来は期待できるので継続しようと判断する銀行もある。判断するのはあくまで利害関係者自身なのである。その判断をする際の資料として財務諸表があり、その財務諸表は一般に公正妥当と認められる企業会計の基準に準拠して作成されているので会社の実態を示している（無限定適正意見の場合）、と監査人が監査報告書で保証しているのである。

(5) 追記情報

財務諸表の表示に関して監査人は適正であると判断したが、なおもその判断に関して説明する必要がある場合や財務諸表の表示について強調する必要がある場合には、当該事項を監査意見と区別して「追記情報」として監査報告書に記載する。これには、次のような事項がある。

① 正当な理由による会計方針の変更
② 無限定適正意見を表明したが、企業の存続に疑義がある場合
③ 重要な偶発事象

④ 重要な後発事象
⑤ 監査した財務諸表を含む開示書類における当該財務諸表の表示とその他の記載内容との重要な相違

追記情報については，第13章（上の②）と第14章（①③④⑤）で検討する。

(6) 監査人と被監査会社との利害関係の有無

監査報告書の最後に，「会社と当監査法人又は業務執行社員との間には，公認会計士法の規定により記載すべき利害関係はない」という一文が記載される。

これは，公認会計士法が「公認会計士は，会社その他の者の財務書類について証明をする場合には，当該会社その他の者と利害関係を有するか否か，及び利害関係を有するときはその内容その他の内閣府令で定める事項を証明書に明示しなければならない」と定めているからである（公認会計士法25②）。

ところで，監査報告書には，監査人が一般に公正妥当と認められる監査の基準に準拠した旨が記載される。そして，監査基準は「監査人は，監査を行うに当たって，常に公正不偏の態度を保持し，独立の立場を損なう利害や独立の立場に疑いを招く外観を有してはならない」（一般基準2）とし，さらに，公認会計士法と同施行令は公認会計士または監査法人と被監査会社との「著しい利害関係」を具体的に示し，そのような場合には当該会社に係る監査業務を行ってはならないと定めている（82頁）。したがって，本来は監査報告書に利害関係を示す必要はない。このような意味で，監査報告書での利害関係の明示は，監査人が被監査会社と利害関係のないことを特に強調するためである。

Ⅳ　除外事項と監査意見

1　除外事項

　上で検討した無限定適正意見報告書の構造から明らかなように，以下の場合には，監査人は無限定適正意見を表明することができない。
- (1) 監査が一般に公正妥当と認められる監査の基準に準拠して行われなかった場合
- (2) 財務諸表が一般に公正妥当と認められる企業会計の基準に準拠して作成されていない場合

　このように，監査の基準に準拠していない状況や会計基準に準拠していない事項を**除外事項**（exceptions）という。つまり，除外事項とは，監査人が監査の過程で認識した異常事項のことである。

(1) 監査が一般に公正妥当と認められる監査の基準に準拠して行われなかった場合

　これは，重要な監査手続が実施できなかったことにより意見表明の基礎となる十分かつ適切な監査証拠を入手できなかった場合である。これを**監査範囲の制約**という。例えば，以下のような場合である。

① 監査契約の締結時期による制約

　「初度監査」（監査人が特定の会社に対して初めて行う監査のこと。前年度と連続して行う場合には「連続監査」という）において，監査対象年度開始後に監査契約を締結したため，期首貸借対照表の重要な項目に対して監査手続が実施できなかった場合。例えば，前年度末における棚卸資産の実地棚卸の立会ができなかった場合。

② 不十分な会計記録による制約

・会社の内部統制に不備があり，重要な会計記録が保存されていない場合

・風水害や火災等による資料の喪失，司法当局による証拠資料の押収等によって，会計帳簿や契約書等が利用できない場合
③ 監査証拠の入手に関する制約
・会社が重要な証拠資料の提出を拒否したり，重要な子会社への往査（おうさ）（被監査部署に出張し現物や資料を吟味すること）を制限するなど，監査人に対して監査手続上の重大な制約を課した場合
・貸借対照表の投資株式の評価に際して，重要な投資先の財務諸表を入手できない場合
・経営者確認書を入手できない場合

また，以下の2つのケースも重要な監査手続が実施できなかった場合に準じて，監査範囲の制約として扱う（報告基準五4，五5）。

④ 他の監査人が実施した監査の重要な事項について，その監査の結果を利用できないと判断したときに，さらに当該事項について，重要な監査手続を追加して実施できなかった場合
⑤ 将来の帰結が予測し得ない事象または状況について，その財務諸表に与える影響が複合的かつ多岐にわたる場合

　このような事象または状況を**未確定事項**（uncertainties）という。つまり，未確定事項とは，当該事業年度の財務諸表に影響を及ぼす可能性のある事象または状況が貸借対照表日（決算日）以前に発生しているが，監査報告書作成時点において，そのもたらす影響を監査人が決定することができない事象または状況をいう。例えば，工場の事故，製品の欠陥による損害賠償訴訟事件，税務当局との係争事件等である。

　未確定事項が存在する場合，それが企業の財政状態や経営成績，キャッシュ・フローの状況に及ぼす影響が判明するのは将来時点なので，監査報告書作成時点では意見形成のための基礎となる十分かつ適切な監査証拠を入手することができない。そこで，監査人は，これを監査範囲に係る除外事項として監査報告書に記載する。

(2) 財務諸表が一般に公正妥当と認められる企業会計の基準に準拠して作成されていない場合

これは，経営者が採用した**会計方針**（会計処理の原則及び手続，表示方法，その他財務諸表作成のための基本となる事項のこと）が一般に公正妥当と認められる企業会計の基準に準拠していない場合で，以下の２つのケースである。

① 経営者の採用した会計処理の原則及び手続が一般に公正妥当と認められる企業会計の基準に準拠していない場合。これには，会計処理の原則及び手続が前年度と継続的に適用されていない場合も含まれる。

② 財務諸表の表示方法が一般に公正妥当と認められる企業会計の基準に準拠していない場合。これには，表示方法が前年度と継続的に適用されていない場合も含まれる。

①は，棚卸資産や有価証券の評価基準と評価方法，固定資産の減価償却方法，収益や費用の計上基準，引当金の計上基準等が一般に公正妥当と認められる企業会計の基準に準拠していない場合で，粉飾決算の多くはこれに属する。

例えば，商品や製品のような通常の販売目的で所有する棚卸資産の取得原価が正味売却価額を下回っているにもかかわらず取得原価で評価している場合，有価証券について時価が著しく下落しかつ回復する見込みがないと認められる場合にも取得原価で評価している場合，機械装置等の減価償却費を過大または過小に計上している場合，売上を出荷した時点でなく注文を受けた時点で計上している場合（実現主義の原則に違反），回収不能と判断される売掛金に対して貸倒引当金を設定していない場合，製品保証引当金等の繰入基準に問題がある場合等である（14-22頁を参照のこと）。

さらに，前事業年度と異なる会計処理の原則や手続を採用し，それが正当な理由による変更でない場合も，一般に公正妥当と認められる企業会計の基準に準拠していないことになる。例えば，利益操作を企図して減価償却方法を定率法から定額法に変更した場合等である（第14章を参照のこと）。

②の財務諸表の表示方法とは，財務諸表の様式，項目の区分とその配列，科目の分類と用語，それに注記事項等の表示方法をいう。このケースは，金融商

品取引法監査においては主に「連結財務諸表規則」と「財務諸表等規則」に違反する表示である。例えば，長期保有目的の株式は固定資産の「投資有価証券」に含めるべきなのに流動資産の「有価証券」に含めて表示したり，注記事項の内容が適切でないため財務諸表利用者に誤解を与える場合等である。

さらに，前事業年度と異なる表示方法を採用し，それが正当な理由によらない場合もそうである。例えば，建設会社が所有する販売目的の不動産（流動資産の「商品」）を，自社が利用するという名目で（実態は販売目的）固定資産の「建物」や「土地」に区分変更する場合等である。

財務諸表が一般に公正妥当と認められる企業会計の基準に準拠して作成されているかどうかの判断に当たっては，監査人は，経営者が採用した会計方針が企業会計の基準に準拠して継続的に適用されているかどうかのみならず，その会計方針の選択や適用方法が会計事象や取引の実態を適切に反映するものであるかどうかについても検討しなければならない（報告基準・基本原則2）。つまり，経営者が会計事象や取引の法形式だけではなく，その実態に基づいて十分な検討を行っているかどうかを判断するのである。

例えば，海外子会社に材料を支給して加工された製品を輸入し，その製品を国内で販売している会社が，支給した材料を売上高に計上し，さらに製品の販売時に実現主義の原則により売上高を計上したとする。一見，一般に公正妥当と認められる企業会計の基準に準拠した会計処理のように見えるが，実態は，材料の支給分の売上げが二重に計上されているので，これを売上高から控除しなければならないのである。

2　除外事項の監査意見への影響

監査人の認識した除外事項は，監査意見に対して次のような影響を与える。

(1)の監査範囲の制約の場合（186-187頁の①〜⑤），つまり，「監査人は，重要な監査手続を実施できなかったことにより，無限定適正意見を表明することが

できない場合において、その影響が財務諸表に対する意見表明ができないほどには重要でないと判断したときには、除外事項を付した限定付適正意見を表明しなければならない」(報告基準五1)。

また、「重要な監査手続を実施できなかったことにより、財務諸表に対する意見表明のための合理的な基礎を得ることができなかったときには、意見を表明してはならない」(報告基準五2)。

(2)の会計基準に準拠しない除外事項については (188頁)、①と②のいずれの場合においても、監査人は、まず、関連する事項を修正するよう被監査会社を指導しなければならない。この太字部分は、監査の指導機能として極めて重要である (44頁)。そして、会社が修正に応じ適正な財務諸表を作成したならば、無限定適正意見を表明する。

会社が修正に応じなかった場合には、監査人は、以下のように対処する (報告基準四)。

(ⅰ) 除外事項の財務諸表に与える影響を「重要でない」と判断し、財務諸表が財政状態と経営成績それにキャッシュ・フローの状況を適正に表示していると認めた場合 ⟶ **無限定適正意見**

(ⅱ) 除外事項の財務諸表に与える影響を「かなり重要」と判断したが、その影響が財務諸表を全体として虚偽の表示に当たるとするほどには重要でないと判断した場合 ⟶ **限定付適正意見**

　　この場合には、財務諸表に対する意見において、除外事項及びその影響を記載しなければならない。

(ⅲ) 除外事項の財務諸表に与える影響を「著しく重要」と判断し、その結果、財務諸表が全体として虚偽の表示に当たると判断した場合 ⟶ **不適正意見**

　　この場合には、財務諸表に対する意見において、財務諸表が不適正である旨及びその理由を記載しなければならない。

3 重要性の判断

上で見るように,除外事項の財務諸表に与える影響の重要性によって,監査意見は異なるのである。では,一体何を基準として,監査人は,ある除外事項は重要であると判断し,他の除外事項は重要でないと判断するのだろうか。

それは,除外事項に起因する財務諸表の虚偽の表示が財務諸表利用者にとって重要であるかどうか,ということである。つまり,財務諸表の虚偽の表示が財務諸表利用者の意思決定に与える影響の重要性をいうのである。

具体的には,第7章で検討したように,監査人は,監査計画の策定において,財務諸表において重要であると判断する虚偽の表示の金額を重要性の基準値として決定している(106頁)。この監査計画策定段階における重要性の基準値をベースに,当年度の実績としての経常利益や当期純利益,自己資本等に与える影響等を総合的に考慮して最終的に決定した重要性の基準値を監査意見の判断基準とするのである。

例えば,除外事項の当期純利益に与える影響が5％以下である場合は「重要でない」,それが10％を超える場合は「著しく重要」と判断する場合には,当期純利益の5％以下の金額の虚偽の表示が財務諸表にあったとしても,それは財務諸表利用者の意思決定に影響を与えないので無限定適正意見,それが10％を超える場合は不適正意見を表明する。そして,6～10％の場合は限定付適正意見となろう。無限定適正意見には除外事項が存在していても重要でないと監査人が判断した場合も含まれることに注意しよう。

また,発見された除外事項の金額が小さいため,量的重要性はないと判断する場合であっても,次年度以降において,その除外事項の原因となった事象によって多額の債務が発生する可能性が高いと判断する場合,例えば,海外の政府高官への賄賂が発覚し,状況によっては多額の罰金や取引の停止が予想される場合,あるいは財務諸表に注記されている被監査会社を被告とする損害賠償訴訟事件に関する説明が適切でないため財務諸表利用者に誤解を与える可能性があると判断する場合等においては,監査人は,その質的重要性に鑑み,限定

付適正意見かまたは不適正意見を表明し,あるいは意見を表明しない。

このように,監査人は,除外事項の量的重要性と質的重要性を総合的に考慮して,最終の監査意見を表明するのである。除外事項と監査意見との関係は,図表12-2のとおりである。

図表12-2 除外事項と監査意見との関係

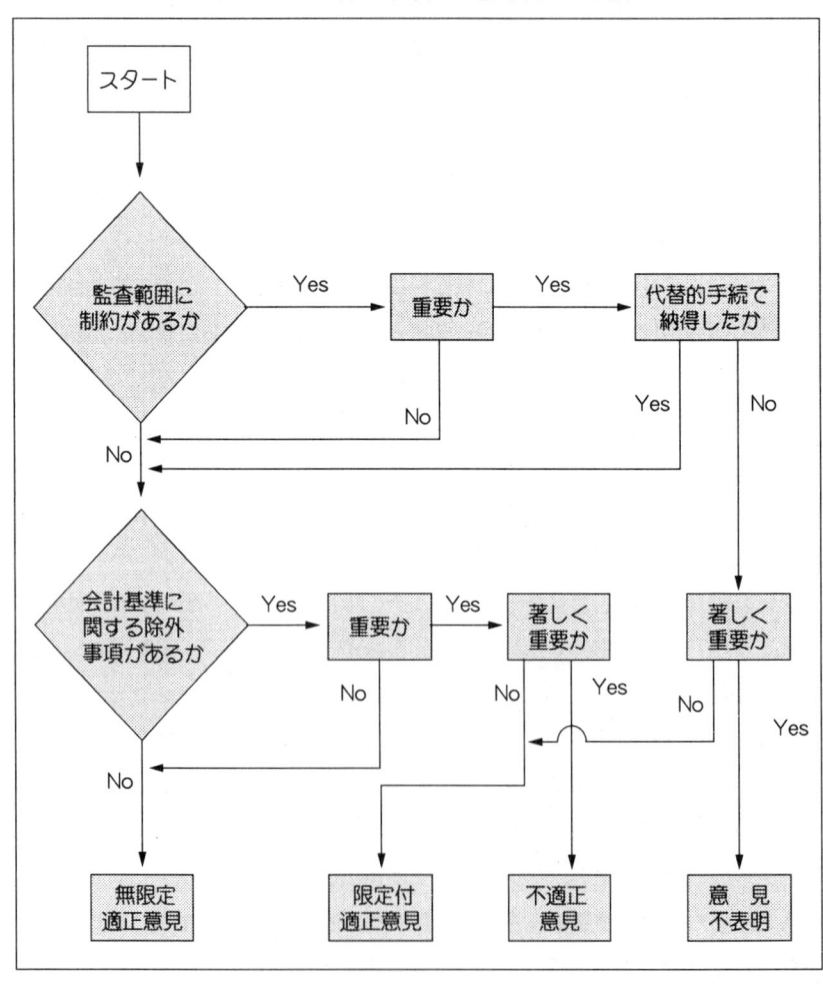

V 限定付適正意見報告書

上で検討したように，監査範囲の制約による除外事項が存在し無限定適正意見を表明することはできないが，その除外事項の影響が財務諸表に対する意見表明ができないほどには重要でないと認めた場合と，一般に公正妥当と認められる企業会計の基準に準拠しない除外事項の財務諸表に与える影響を「かなり重要」と判断したが，その影響が財務諸表を全体として虚偽の表示に当たるとするほどには重要でないと判断した場合には，監査人は，限定付適正意見を表明する。

つまり，**限定付適正意見**（qualified opinion）とは，一定の条件を付けながらも財務諸表は全体として財政状態と経営成績それにキャッシュ・フローの状況を適正に表示していると認める意見のことである。このような限定付適正意見を記載した監査報告書を**限定付適正意見報告書**という。

限定付適正意見報告書は，主に2つの役割を果している。

1つは，除外事項は監査範囲の制約と不当な会計処理あるいは不適切な表示方法をいうので，これらの異常事項を監査報告書に記載することによって，監査人が行った監査業務の質が低下していること，そして，経営者の作成した財務諸表の信頼性が低下していることを財務諸表利用者に知らせるという役割である。つまり，限定付適正意見報告書は，監査人が監査意見表明の基礎となる十分かつ適切な監査証拠を入手できなかった事実やその理由を記載し財務諸表利用者に注意を喚起し，そして，経営者の採用する会計方針が一般に公正妥当と認められる企業会計の基準に準拠していないと判断する理由やその財務諸表への影響，さらに財務諸表のあるべき表示との相違を伝達することによって，財務諸表の質の低下を財務諸表利用者が自ら修正し財務諸表を正しく理解できるようにしているのである。

他の1つは，除外事項として記載された監査業務の質の低下や財務諸表の信頼性の低下については監査人は責任を負わないということを知らせるという役

割である。つまり，除外事項を明示することによって，監査人は自らの責任の範囲を限定しているのである。

なお，監査範囲の制約による限定付適正意見報告書の場合には，実施した監査の概要において実施できなかった監査手続を記載し，財務諸表に対する意見において当該事実が影響する事項を記載しなければならない（図表12－3）[1]。また，一般に公正妥当と認められる企業会計の基準に準拠しない限定付適正意見報告書の場合には，財務諸表に対する意見において，除外事項とそれが財務諸表に与えている影響を記載しなければならない（報告基準四1，図表12－4）。

図表12－3 監査範囲の制約に係る限定付適正意見報告書

　当監査法人は，金融商品取引法第193条の2第1項の規定に基づく監査証明を行うため，「経理の状況」に掲げられている○○株式会社の……（以下，無限定適正意見に同じ）……について監査を行った。この財務諸表の作成責任は経営者にあり，当監査法人の責任は独立の立場から財務諸表に対する意見を表明することにある。
　当監査法人は，下記事項を除き我が国において一般に公正妥当と認められる監査の基準に準拠して監査を実施した。……（以下，無限定適正意見に同じ）……と判断している。
　　　　　　　　　　　　　　　記
　当監査法人は，決算日後の平成×1年7月1日に監査契約を締結したため，会社の平成×1年3月31日現在の棚卸資産○○百万円に関する実地棚卸に立会うことができなかった。
　当監査法人は，上記の財務諸表が，上記事項の財務諸表に与える影響を除き，我が国において一般に公正妥当と認められる企業会計の基準に準拠して，○○株式会社の平成×2年3月31日現在の財政状態並びに同日をもって終了する事業年度の経営成績及びキャッシュ・フローの状況をすべての重要な点において適正に表示しているものと認める。

図表12-4　会計基準に係る限定付適正意見報告書

(「監査の対象」と「実施した監査の概要」については，無限定適正意見報告書と同じものを記載する。)

記

　会社は，……について……の計上を行っていない。我が国において一般に公正妥当と認められる企業会計の基準に従えば……を計上する必要がある。この結果，営業利益，経常利益及び税引前当期純利益はそれぞれ○○百万円過大に，当期純利益は○○百万円過大に表示されている。

　当監査法人は，上記の財務諸表が，**上記事項の財務諸表に与える影響を除き**，我が国において一般に公正妥当と認められる企業会計の基準に準拠して，○○株式会社の平成×年×月×日現在の財政状態並びに同日をもって終了する事業年度の経営成績及びキャッシュ・フローの状況をすべての重要な点において適正に表示しているものと認める。

Ⅵ　不適正意見報告書

　不適正意見（adverse opinion）とは，財務諸表が企業の財政状態と経営成績それにキャッシュ・フローの状況を適正に表示していないという監査意見である。この不適正意見を記載した監査報告書を**不適正意見報告書**という（図表12-5）。

　不適正意見報告書は，除外事項が著しく重要で，監査人が財務諸表を修正するよう指導したにもかかわらず会社が応じなかったため，財務諸表は全面的に適正とは言えず，財務諸表利用者にとって意思決定の判断資料とはなり得ないという場合に発行される。具体的には，188頁の(2)の一般に公正妥当と認められる企業会計の基準に違反する財務諸表の欠陥のうち，1つまたは複数の事項が著しく重要な場合である。

　不適正意見報告書は投資者の意思決定にはまったく役立たないので，例えば東京証券取引所は，不適正意見報告書と次に説明する意見不表明報告書の場合には当該会社の株式を上場廃止としている。

図表12－5　不適正意見報告書

(「監査の対象」と「実施した監査の概要」については，無限定適正意見報告書と同じものを記載する。)

> 記
> 　会社は，……について……の計上を行っていない。我が国において一般に公正妥当と認められる企業会計の基準に従えば……を計上する必要がある。この結果，営業利益，経常利益及び税引前当期純利益はそれぞれ○○百万円過大に，当期純利益は○○百万円過大に表示されている。
> 　当監査法人は，上記の財務諸表が，上記事項の財務諸表に与える影響の重要性に鑑み，我が国において一般に公正妥当と認められる企業会計の基準に準拠して，○○株式会社の平成×年×月×日現在の財政状態並びに同日をもって終了する事業年度の経営成績及びキャッシュ・フローの状況を適正に表示していないものと認める。

Ⅶ　意見不表明報告書

「監査人は，重要な監査手続を実施できなかったことにより，自己の意見を形成するに足る合理的な基礎を得られないときは，意見を表明してはならない」(報告基準一4)。この場合には，財務諸表に対する意見を表明しない旨及びその理由を記載する (報告基準五2)。このような報告書を**意見不表明報告書**という (図表12－6)。

186頁－187頁に例示した監査範囲の制約 (5つのケース) による除外事項は，その重要性の程度により，限定付適正意見かあるいは意見不表明となる。特に経営者が確認書の提出を拒否した場合には，確認書は経営者が財務諸表および財務諸表監査に関する自らの責任を理解していることを明らかにするために監査報告書と交換される文書なので，監査人は意見を表明してはならない(171頁)。

また，損害賠償訴訟事件や未解決の税務問題等の重要な未確定事項が存在し，その結論や財務諸表への影響が監査報告書作成日時点では判明せず，将来の結果次第では会社の経営基盤に重大な影響を及ぼすかもしれないという場合には，

意見の表明ができるか（限定付適正意見），できないか（意見不表明）を慎重に判断しなければならない。

図表12-6　意見不表明報告書

　　当監査法人は，金融商品取引法第193条の2第1項の規定に基づく監査証明を行うため，「経理の状況」に掲げられている○○株式会社の……（以下，無限定適正意見に同じ）……について監査を行った。この財務諸表の作成責任は経営者にある。
　　当監査法人は，下記事項を除き我が国において一般に公正妥当と認められる監査の基準に準拠して監査を行った。監査の基準は……（以下，無限定適正意見に同じ）……財務諸表の表示を検討することを含んでいる。
　　　　　　　　　　　　　　　　記
　　会社は，平成×年×月×日主要な事業所である△△工場が火災により焼失し，重要な会計記録が失われたため，平成×年3月31日に終了する当該事業所に係る会計記録に関連して，財務諸表に対する意見表明のための合理的な基礎を得ることができなかった。
　　当監査法人は，上記の財務諸表が，**上記事項の財務諸表に与える影響の重要性に鑑み**，○○株式会社の平成×年×月×日現在の財政状態並びに同日をもって終了する事業年度の経営成績及びキャッシュ・フローの状況を適正に表示しているかどうかについての意見を表明しない。

＊　意見不表明の場合には，監査意見が付されていないため，二重責任の原則については財務諸表の作成責任のみを記載するものとし，財務諸表に対する意見において一般に公正妥当と認められる企業会計の基準に準拠しているか否かについては記載しない。

〔注〕
(1)　以下の監査報告書の文例は，日本公認会計士協会監査・保証実務委員会報告書第75号「監査報告書作成に関する実務指針」（2006年11月）による。

第13章

継続企業の前提についての監査

Auditing Theory & Practice

企業が将来にわたって事業活動を継続することができるのかについての監査人の情報が，財務諸表利用者にとって有用であることは間違いない。
　しかし，このような情報はいわば「倒産予測情報」であり，倒産要因を識別し倒産を予測することの難しさに加えて，監査人によるそのような情報の提供がかえって倒産を早めてしまうのではないか，あるいは誤った倒産予測情報によって社会を混乱させてしまうのではないかといった意見もある。
　また，経営者がこのような倒産予測情報を歓迎しないことは言うまでもなく，そのことは，結果として"オピニオン・ショッピング"（経営者が自らの会計方針を支持する監査人を選任する行為をいう）を誘発し，監査人の独立性に影響を及ぼすのではないかということも懸念されている。
　しかし，監査人が無限定適正意見報告書を提出した直後に上場会社や大会社が倒産していることが，この問題に対する社会の関心を高めているのである。

1　監査基準

　監査基準は，次のように定めている（実施基準・基本原則6）。

　「監査人は，監査計画の策定及びこれに基づく監査の実施において，企業が将来にわたって事業活動を継続するとの前提（以下「継続企業の前提」という。）に基づき経営者が財務諸表を作成することが適切であるか否かを検討しなければならない。」

　そこで，継続企業の前提に関して，監査計画の策定，監査の実施，監査報告の各段階における監査人の任務について検討しよう。

(1)　監査計画の策定
　「監査人は，監査計画の策定に当たって，財務指標の悪化の傾向，財政破綻の可能性その他継続企業の前提に重要な疑義を抱かせる事象又は状況の有

無を確かめなければならない。」(実施基準二 7)

　継続企業の前提に重要な疑義を抱かせる事象や状況としては，以下のような事項が考えられる[1]。
　① 　財務指標関係 —— 売上高の著しい減少，継続的な営業損失の発生または営業活動によるキャッシュ・フローのマイナス，債務超過等
　② 　財務活動関係 —— 債務の返済の困難性，借入金の返済条項の不履行や履行の困難性，社債等の償還の困難性，新たな資金調達の困難性，債務免除の要請，売却を予定している重要な資産の処分の困難性等
　③ 　営業活動関係 —— 主要な仕入先からの与信または取引継続の拒否，重要な市場または得意先の喪失，事業活動に不可欠な権利の失効や重要な人材の流出，事業活動に不可欠な重要な資産の喪失または処分等
　④ 　その他 —— 巨額な損害賠償金の負担の可能性，ブランド・イメージの著しい悪化等
　このような継続企業の前提に重要な疑義を抱かせる事象または状況が存在すると判断した場合には，監査人は，当該事象または状況が監査の実施に及ぼす影響を考慮して監査計画を策定し，実施する監査手続，実施の時期及び範囲を決定しなければならない。
　ただし，分析的手続の実施，後発事象の検討，社債や借入金に係る契約条項の遵守の検討，株主総会や取締役会等の議事録の閲覧，顧問弁護士への照会，財務的支援を行なっている親会社等への照会等のような監査手続を実施しても，継続企業の前提に重要な疑義を抱かせる事象または状況が識別されない場合には，特別な監査手続を実施する必要はなく，監査計画において立案した監査手続を実施することになる。

(2)　監査の実施
　「監査人は，継続企業の前提に重要な疑義を抱かせる事象又は状況が存在すると判断した場合には，当該疑義に関して合理的な期間について経営者が

行った評価,当該疑義を解消させるための対応及び経営計画等の合理性を検討しなければならない。」(実施基準三7)

継続企業の前提に重要な疑義を抱かせる事象または状況が存在すると判断した場合には,監査人は,少なくとも今後1年間における事業継続に関する経営者の評価が適切であるか否か,経営者の対応や経営計画等が当該事象または状況を解消させるあるいは大幅に改善させる実行可能なものであるかどうかについて検討しなければならない。この場合,以下の事項等を考慮して,経営計画等の妥当性を判断する(2)。

① 資産処分に関する計画 —— 資産処分の制限(抵当権設定等),処分予定資産の売却可能性,売却先の信用力,生産能力の縮小等の資産処分による影響等
② 資金調達の計画 —— 新たな借入計画の実行可能性(与信限度,担保余力等),増資計画等の実行可能性(割当先の信用力等),売掛債権の流動化やリースバック等,経費の節減または設備投資計画の実施の延期による影響等
③ 債務免除の計画 —— 債務免除を受ける計画の実行可能性等(債権者との合意等)

そこで,監査人は,次のような監査手続を実施する。
① 経営計画等に含まれるキャッシュ・フロー,利益その他関連する予測財務情報を分析し経営者と討議する。特に,前期以前に作成した予測財務情報と実績との比較,当期に作成した予測財務情報と直近月までの比較は不可欠である。
② 重要な訴訟や賠償請求等の影響について,経営者の評価を検討するとともに,顧問弁護士に照会する。
③ 親会社や取引金融機関等による財務的支援の可能性について検討する。

(3) 監査報告

継続企業の前提に係る重要な疑義を解消させるための経営者の対応や経営計画等を検討した結果，疑義が解消されたならば，監査人は，無限定適正意見を表明する。

しかし，依然として継続企業の前提に重要な疑義が認められる場合には，監査人は，以下のように対処する。

① 継続企業を前提として財務諸表を作成することが適切であり，かつ，当該疑義に関する事項の「注記」（継続企業の前提に重要な疑義が存在している旨，その内容，当該事象や状況に対する経営者の対応及び経営計画，当該重要な疑義の影響を財務諸表には反映していない旨）が適切であると判断した場合，例えば図表13－1のような注記であるならば[3]，無限定適正意見を表明する。ただし，この場合には，監査報告書に追記情報を記載する（図表13－2）[4]。

図表13－1　継続企業の前提に関する注記

当社は，前期○○百万円，当期に○○百万円の大幅な営業損失を計上し，また，当期には営業キャッシュ・フローも○○百万円と大幅なマイナスとなっています。当該状況により，継続企業の前提に関する重要な疑義が存在しています。

当社は，当該状況を解消すべく，不採算部門の○○事業からの撤退を○年○月を目途に計画しています。この計画の中では，当該事業に関わる設備を売却するとともに，早期退職制度の導入により○○名の人員削減を行い，併せて全社ベースで費用の○％削減を行う予定です。また，主力金融機関との間で，新たに○○億円のコミットメント・ラインの設定を交渉しています。

財務諸表は継続企業を前提として作成されており，このような重要な疑義の影響を財務諸表には反映していません。

図表13－2　継続企業の前提に関する監査報告書での追記情報

追記情報

継続企業の前提に関する注記に記載されているとおり，会社は……の状況にあり，継続企業の前提に関する重要な疑義が存在している。当該状況に対する経営計画等は当該注記に記載されている。財務諸表は継続企業を前提として作成されており，このような重要な疑義の影響を財務諸表には反映していない。

②　継続企業を前提として財務諸表を作成することは適切であるが，当該疑義に関する事項の注記が不適切であると判断したときは，監査人は，限定付適正意見（図表13－3）かまたは不適正意見（図表13－4）を表明する。

図表13－3　継続企業の前提に関する注記が不十分な場合の限定付適正意見報告書
（「監査の対象」と「実施した監査の概要」については，無限定適正意見報告書と同じものを記載する。）

記

　継続企業の前提に関する注記に記載されているとおり，会社は……の債務超過の状況にあり，継続企業の前提に重要な疑義が存在している。当該状況に対する経営計画等もまた当該注記に記載されている。ただし，会社の作成した経営計画によると……であるが，……についての記載がない。
　当監査法人は，上記の財務諸表が，**上記事項の財務諸表に与える影響を除き**，我が国において一般に公正妥当と認められる企業会計の基準に準拠して，○○株式会社の平成×年×月×日現在の財政状態並びに同日をもって終了する事業年度の経営成績及びキャッシュ・フローの状況をすべての重要な点において適正に表示しているものと認める。

図表13－4　継続企業の前提に関する注記が不十分な場合の不適正意見報告書
（「監査の対象」と「実施した監査の概要」については，無限定適正意見報告書と同じものを記載する。）

記

　財務諸表によると，会社は○○百万円の債務超過の状況で，かつ，一年以内償還予定の社債が○○百万円あり，継続企業の前提に重要な疑義が存在しているが，会社は財務諸表に何ら記載していない。
　当監査法人は，上記の財務諸表が，**上記事項の財務諸表に与える影響の重要性に鑑み**，我が国において一般に公正妥当と認められる企業会計の基準に準拠して，○○株式会社の平成×年×月×日現在の財政状態並びに同日をもって終了する事業年度の経営成績及びキャッシュ・フローの状況を適正に表示していないものと認める。

③ 継続企業の前提に重要な疑義を抱かせる事象または状況が存在している場合において，経営者がその疑義を解消させるための合理的な経営計画等を提示しないときは（提示された経営計画等が合理的でない場合や経営者の評価期間が貸借対照表日の翌日から1年に満たない場合も含む），重要な監査手続が実施できなかった場合に準じて（監査範囲の制約として），監査人は，限定付適正意見を表明するかまたは意見を表明しない（図表13-5）。

図表13-5　継続企業の前提に関する意見不表明報告書

当監査法人は，金融商品取引法第193条の2第1項の規定に基づく監査証明を行うため，「経理の状況」に掲げられている〇〇株式会社の……（以下，無限定適正意見に同じ）……について監査を行った。この財務諸表の作成責任は経営者にある。

当監査法人は，**下記事項を除き**我が国において一般に公正妥当と認められる監査の基準に準拠して監査を行った。監査の基準は，（以下，無限定適正意見に同じ）……財務諸表の表示を検討することを含んでいる。

記

継続企業の前提に関する注記に記載されているとおり，会社は平成×年×月×日開催の取締役会において民事再生手続開始の申立てを行うことを決議し，〇〇裁判所に申立てを行った。平成×年×月×日に〇〇裁判所から民事再生手続開始決定がなされているが，現在，再生計画案は作成中である。今後，再生計画案は，〇〇裁判所に提出，受理された後，裁判所の認可を得た上で遂行されることになるが，現時点では再生計画案は未確定である。このため，継続企業を前提として作成されている上記の財務諸表に対する意見表明のための合理的な基礎を得ることができなかった。

当監査法人は，上記の財務諸表が，**上記事項の財務諸表に与える影響の重要性に鑑み**，〇〇株式会社の平成×年×月×日現在の財政状態並びに同日をもって終了する事業年度の経営成績及びキャッシュ・フローの状況を適正に表示しているかどうかについての**意見を表明しない**。

④ 事業の継続が困難であり継続企業の前提が成立していないことが一定の事実をもって明らかであり，継続企業を前提として財務諸表を作成することが適切でない場合において，財務諸表が継続企業を前提として作成されているときは，監査人は，不適正意見を表明し，その理由を監査報告書に記載する（図表13-6）。

なお，事業の継続が困難であり継続企業の前提が成立していないことを明らかとする一定の事実とは，更生手続開始決定の取消しや更生計画の不認可，整理開始後の破産宣告，破産法の規定による破産の申立てなどが該当する。

図表13－6　継続企業の前提が成立していない場合の不適正意見報告書
(「監査の対象」と「実施した監査の概要」については，無限定適正意見報告書と同じものを記載する。)

記

　継続企業の前提に関する注記に記載されているとおり，会社は返済期日が平成×年×月×日に到来する借入金について返済不能となり，平成×年4月10日に自己破産の申立てを○○裁判所に行った。このような状況にもかかわらず上記の財務諸表は，継続企業を前提として作成されている。

　当監査法人は，上記の財務諸表が，上記事項の財務諸表に与える影響の重要性に鑑み，我が国において一般に公正妥当と認められる企業会計の基準に準拠して，○○株式会社の平成×年×月×日現在の財政状態並びに同日をもって終了する事業年度の経営成績及びキャッシュ・フローの状況を適正に表示していないものと認める。

2　継続企業の前提に関する監査上の枠組み

　継続企業の前提についての監査基準の特徴は，経営者と監査人の「二重責任の原則」をベースにしているということである。

　経営者は，一般に公正妥当と認められる企業会計の基準に準拠して財務諸表を作成する責任がある。したがって，経営者は，継続企業の前提が適切であるかどうかを判断しなければならない。そして，継続企業の前提に重要な疑義を抱かせる事象または状況を認識した場合は，合理的な期間（少なくとも貸借対照表日の翌日から1年間）にわたり自らの企業が継続できるかどうかについて検討し，加えて，当該事象または状況を解消あるいは大幅に改善させるための対応及び経営計画等を策定することが要求される。また，最終的に継続企業の前提

が適切であると判断したとしても，当該疑義に関する事項を財務諸表に注記することが求められる。

　一方，監査人の責任は，経営者が継続企業の前提に基づき財務諸表を作成することが適切であるか否かを検討することである。このため，継続企業の前提に重要な疑義が認められるときは，監査人は，それを解消させるための経営者の対応や経営計画等を全面的に検討しなければならない。ここがポイントである（202頁）。その結果，疑義が解消されたならば，無限定適正意見を表明する。しかし，依然として疑義が残るならば，当該疑義に関する財務諸表の「注記」が適切であるかどうかを判断する。

　その結果，上述のように監査意見は分かれるが，いずれにしろ，監査人は企業が存続するか否かの意見については表明しない。企業の存続そのものについては保証しない。その点についての判断は，財務諸表利用者に委ねるのである。その意味で，継続企業の前提についての監査も，通常の財務諸表監査の枠組みの中にある。このような我が国の監査基準の考え方は，国際的な監査基準に沿ったものである。

〔注〕
(1)　日本公認会計士協会監査委員会報告第74号「継続企業の前提に関する開示について」，2002年11月，4項。
(2)　日本公認会計士協会監査基準委員会報告書第22号「継続企業の前提に関する監査人の検討」，2004年3月，2006年11月，14項。
(3)　日本公認会計士協会監査委員会報告第74号「継続企業の前提に関する開示について」，2002年11月。
(4)　以下の監査報告書の文例は，日本公認会計士協会監査・保証実務委員会報告第75号「監査報告書作成に関する実務指針」（2008年3月）による。

第14章

追記情報

Auditing Theory & Practice

財務諸表の表示に関して監査人は適正であると判断したが，なおもその判断に関して説明する必要がある場合や財務諸表の表示について強調する必要がある場合には，当該事項を監査意見と区別して追記情報として監査報告書に記載する。これには，無限定適正意見を表明したが企業の存続に疑義がある場合（第13章），正当な理由により会計方針を変更した場合，重要な偶発事象や後発事象が存在する場合，監査した財務諸表を含む開示書類における当該財務諸表の表示とその他の記載内容とに重要な相違がある場合が含まれる。

I 正当な理由による会計方針の変更

1 会計方針の変更と注記

会計方針とは，財務諸表作成のために採用している会計処理の原則及び手続，表示方法，その他財務諸表作成のための基本となる事項のことである。会計方針を変更した場合には，会社は，以下の事項を財務諸表に「注記」しなければならない（財務諸表等規則8の3，同ガイドライン8の3，8の3－1）。

① 会計処理の原則または手続を変更した場合には，その旨，変更の理由及び当該変更が財務諸表に与えている影響の内容。

当該変更が財務諸表に与えている影響とは，当該会計処理について前事業年度と同一の基準を適用した場合において計上されるべき営業損益，経常損益，税引前当期純損益，当期純損益またはその他の重要な項目の金額に，当該変更が差異を与える結果となったことをいう。したがって，影響の内容の記載は，影響を受けた重要な項目及びその差異の金額を明らかにするものとする。ただし，その金額を正確に算定することが困難な場合には，適当な方法による概算額を記載することができる。

なお，会計方針を変更した場合において，財務諸表に与えている影響が軽微なものについては，注記は必要としない。ただし，当該事業年度の翌

事業年度の財務諸表に重要な影響を与えることが確実であると認められる場合には，翌事業年度の財務諸表に重要な影響を与える旨及びその影響の概要を併せて注記する。
② 表示方法を変更した場合には，その内容。
　　内容の記載は，前事業年度の財務諸表との比較を行うために必要な事項を記載する。ただし，変更の内容が明瞭に判断しうる場合には，注記を必要としない。
③ キャッシュ・フロー計算書における資金の範囲を変更した場合には，その旨，変更の理由及び当該変更がキャッシュ・フロー計算書に与えている影響の内容。

2　会計方針の変更に関する実務指針

　会計方針を継続することの重要性は，今さら指摘するまでもない。企業が前年度と同一の会計方針を適用しないと，財政状態や経営成績，キャッシュ・フローの期間比較が困難になるだけでなく，それ以上に，恣意的な利益操作の余地を与えることになるからである。
　日本公認会計士協会は，会計方針の取扱いについて，以下のような「実務指針」を公表している[1]。
① 複数の会計処理が認められている場合の会計処理の変更
　　企業会計上，1つの会計事象や取引について一般に公正妥当と認められる複数の会計処理が認められており，その中から1つの会計処理を選択・適用する場合において，従来から採用している認められた会計処理から他の認められた会計処理への変更のみを会計方針の変更とする。
② 表示方法の変更と会計方針の変更
　　表示方法とは，一般に財務諸表項目の科目分類，科目配列及び報告様式をいう。表示方法の変更には，(a)貸借対照表の流動資産あるいは固定資産の区分や損益計算書の営業損益等の同一区分内での勘定科目の区分掲記，

統合あるいは勘定科目名の変更等を行うものと,(b)当該区分を超えて表示方法を変更するものとがある。

　金額的重要性が高まったことにより,流動資産の「その他の流動資産」に含まれている「短期貸付金」を区分掲記する場合や営業外収益の「雑益」に含まれている「受取賃貸料」を区分掲記する場合等は(a)に該当する表示方法の変更であり,合理的根拠に基づくもので単なる表示形式上の変更にすぎないので,監査上は会計方針の変更として取り扱わない。

　他方,流動資産から固定資産に区分を変更する,あるいは営業外損益区分から営業損益区分に変更するなど,区分を超えることにより財務情報に重要な影響を与えて表示方法を変更するものは(b)に該当し,監査上は会計方針の変更として取り扱う。

③　会計基準等の改正に伴う会計方針の採用または変更

　会計基準等の改正によって特定の会計処理または表示方法の採用が強制され,他の会計処理または表示方法を任意に選択する余地がない場合,これに伴って会計方針を採用または変更する場合は,当該変更の事実を明確にするために,正当な理由による会計方針の変更として取り扱う。

　この会計基準等の改正には,既存の会計基準の変更のほか,新たな基準の設定,実務指針等の公表・改廃及び法令の改正等が含まれる。

④　会計方針の変更に類似する事項

　以下の事項は,会計処理の対象となっていた事実に係る会計上の見積りの変更,あるいは新たな会計処理の採用等であり,会計方針の変更には該当しない。

・会計上の見積りの変更 ── 例えば,固定資産の使用状況や技術革新の動向を考慮して現行の耐用年数を変更した場合

・重要性が増したことに伴う本来の会計処理の変更 ── これまで重要性が乏しかったので全額を費用処理していた火災保険料を期間に対応した前払費用として処理する場合

・新たな事実の発生に伴う新たな会計処理の採用 —— デリバティブ取引の開始に伴う新たな会計処理の採用

3 会計方針の変更における正当な理由

　会計方針は，継続して適用することを原則とするが，正当な理由がある場合にはこれを変更することが認められる。

　2③で指摘したように，会計基準等の改正による会計方針の変更は正当な理由があるものとするが，会計基準等の改正によらない会計方針の変更における正当な理由については，以下のように判断する[(2)]。

① 会計方針の変更は企業の事業内容及び企業内外の経営環境の変化に対応して行われるものであること。

　　経営環境とは，会計事象等について会計方針を選択する場合の判断に影響を及ぼす社会的経済的要因（物価水準，為替相場，金利水準の動向等）または企業内部の要因（管理システムの整備，諸制度の改定，事業目的の変更等）をいう。社会的経済的要因と企業内部の要因は密接な関係にあるため，「正当な理由」の判断に当たっては両者を総合的に勘案する必要がある。

② 変更後の会計方針が一般に公正妥当と認められる企業会計の基準に照らして妥当であること。

　　会計方針の変更は，一つの会計事象等について複数の会計処理が認められている場合に，その範囲内で行われるものであることは当然であるが，それに加えて，変更後の会計処理が類似の会計事象等に対して適用されている会計処理と首尾一貫したものであることにも留意しなければならない。

　　なお，その会計事象等について適用すべき会計基準等が明確でない場合や会計基準等において詳細な定めのない場合の会計方針については，経営者が採用した会計方針が会計事象等を適切に反映するものであるかどうかを監査人が自己の判断で評価し，あるいは会計基準等の趣旨を踏まえ評価することが必要である。

③　会計方針の変更は会計事象等を財務諸表により適切に反映するために行われるものであること。

　　会計方針の変更により，会社の財政状態，経営成績及びキャッシュ・フローの状況やセグメント情報などの注記事項の内容がより適切に示され，財務諸表等の利用者の意思決定または企業の業績等の予測に，より有用かつ適切な情報が生み出されるものであることが必要である。

④　会計方針の変更が利益操作等を目的としていないこと。

　　財務諸表等の利用者は，当期純利益の金額だけでなく，会社の成長性，財務の安定性，事業区分ごとの収益性，所有資産の評価額等多くの事項に関心を持っている。それらは財務諸表の勘定科目の金額だけでなく，注記事項としても表示されている。会計方針の変更によって，これらに関する情報を不当に操作する意図がないことにも留意することが必要である。

　　また，個別的には正当な理由による会計方針の変更と認められる場合であっても，当該事業年度において採用されている他の会計方針と総合してみるとき，財務諸表に著しい影響を与えることを目的としていることが明らかであると認められる場合には，正当な理由による会計方針の変更とは認められないことに留意する。

　　なお，「企業会計原則」は「企業会計は，その処理の原則及び手続を毎期継続して適用し，みだりにこれを変更してはならない」と定めているが（一般原則五），この「みだりに」とは，「正当な理由がない」ことと同義語に解される。

4　監査人の対処

会社が会計方針を変更した場合，監査人は，次のように対処する。

　まず，監査人は，その変更による財務諸表への影響が重要であるか否かを判断する。

　財務諸表への影響は軽微であると判断する場合には，注記が行われていなく

とも，これを問題にしない。ただし，会計方針の変更が当該事業年度の翌事業年度の財務諸表に重要な影響を与えることが確実であると認められる場合には財務諸表の注記を必要とするので (210頁)，この場合には，当該変更の正当性を判定しなければならない。

　表示方法の変更を含む会計方針の変更による財務諸表への影響が重要であると判断する場合には，監査人は，その変更が正当な理由によるものであるかどうかを決定しなければならない。

　正当な理由によるものと認められる場合には，無限定適正意見を表明する。ただし，その旨を「追記情報」として記載する (報告基準七)。このように，会社側の財務諸表への注記 (図表14－1)[3]に加えて，監査人も独自に監査報告書に追記情報 (図表14－2) として記載しなければならないのは，正当な理由による会計方針の変更により作成した財務諸表も，前年度の財務諸表との比較を困難にするので利害関係者に注意を喚起するためである。

　そして，正当な理由によるものとは認められない場合には，その変更があった旨，その変更が正当な理由によるものとは認められない理由及びその変更が財務諸表に与えている影響を監査報告書に記載しなければならない。この場合は，当然，除外事項となる。除外事項の重要性によって，限定付適正意見または不適正意見となる。

　いずれにしろ，上の実務指針の定める「正当な理由」は，かなり抽象的である。その正当性の判断は監査人の裁量に大きく依存するが，正当な理由が拡大解釈されると，継続性の原則の存在が無意味になってしまう。継続性の原則の遵守に問題があることは事実であり[4]，財務諸表利用者は，監査人の認める正当な理由について必ずしも納得していない。監査人は，変更理由の正当性を厳格に判断することが求められる。

図表14－1　工事進行基準の適用範囲を変更することに関する注記

財務諸表作成のための基本となる重要な事項
　工事進行基準の適用する長期大型工事については，従来，工期×年以上かつ請負金額〇〇億円以上の工事としておりましたが，受注工事の請負金額が従来に比べて小型化しており，今後もその傾向が継続すると見込まれることから，期間損益計算の一層の適正化を図るため，当会計年度から，工事進行基準を適用する長期大型工事を工期×年以上かつ請負金額〇〇億円以上の工事に変更いたしました。この変更により，従来の方法によった場合に比べ，当会計年度の営業利益は〇〇百万円，経常利益は〇〇百万円，税引前当期純利益は〇〇百万円，当期純利益は〇〇百万円それぞれ増加しております。なお，セグメント情報に与える影響は，当該箇所に記載しております。

図表14－2　監査報告書での追記情報

追記情報
　財務諸表作成のための基本となる重要な事項に記載されているとおり，会社は工事進行基準の適用する長期大型工事の範囲を変更した。

Ⅱ　重要な偶発事象

　偶発事象（contingencies）とは，利益または損失の発生する可能性の不確実な状況が貸借対照表日現在すでに存在しており，その不確実性が将来において事象の発生することまたは発生しないことによって最終的に解消されるものをいう。例えば，債務の保証や受取手形の割引，債務弁済のための裏書譲渡手形，係争事件に係る賠償義務等である。
　偶発事象には，将来において利益をもたらすもの（偶発利益）と損失をもたらすもの（偶発損失）とがある。偶発利益については，それが実現するまで損益計算書に計上することはできない。
　重要な偶発債務（偶発損失）は，その発生の可能性の程度に応じて，次のように分類される。

① 発生の可能性の高い場合
　(a) 金額の見積りが可能な場合
　(b) 金額の見積りが不可能な場合
② 発生の可能性が①ほど高くないが，ある程度予想される場合
③ 発生の可能性が低い場合

①の(a)の場合は，債務保証損失引当金を設定しなければならない。①の(b)と②③については，偶発債務として財務諸表に注記することが要求される。ただし，重要性の乏しい偶発債務については，注記を省略することができる（財務諸表等規則58）。

例えば，支払義務の発生する可能性のある重要な損害賠償事件が存在しているが，会社はその発生の可能性は高くないので引当金を計上せず注記で足りると考えている場合，監査人は次のように対処する。

① 損害賠償の発生の可能性について，監査人も高くないと判断した場合は，その事件の内容（概要と相手方等）と金額が財務諸表に適正に注記されているならば（図表14－3），監査報告書で無限定適正意見を表明しかつそれを重要なものと認めたので追記情報として記載する（図表14－4）。

　また，当該事件の内容と金額が財務諸表に注記されていない場合，またはその注記が不十分な場合には，監査人は，会社に対して十分かつ適正な注記を求めなければならない。会社がそれを拒否した場合には，財務諸表等規則に準拠しないものと判断し，監査人は，限定付適正意見かまたは不適正意見を表明する。

② 監査人が損害賠償の発生の可能性は高く，かつ金額も合理的に見積ることができるので債務保証損失引当金の計上を必要と判断した場合には，財務諸表の修正を要求し，会社がこれを拒否した場合には，一般に公正妥当と認められる企業会計の基準に反する除外事項となる。したがって，この場合には，除外事項の重要性によって，監査人は，限定付適正意見かまたは不適正意見を表明する。

図表14-3　損害賠償請求事件に関する注記

注記事項（貸借対照表関係）
　当社は米国内で販売した製品が特許権を侵害しているとして，A社より損害賠償請求訴訟を提起されております。（以下省略）

図表14-4　監査報告書での追記情報

追記情報
　注記事項（貸借対照表関係）に記載されているとおり，会社は特許権の侵害に関する損害賠償請求訴訟の被告となっている。当該訴訟の最終的な結論は現在のところ得られていないため，その判決により生ずるかもしれない負担金額については，財務諸表に計上されていない。

Ⅲ　重要な後発事象

　後発事象（subsequent events）とは，決算日の翌日から監査報告書の作成日までの間に発生した会社の財政状態と経営成績及びキャッシュ・フローの状況に影響を及ぼす会計事象をいう。後発事象には2種類ある(5)。
　第1の後発事象は，監査対象年度の財務諸表に直接影響を及ぼすものである（「修正後発事象」という）。例えば，(a)売掛債権の多額な得意先の倒産や(b)重要な係争事件の解決による損害賠償額の確定等である。これらの事象により，その発生前の段階における判断または見積りを修正する必要が生じた場合，それは，監査対象年度の財務諸表に反映されなければならない。事象の発生の実質的な原因が決算日現在においてすでに存在しているからである。
　そこで，(a)の場合には，決算日においてすでに売掛債権の損失が発生していたことが裏付けられたので，貸倒引当金を追加計上しなければならない。また，(b)の場合も，決算日においてすでに債務が存在したことが明確となったので，単に偶発債務として注記するのではなく，既存の債務保証損失引当金の修正ま

たは新たな引当金を計上しなければならない。したがって，会社が財務諸表の修正を行わなかった場合，それは，一般に公正妥当と認められる企業会計の基準に係る除外事項となる。除外事項の重要性によって，監査人は，限定付適正意見かまたは不適正意見を表明する。

　第2の後発事象は，監査対象年度の財務諸表には影響を及ぼさないが次期以降の財政状態及び経営成績に重要な影響を及ぼすものである（「開示後発事象」という）。例えば，火災・水害等による重大な損害の発生，多額の株式や社債の発行，会社の合併，重要な事業の譲渡または譲受，子会社等の援助のための多額な負担の発生，貸借対照表日後重要な訴訟事件が発生した場合等である。

　これらの重要な後発事象については，当該事象を注記しなければならない（財務諸表等規則8の4）。注記で適正な開示がなされていない場合には，財務諸表等規則に違反するものとして除外事項となる。除外事項の重要性によって，監査人は，限定付適正意見かまたは不適正意見を表明する。適切な注記が行われている重要な後発事象については（図表14-5），追記情報として監査報告書に記載する（図表14-6）。

図表14-5　貸借対照表日後の合併契約に関する注記

重要な後発事象 　当社は，平成×年×月×日を合併期日とするA社との合併契約書を平成×年×月×日に締結しました。（以下省略）

図表14-6　監査報告書での追記情報

追記情報 　重要な後発事象に記載されているとおり，会社は平成×年×月×日A社との合併契約に調印した。

Ⅳ　財務諸表の表示とその他の記載内容との重要な相違

　監査した財務諸表を含む開示書類における当該財務諸表の表示とその他の記載内容とに重要な相違がある場合には追記情報とする。つまり，財務諸表とともに開示される情報において，財務諸表の表示やその根拠となっている数値等と重要な不整合があるときは，公認会計士が適正と判断した財務諸表に誤りがあるのではないかとの誤解を招く恐れがあるため，追記情報とする。
　例えば，以下は，有価証券報告書における財務諸表の表示（売上高）とその他の記載内容に重要な相違が生じている場合の注記（図表14－7）と監査報告書での追記情報の文例（図表14－8）である。

図表14－7　財務諸表の表示とその他の記載内容との重要な相違に関する注記

```
　　第2　事業の状況
　　　1．業績等の概要
　　　　　××事業部の売上高は……
　　　　　○○事業部の売上高は……
　　第5　経理の状況
　　　財務諸表等
　　　　損益計算書
　　　　　Ⅰ　売上高は　×××
```

図表14－8　監査報告書での追記情報

```
追記情報
　有価証券報告書における「第2　事業の状況　1．業績等の概要」において，会社は連結財務諸表を作成していないため事業部門別の販売実績を記載しているが，その合計金額と財務諸表との表示（売上高）との間には，○○○○により重要な相違が生じている。
```

V 実態調査

2006 (平成18) 年9月中間期の東京証券取引所一部上場会社1,370社の中間監査報告書に追記情報が記載された会社は，個別財務諸表提出会社342社 (25%)，連結財務諸表提出会社399社 (30%) である (図表14-9)。

図表14-9 追記情報の内訳

内容	個別財務諸表		連結財務諸表	
	会社数	項目数	会社数	項目数
後発事象に関するもの	213	270	210	272
会計方針の変更に関するもの	155	213	237	320
継続企業の前提に関するもの	9	9	7	7

(出所：監査法人トーマツ『会計情報』，2007年5月号，18-21頁)

後発事象に関する主な追記情報としては，組織再編等 (合併，会社分割，株式交換，事業譲受)，資本の増減等 (自己株式の取得，新株の発行，自己株式の償却，新株予約権の行使，自己株式の処分)，その他 (子会社化のための他社株式の取得，社債の発行，関係会社株式の譲渡，固定資産の譲渡，希望退職者の募集，子会社設立，係争事件，経営改善計画等の進捗状況，子会社の解散等) である。

会計方針の変更に関する追記情報としては，新会計基準等の適用 (貸借対照表の純資産の部の表示に関する会計基準，役員賞与に関する会計基準，ストック・オプション等に関する会計基準，企業結合に係る会計基準，棚卸資産の評価に関する会計基準，事業分離等に関する会計基準の適用) と，以下が見られる。

・売上高と営業外収益の計上区分の変更，販売費及び一般管理費と売上原価の計上区分の変更，収益費用の純額計上の変更
・工事進行基準の適用範囲の変更
・ポイントカード引当金の設定[6]

・減価償却方法の変更（定額法から定率法へ，定率法から定額法へ）
・セグメント情報の注記におけるセグメントの区分の変更，特に事業の種類別セグメントの事業区分の方法の変更

〔注〕
(1)　日本公認会計士協会監査委員会報告第78号「正当な理由による会計方針の変更」，2003年3月。
(2)　同上書。
(3)　以下の監査報告書の文例は，日本公認会計士協会監査・保証実務委員会報告第75号「監査報告書作成に関する実務指針」（2008年3月）による。
(4)　東京証券取引所の調査によると，1993年から1999年までの7年間の東京証券取引所（市場第一部，第二部）上場会社に対する監査意見11,559件のうち，無限定適正意見以外の監査意見は1,329件（11.5％）で，それらは，すべて「正当な理由による会計方針の変更」によるものであった。また，日本公認会計士協会の調査によると，2002年3月期においては監査意見2,548件中233件（9.1％），追記情報の記載に変更された2003年3月期は2,052件中199件（9.7％），2004年3月期は2,669件中357件（13.4％）が，正当な理由による会計方針の変更であった。継続性の原則の遵守が徹底していないことは，これらの数字にも現れている（東京証券取引所『証券』，日本公認会計士協会リサーチセンター）。
(5)　日本公認会計士協会監査・保証実務委員会報告第76号「後発事象に関する監査上の取扱い」，2006年6月。
(6)　クレジットカードの利用や買い物でたまるポイントの利用に備えて，企業は引当金を計上している。引当金の計上額が多いカード会社等50社の2007年度の合計は3,200億円で前年度に比べ14％増加した。ポイント引当金の多い会社は，ＮＴＴドコモ458億円，クレディセゾン454億円，ソフトバンク438億円，ＫＤＤＩ430億円，セブン＆アイＨＤ211億円，ビックカメラ211億円等である（日経，2008.6.26）。

第15章

連結財務諸表監査

Auditing Theory & Practice

I 連結財務諸表制度

1 連結財務諸表制度の展開

連結財務諸表（Consolidated Financial Statements）は，支配従属関係にある2つ以上の会社からなる企業集団を単一の組織体とみなして，親会社が当該企業集団の財政状態と経営成績それにキャッシュ・フローの状況を総合的に報告するために作成するものである。

連結財務諸表は，証券取引法（現金融商品取引法）に基づく企業内容開示制度の一環として，1977（昭和52）年4月1日以後開始された事業年度からその作成が義務づけられているものである[1]。

連結財務諸表は，当初，親会社の財政状態と経営成績を企業集団の中で位置付けるための補足的手段として要求された。つまり，親会社の財務諸表が「主」で連結財務諸表は「従」であった。また，親会社が子会社を利用して行なう粉飾決算（典型的には，親会社が子会社へ一方的に製品やサービスを販売すること。これを「押込み売上げ」という）を防止するために要請された。連結財務諸表の場合には，親子会社間の取引（例えば，親会社の子会社への売上と子会社の親会社からの仕入）は相殺されるからである。

その後，親会社と子会社の取引や親会社の子会社への資金融資等が拡大したため，また，海外投資家の我が国証券市場への参入等を背景に，投資者は，企業集団の状況を把握するために連結情報を求め，同時に親会社も，グループ経営という視点から連結財務諸表を一層重視するようになった。

そこで，1999（平成11）年4月1日以後開始された事業年度から，連結財務諸表を「主」とし親会社の財務諸表を「従」とする本格的な連結財務諸表制度が導入されたのである。そして，有価証券報告書において，新たに「連結キャッシュ・フロー計算書」も掲載されるとともに，事業の内容や研究開発活動，設備投資や従業員の状況等の財務諸表以外の情報についても，連結ベース

で開示し、合わせて親会社の情報も開示するという方針が採られたのである。

そして、連結情報の開示の頻度を高めるために、2000年9月中間期からは、中間連結財務諸表の作成も義務付けられた。さらに、2008年4月1日以後開始される事業年度からは、四半期連結財務諸表も制度化された。

なお、現在、会社法も、有価証券報告書提出会社たる大会社に対して、連結計算書類（連結貸借対照表、連結損益計算書、連結株主資本等変動計算書、連結注記表）の作成を義務付けている（会社法444③）。

2　連結の範囲

連結財務諸表に含まれる会社の範囲を**連結の範囲**という。連結の範囲を決定する基準として、これまでは、他の会社の議決権の過半数（50％超）を実質的に所有している会社を親会社、当該他の会社を子会社とする「**持株基準**」を採用し、そのような子会社を連結対象としてきた。

ところが、もしある子会社の業績が悪化すると連結業績の足を引っ張ることになるので、親会社は、その子会社の株式を売却し、所有株式の比率を50％以下にして連結の範囲から外し、しかも、株式の売却先は第三者ではなくグループの他の会社なので、実質的な支配はまったく変わらないという状況がしばしば見られた。

そこで、現在の基準（「連結財務諸表制度における子会社及び関連会社の範囲の見直しに係る具体的な取扱い」）は、他の会社等の財務及び営業または事業の方針を決定する機関（株主総会等の「意思決定機関」）を支配している会社を親会社、当該他の会社等を子会社とする**支配力基準**を採用した。

つまり、持株比率が50％を超える場合はもちろん、50％以下でも、役員の派遣や取引関係を通じて実質的に経営を支配していると見なされる場合は、子会社とするという考え方である。具体的には、次頁の**図表15−1**を見てほしい。

さらに、持株比率の算出方法も見直された。例えば、**図表15−1**のようにA社が39％を保有するB社があるとする。持株比率だけをみると、B社はA社の

図表15-1　子会社の範囲

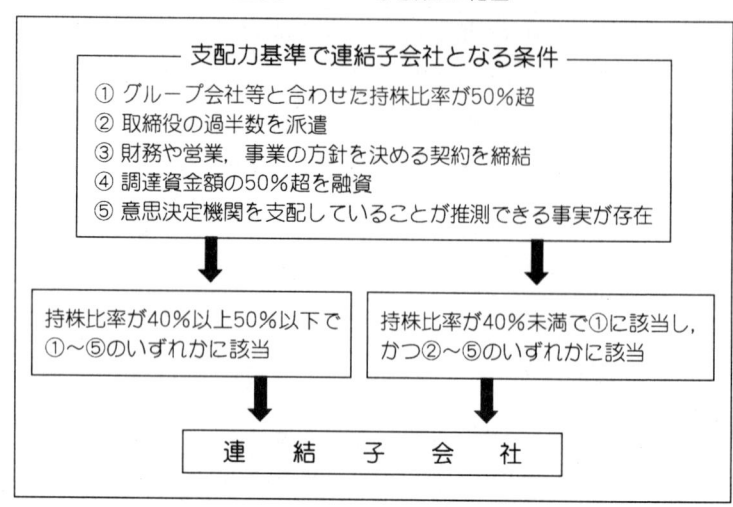

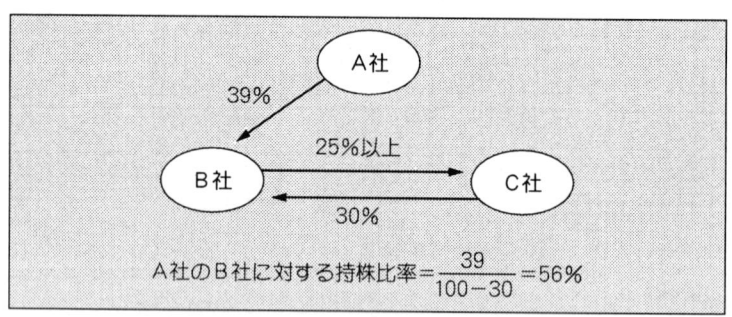

```
┌─────────────────────────────────────────────┐
│  ─── 支配力基準で連結子会社となる条件 ───      │
│  ① グループ会社等と合わせた持株比率が50％超    │
│  ② 取締役の過半数を派遣                      │
│  ③ 財務や営業，事業の方針を決める契約を締結    │
│  ④ 調達資金額の50％超を融資                  │
│  ⑤ 意思決定機関を支配していることが推測できる事実が存在 │
│              ↓                    ↓          │
│  ┌──────────────────┐  ┌──────────────────┐ │
│  │持株比率が40％以上50％以下で│  │持株比率が40％未満で①に該当し，│ │
│  │①～⑤のいずれかに該当      │  │かつ②～⑤のいずれかに該当   │ │
│  └──────────────────┘  └──────────────────┘ │
│              ↓                    ↓          │
│        ┌──────────────────┐              │
│        │   連　結　子　会　社   │              │
│        └──────────────────┘              │
└─────────────────────────────────────────────┘
```

A社 →39%→ B社 ←25%以上→ C社 →30%→ B社

A社のB社に対する持株比率 = $\frac{39}{100-30}$ = 56%

（出所：日本経済新聞，1999年6月26日）

子会社ではない。だが，このB社が別のC社に25％以上を出資，C社もB社に出資していると，C社保有のB社株式には議決権が存在しないと見なされる。つまり，子会社かどうかを判断するグループ会社が他の企業の株式を持ち合いの形で25％以上を持っている場合，相手企業が保有している株式は，発行済株式数から除外して持株比率を計算するのである（会社法308，会社法施行規則67）。これは，議決権が馴れ合い的に行使されることを防止するためである。

そこで，A社のB社に対する持株比率は，C社のB社保有分（図表では30％）

を除いて計算することになる。すると，持株比率は56％となりB社はA社の子会社となる。

　我が国最大の連結子会社数はソニーの961社，次いで日立製作所934社，松下電器652社，伊藤忠商事438社，三井物産373社である（2007年3月期）。

3　関連会社の範囲

　ところで，子会社の業績は連結財務諸表に反映されるが，**非連結子会社**（連結の範囲から除外される小規模で重要性の乏しい子会社）や関連会社の業績は反映されない。しかし，これらの会社も親会社の強い影響下にあるので，その業績も連結財務諸表に反映させる必要がある。

　そのための会計処理方法として持分法がある。**持分法**とは，親会社の持分割合に応じて非連結子会社と関連会社の損益を比例配分し，親会社の貸借対照表の投資勘定を同額だけ増減させ，かつ損益計算書に投資損益を計上する方法である。つまり，ある関連会社が利益を計上した（または損失を計上した）場合，親会社は持分割合に応じた額を投資利益（または投資損失）として認識し，投資有価証券勘定を同額だけ増やす（または減らす）のが基本的な手続である。

　例えば，P社の立場で，次の一連の取引を仕訳しよう。
① 　P社は，s社の発行済株式の30％を現金3,000万円で取得した。その時のs社の純資産（総資産－総負債）は1億円であった。s社は関連会社と判定される。
② 　s社は，当期純利益5,000万円を計上した。
③ 　s社は，株主総会で配当金3,000万円を決議し現金で支払った。

必要な仕訳は，以下のとおりである（単位は万円）。
① 　（借方）投資有価証券　3,000　　（貸方）現　　　　金　3,000
② 　（借方）投資有価証券　1,500*　（貸方）投　資　利　益　1,500

③（借方）現　　　　金　　900　　（貸方）投資有価証券　　900
　　＊　5,000万円×30％＝1,500万円。投資利益は営業外収益の区分に表示する。

　ところで，旧基準は，「関連会社とは，親会社及び連結子会社が他の会社の議決権の20％以上50％以下を実質的に所有し，かつ，当該会社が人事，資金，技術，取引等の関係を通じて当該他の会社の財務及び営業の方針に対して重要な影響を与えることができる場合における当該他の会社をいう」と定義していたが，問題は「20％以上」にあった。

　業績の悪い子会社を意図的に連結範囲から外すことは説明したが，同じように，業績の悪い関連会社を持分法の対象から外すために，それまでの20％の持株比率を，極端に言えば19.9％に減少させることも行われていたのである。例えば，建設大手のH社が清算したh地所については，H社と子会社とを合わせた持株比率は19.6％で関連会社に該当せず持分法対象外だったにもかかわらず，h地所清算後のH社が計上した損失は739億円にも達していた。

　そこで，現在の基準は，**影響力基準**を導入し，「**関連会社**とは，会社（当該会社が子会社を有する場合には，当該子会社を含む。）が，出資，人事，資金，技術，取引等の関係を通じて，子会社以外の他の会社等の財務及び営業又は事業の方針の決定に対して重要な影響を与えることができる場合における当該子会社以外の他の会社等をいう」と定義した。

　つまり，持株比率が20％以上の会社はもちろん，20％未満の会社でも，その会社の経営に実質的な影響を及ぼしている場合は関連会社と見なされることになったのである。図表15－2で理解してほしい。影響力基準によって，関連会社の範囲も拡大したのである。

　持分法適用会社数は，例えば，伊藤忠商事214社，三井物産177社，日立製作所165社，松下電器71社，ソニー62社である（2007年3月期）。

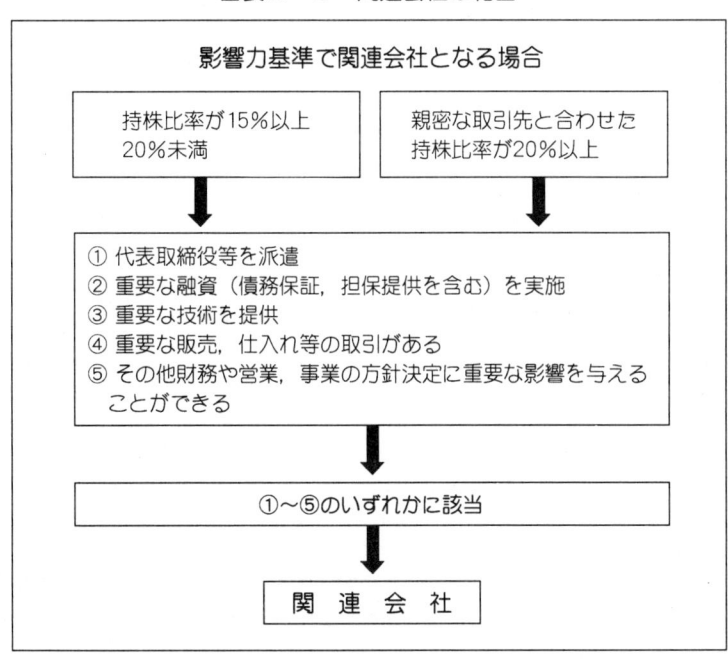

図表15−2　関連会社の範囲

```
┌─────────────────────────────────────────────┐
│         影響力基準で関連会社となる場合          │
│   ┌──────────────┐    ┌──────────────┐      │
│   │ 持株比率が15%以上 │    │親密な取引先と合わせた│     │
│   │ 20%未満       │    │持株比率が20%以上  │     │
│   └──────┬───────┘    └──────┬───────┘      │
│          ↓                    ↓              │
│   ┌─────────────────────────────────────┐   │
│   │ ① 代表取締役等を派遣                  │   │
│   │ ② 重要な融資（債務保証，担保提供を含む）を実施 │
│   │ ③ 重要な技術を提供                   │   │
│   │ ④ 重要な販売，仕入れ等の取引がある       │   │
│   │ ⑤ その他財務や営業，事業の方針決定に重要な影響を与える │
│   │   ことができる                       │   │
│   └─────────────────┬───────────────────┘   │
│                     ↓                        │
│           ┌──────────────────┐              │
│           │ ①〜⑤のいずれかに該当 │             │
│           └─────────┬────────┘              │
│                     ↓                        │
│           ┌──────────────────┐              │
│           │   関 連 会 社      │              │
│           └──────────────────┘              │
└─────────────────────────────────────────────┘
```

（出所：日本経済新聞，1999年6月26日）

II　連結財務諸表監査制度

　連結財務諸表監査とは，投資者保護の立場から，金融商品取引法対象会社が公表する連結財務諸表の信頼性について，公認会計士または監査法人が監査することである。連結財務諸表監査も，1977（昭和52）年4月1日以後開始された事業年度から実施されている。ここでは，連結財務諸表に関する監査報告書を吟味することにより連結財務諸表監査制度について概観しよう。

　金融商品取引法に基づく連結財務諸表に関する監査報告書の文例は，次頁の図表15−3のとおりである[2]。

図表15-3 連結財務諸表に関する監査報告書（無限定適正意見）

独立監査人の監査報告書

平成×年×月×日

○○株式会社
　取締役会　御中

○○　監査法人
指定社員
業務執行社員　公認会計士○○　印

指定社員
業務執行社員　公認会計士○○　印

　当監査法人は，金融商品取引法第193条の2第1項の規定に基づく監査証明を行うため，「経理の状況」に掲げられている○○株式会社の平成×年×月×日から平成×年×月×日までの連結会計年度の連結財務諸表，すなわち，連結貸借対照表，連結損益計算書，連結株主資本等変動計算書，連結キャッシュ・フロー計算書及び連結附属明細表について監査を行った。この連結財務諸表の作成責任は経営者にあり，当監査法人の責任は独立の立場から連結財務諸表に対する意見を表明することにある。

　当監査法人は，我が国において一般に公正妥当と認められる監査の基準に準拠して監査を行った。監査の基準は，当監査法人に連結財務諸表に重要な虚偽の表示がないかどうかの合理的な保証を得ることを求めている。監査は，試査を基礎として行われ，経営者が採用した会計方針及びその適用方法並びに経営者によって行われた見積りの評価も含め全体としての連結財務諸表の表示を検討することを含んでいる。当監査法人は，監査の結果として意見表明のための合理的な基礎を得たと判断している。

　当監査法人は，上記の連結財務諸表が，我が国において一般に公正妥当と認められる企業会計の基準に準拠して，○○株式会社及び連結子会社の平成×年×月×日現在の財政状態並びに同日をもって終了する連結会計年度の経営成績及びキャッシュ・フローの状況をすべての重要な点において適正に表示しているものと認める。

　会社と当監査法人又は業務執行社員との間には，公認会計士法の規定により記載すべき利害関係はない。

以　上

第15章　連結財務諸表監査

　連結財務諸表に関する監査報告書には，独立監査人の監査報告書という表題，監査報告書の宛先，監査報告書の作成日，監査の対象，実施した監査の概要，連結財務諸表に対する意見，必要ならば追記情報，会社と監査人との利害関係の有無の各事項が記載され，監査人が署名押印する。
　この監査報告書の構造は，第12章で検討した個別財務諸表に関する監査報告書と何ら異なるところはない。

1　監査の対象

監査の対象には，以下の３つの事項を記載する。
① 　監査の対象となった連結事業年度の連結財務諸表，すなわち連結貸借対照表，連結損益計算書，連結株主資本等変動計算書，連結キャッシュ・フロー計算書，それに連結附属明細表を記載する（図表３－１）。
② 　連結財務諸表の作成責任は経営者にあること
③ 　監査人の責任は独立の立場から連結財務諸表に対する意見を表明すること
②と③については，二重責任の原則に基づく記載事項である（23，182頁）。

2　実施した監査の概要

実施した監査の概要には，以下を記載する。
　監査は「一般に公正妥当と認められる監査の基準」に準拠して行われたこと，監査の基準は監査人に連結財務諸表に重要な虚偽の表示がないかどうかの合理的な保証を得ることを求めていること，監査は試査を基礎として行われていること，監査は経営者が採用した会計方針とその適用方法，さらに経営者によって行われた見積りの評価も含め全体としての連結財務諸表の表示を検討することを含んでいること，監査人は連結財務諸表に対する意見を表明するための合理的な基礎を得たことを記載する。

これらの記載事項の趣旨は，個別財務諸表に関する監査報告書のそれと同じように，連結財務諸表監査の枠組みについて財務諸表利用者の理解を促すためであり，同時に，監査人は監査の基準の要求する水準の監査を実施したこと，及びその水準を満たさなかった場合には責任を負うということを宣言しているのである（183頁）。

　ところで，「この監査に当たって，当監査法人は，一般に公正妥当と認められる監査の基準に準拠して監査を行った」は，個別財務諸表に関する監査報告書に記載される文言と同じである。「監査の基準」が「監査基準」と「監査に関する品質管理基準」，「実務指針」と「一般に認められる監査実務慣行」から構成されていることは第5章で指摘したが，連結財務諸表監査においても，同一の監査基準と品質管理基準が適用されるからである。

　つまり，監査基準の一般基準は監査人の適格性の条件と監査人が業務上守るべき規範について定めているが，それは，連結財務諸表監査の監査人に対しても有効である。また，実施基準は監査人が十分かつ適切な監査証拠を入手するために監査計画の策定や監査の実施等について定めているが，これもそのまま連結財務諸表監査に適用できる。連結財務諸表に対して実施される監査手続については個別財務諸表監査と異なることもあるが，その実施については一般に認められる監査実務慣行を踏まえ職業的監査人の判断に委ねられていることは，個別財務諸表監査の場合と同じである。異なる監査手続については，実務指針で補足すればよい。そして，報告基準の定める意見表明の判断基準については新たに「連結財務諸表原則」が加わるが，それも「一般に公正妥当と認められる企業会計の基準」の1つなので，個別財務諸表の適正性に関する判断基準と基本的に相違するものではない。また，監査報告書における記載内容も，財政状態と経営成績及びキャッシュ・フローの状況に関する報告単位が個別企業ではなく企業集団（親会社と連結子会社）である点においてのみ異なるにすぎない。さらに，監査に関する品質管理基準も，連結財務諸表監査を実施する監査事務所と公認会計士にそのまま適用できる。そのため，連結財務諸表に固有の監査の基準を設ける必要はないのである。

3 連結財務諸表に対する意見

連結財務諸表に対する意見には，連結財務諸表が企業集団の財政状態と経営成績それにキャッシュ・フローの状況をすべての重要な点において適正に表示しているかどうかについての監査人の意見を記載する。

連結財務諸表が企業集団のそれらの状況を適正に表示していると認められるときは，その旨を記載しなければならない。そして，連結財務諸表が企業集団のそれらの状況を適正に表示していないと認められるときは，その旨及びその理由を記載しなければならない。

監査範囲と会計基準に係る除外事項の連結財務諸表に及ぼす影響の重要性によって，無限定適正意見と限定付適正意見，それに不適正意見の3つに分かれることは，個別財務諸表監査の場合と同じである (191頁)。

また，連結財務諸表に対する意見を形成するに足る合理的な基礎が得られないときは，連結財務諸表に対する意見を表明しない旨及びその理由を記載しなければならないことも，個別財務諸表監査の場合と同じである (196頁)。

ただし，連結財務諸表監査においては，以下のようなケースが発生する場合がある。

① 他の監査人の監査報告書が監査範囲に関する限定付適正意見であったが，連結財務諸表提出会社の監査人（主たる監査人）がその除外事項は連結財務諸表の立場からは重要でないと判断した場合には，連結財務諸表に対して無限定適正意見を表明する。しかし，除外事項は重要であると判断した場合には，その重要性の程度に応じて，限定付適正意見を表明するかまたは意見を表明しない。

② 他の監査人の監査報告書が会計基準に関する限定付適正意見であったが，主たる監査人がその除外事項は連結財務諸表の立場からは重要でないと判断した場合，あるいは連結財務諸表において当該除外事項が修正されておりこの修正に満足する場合には，無限定適正意見を表明する。しかし，修正が行われなかったり，修正に満足できない場合には，その重要性の程度

に応じて，限定付適正意見かまたは不適正意見を表明する。
③　主たる監査人が監査意見を表明する財務諸表に対し，他の監査人によって監査される財務諸表等の割合が重要であるが，他の監査人の監査結果を利用できなくなった場合には，主たる監査人は適切な監査手続を追加して実施しなければならない。

　　主たる監査人は，合理的な理由により監査手続を追加して実施できなかったときは，監査報告書で監査範囲を限定し，限定付適正の監査意見を表明するかまたは監査意見を表明してはならない。

　このように，連結財務諸表監査において，連結子会社や関連会社が他の監査人によって監査されている場合には，主たる監査人は，他の監査人の監査の結果または監査報告書を利用する。ただし，主たる監査人は，他の監査人の監査結果または監査報告書を利用したことを監査報告書に記載してはならない。主たる監査人は，他の監査人の監査結果または監査報告書を利用した場合においても自らの判断によって監査意見を表明しなければならないのである。つまり，監査意見については，主たる監査人が責任を負うのである。

4　追記情報

　継続企業の前提に重要な疑義が認められる場合，監査人は，連結財務諸表において継続企業の前提に重要な疑義を抱かせる事象または状況が適切に開示されているか否かを検討しなければならない（第13章）。

　その結果，継続企業を前提として連結財務諸表を作成することが適切であり，かつ，継続企業の前提に重要な疑義を抱かせる事象または状況に係る情報の開示が適切であると判断したときは（図表15－4），無限定適正意見を表明する。その場合には，連結財務諸表利用者に注意を喚起するため，監査報告書に追記情報を記載する（図表15－5）。

第15章 連結財務諸表監査

図表15-4 継続企業の前提に関する注記

当グループは，当連結会計年度において，○○百万円の当期純損失を計上した結果，○○百万円の債務超過になっています。当該状況により，継続企業の前提に関する重要な疑義が存在しています。連結財務諸表提出会社である当社は，当該状況を解消すべく，○○株式会社に対し○○億円の第三者割当て増資を平成○年○月を目途に計画していますが，先方からの回答期日は平成○年○月○日になっております。また，主力金融機関に対しては○○億円の債務免除を要請しており，平成○年○月○日に実行される予定になっています。連結財務諸表は継続企業を前提として作成されており，このような重要な疑義の影響を連結財務諸表には反映していません。

図表15-5 継続企業の前提に関する監査報告書での追記情報

追記情報

継続企業の前提に関する注記に記載のとおり，会社は○○百万円の債務超過の状況にあり，継続企業の前提に関する重要な疑義が存在している。当該状況に対する経営計画等は当該注記に記載されている。連結財務諸表は継続企業を前提として作成されており，このような重要な影響を連結財務諸表には反映していない。

また，正当な理由による会計方針の変更（会計基準の変更に伴う会計方針の変更を含む）や重要な偶発事象または重要な後発事象等で企業集団の状況に関する利害関係者の判断を誤らせないようにするため特に必要と認められる事項については，監査報告書に「追記情報」として記載する。追記情報の取扱いについても，個別財務諸表監査の場合と同じである。

〔注〕
(1) 1961（昭和36）年，ソニーは「アメリカ預託証券」（ADR：American Depositary Receipts）を発行したことに伴い，米国証券取引委員会（SEC）の規則により，日本企業として初めて連結財務諸表をアメリカで開示している。
その後，1975（昭和50）年には，約40社がアメリカ預託証券と「ヨーロッパ預託証券」（EDR：European Depositary Receipts）を発行し，連結財務諸表を外国で開示し

ている。
(2)　以下の文例は，日本公認会計士協会監査・保証実務委員会報告第75号「監査報告書作成に関する実務指針」（2008年11月改正）による。ただし，**図表15－4**は旧第75号「監査報告書作成に関する実務指針」（2003年9月）による。

第16章

四半期レビュー制度

Auditing Theory & Practice

企業を取り巻く経営環境が急速に変化し，企業業績等も大きく変動しているなかで，投資者に対し財務情報等をより適時かつ迅速に開示することが求められている。

　そこで，金融商品取引法は，2008（平成20）年4月1日以後開始された事業年度から，上場会社に対して四半期報告書の提出を義務付け，同時に四半期報告書に掲載される四半期財務諸表について公認会計士または監査法人の監査証明を要求した（金商法24の4の7）。

　なお，四半期財務諸表の作成基準については「四半期財務諸表に関する会計基準」（企業会計基準委員会，平成19年3月14日）が，四半期財務諸表の監査については「四半期レビュー基準」（企業会計審議会，平成19年3月27日）が公表されている。

1　四半期レビュー基準の構成

　四半期レビュー基準は，「第一　四半期レビューの目的」，「第二　実施基準」，「第三　報告基準」からなる。

　四半期レビュー基準には一般基準はない。この点については，監査人の適格性の条件及び監査人が業務上守るべき規範を定めている「監査基準」の一般基準が適用される。したがって，監査人は，四半期レビューにおいても，年度の財務諸表の監査におけると同様，職業的専門家としての正当な注意を払い職業的懐疑心をもって，四半期レビューを計画し実施しなければならない。

　また，監査人は，四半期レビューにおいても，「監査に関する品質管理基準」を遵守しなければならない。

2　四半期レビューの目的

　四半期レビュー基準は，次のように定めている（第一　四半期レビューの目的）。

第16章　四半期レビュー制度

「四半期レビューの目的は，経営者の作成した四半期財務諸表について，一般に公正妥当と認められる四半期財務諸表の作成基準に準拠して，企業の財政状態，経営成績及びキャッシュ・フローの状況を適正に表示していないと信じさせる事項がすべての重要な点において認められなかったかどうかに関し，監査人が自ら入手した証拠に基づいて判断した結果を結論として表明することにある。

四半期レビューにおける監査人の結論は，四半期財務諸表に重要な虚偽の表示があるときに不適切な結論を表明するリスクを適度な水準に抑えるために必要な手続を実施して表明されるものであるが，四半期レビューは，財務諸表には全体として重要な虚偽の表示がないということについて合理的な保証を得るために実施される年度の財務諸表の監査と同様の保証を得ることを目的とするものではない。」

このように，四半期レビューの目的は，監査人が四半期財務諸表の適正性について監査し，無限定の結論の場合には，「経営者の作成した四半期財務諸表について，一般に公正妥当と認められる四半期財務諸表の作成基準に準拠して，企業の財政状態，経営成績及びキャッシュ・フローの状況を適正に表示していないと信じさせる事項がすべての重要な点において認められなかった」という限定的な保証を提供することにある。

四半期レビューが限定的な保証である理由は，四半期末日後45日以内にレビュー済みの四半期財務諸表を公表しなければならないという時間的制約の中で，監査基準に準拠して実施される年度の財務諸表の監査に比べて簡易な監査（レビュー）によるからである。したがって，四半期レビューは，通常の財務諸表監査に比べて相対的に低い水準の保証を提供することになる[1]。

ただし，四半期レビューにより被監査会社の重要な虚偽の表示に関する情報を入手する機会が増えるので，監査人は「早期警報」を発することができる。四半期レビューと年度の財務諸表監査とを適切に組み合わせて実施することにより，監査の実効性の向上が期待される。

3 実施基準

　実施基準は，四半期レビューの具体的な手続を示している。そこでは，四半期レビューと年度監査との連携，四半期レビュー手続，そして継続企業の前提に係るレビューが強調されている。

　監査人は，四半期レビュー計画を年度の財務諸表の監査計画のなかで策定することができる。したがって，第7章と第8章で検討したように，年度の監査計画の策定に当たって考慮される内部統制を含む企業及び企業環境と重要な虚偽表示のリスクの評価を基礎に四半期レビュー計画を策定する。そして，年度の財務諸表監査を実施する過程において，重要な虚偽表示のリスクの評価に変更があった場合，あるいは特別な検討を要するリスクがあると判断した場合には，レビュー計画を変更しなければならない。

　四半期レビュー手続の中心は，質問と分析的手続である。

(1) 質　　問

　監査人は，四半期財務諸表の重要な項目に関して，それらの項目が一般に公正妥当と認められる四半期財務諸表の作成基準に準拠して作成されているかどうか，会計方針の変更や新たな会計方針の適用があるかどうか，会計方針の適用に当たって経営者が設けた仮定の変更，偶発債務等の重要な会計事象または状況が発生したかどうか，経営者や従業員等による不正や不正の兆候の有無等について，経営者や財務及び会計に関する責任者等に質問しなければならない。

　質問に対する回答については，通常，分析的手続と追加的な質問や関係書類の閲覧等の手続を実施する以外は，回答を裏付ける証拠を入手することは要求されていない。監査人は，質問に対する回答が合理的でありかつ整合性があるかについて十分な注意を払う必要がある。

(2) 分析的手続

　監査人は，四半期財務諸表と過去の年度の財務諸表や四半期財務諸表との比

較，重要な項目の趨勢分析，主要項目間の関連性比較，一般統計データとの比較，予算と実績との比較，非財務データとの関連性分析，部門別・製品別の分析，同業他社の比率や指数との比較等，財務数値の間や財務数値と非財務数値等の間の関係を確かめるために設計された分析的手続を，業種の特性等を踏まえて実施しなければならない。また，総合的な分析に加え，事業セグメントごとの期間比較（四半期，月次，週次等）や所在地別期間比較，取引の属性別期間比較等のきめ細かな分析的手続も実施しなければならない。

分析的手続を実施した結果，財政変動に係る矛盾や異常な変動がある場合には，質問等によりその原因を確かめなければならない。

質問と分析的手続の結果，四半期財務諸表について，企業の財政状態，経営成績及びキャッシュ・フローの状況を重要な点において適正に表示していない事項が存在する可能性が高いと認められる場合には，追加的な質問や関係書類の閲覧等の追加的手続を実施して当該事項の有無を確かめ，その事項の結論への影響を検討しなければならない。

さらに，四半期財務諸表においても，継続企業の前提の評価が問題になる。まず，監査人は，前事業年度の決算日における継続企業の前提に重要な疑義を抱かせる事象または状況に関する経営者の評価に変更があるかどうかについて質問する。また，監査人が当該四半期までに新たに継続企業の前提に重要な疑義を抱かせる事象または状況を認めた場合には，開示の要否について経営者に質問しなければならない。

質問の結果，開示を必要とする事象または状況があると判断した場合には，それらの事象または状況が四半期財務諸表において，一般に公正妥当と認められる四半期財務諸表の作成基準に準拠して，適正に表示していないと信じさせる事項が認められないかどうかに関し，追加的な質問や関係書類の閲覧等の追加的な手続を実施しなければならない。

4 報告基準

(1) 結論の表明

監査人は，四半期レビュー報告書において，「監査意見」ではなく「結論」を表明する。これは，すでに指摘したように，四半期レビューは質問と分析的手続という限定的な手続によるので年度の財務諸表監査に比べ保証水準が相対的に低いからである。

監査人の結論は，除外事項の重要性に応じて4種類に分類できる。結論の相違が「重要性」を基準とすることは，年度の財務諸表監査の場合と同じである（191頁）。

① 無限定の結論——経営者の作成した四半期財務諸表について，一般に公正妥当と認められる四半期財務諸表の作成基準に準拠して，企業の財政状態，経営成績及びキャッシュ・フローの状況を適正に表示していないと信じさせる事項がすべての重要な点において認められなかった場合に表明される（図表16-1）(2)。

② 限定付結論——これには2つの場合がある。

  (a) 監査人が重要な四半期レビュー手続を実施できなかったことにより，無限定の結論を表明できない場合において，その影響が四半期財務諸表に対する結論の表明ができないほどに重要でないと判断したときに表明される。この場合には，四半期レビュー報告書の実施した四半期レビューの概要において，実施できなかった四半期レビュー手続を記載し，四半期財務諸表に対する結論において当該事実が影響する事項を記載しなければならない（図表16-2）。

  (b) 経営者の作成した四半期財務諸表について，一般に公正妥当と認められる四半期財務諸表の作成基準に準拠して，企業の財政状態，経営成績及びキャッシュ・フローの状況を重要な点において適正に表示していないと信じさせる事項が認められ，無限定の結論を表明することができない場合において，その影響が四半期財務諸表の全体に対して否定的結論

を表明するほど重要でないと判断したときに表明される。この場合には，除外事項を付し，修正すべき事項及び可能であれば当該事項が四半期財務諸表に与える影響を記載しなければならない（図表16－3）。

③ 否定的結論——経営者の作成した四半期財務諸表について，一般に公正妥当と認められる四半期財務諸表の作成基準に準拠して，企業の財政状態，経営成績及びキャッシュ・フローの状況を重要な点において適正に表示していないと信じさせる事項が認められる場合において，その影響により四半期財務諸表が全体として虚偽の表示に当たると判断したときに表明される。この場合には，その理由を記載しなければならない（図表16－4）。

④ 結論の不表明——監査人が重要な四半期レビュー手続を実施できなかったことにより，無限定の結論の表明ができない場合において，その影響が四半期財務諸表に対する結論の表明ができないほどに重要であると判断したときには，結論を表明してはならない。この場合には，四半期財務諸表に対する結論を表明しない旨及びその理由を記載しなければならない（図表16－5）。

(2) 継続企業の前提

監査人は，継続企業の前提に重要な疑義が認められる場合には，次のとおり結論の表明及び四半期レビュー報告書の記載を行わなければならない。

① 当該重要な疑義に関わる事項が四半期財務諸表に適切に記載されていると判断して，無限定の結論を表明する場合には，当該重要な疑義に関する事項について四半期レビュー報告書に追記しなければならない（図表16－6）。

② 当該重要な疑義に関わる事項が四半期財務諸表に適切に記載されていないと判断した場合は，当該不適切な記載についての除外事項を付した限定付結論（図表16－7）または否定的結論（図表16－8）を表明し，その理由を記載しなければならない。

なお，正当な理由による会計方針の変更があった場合，重要な偶発事象と後発事象が存在する場合，そして監査人が結論を表明した四半期財務諸表を含む開示書類における当該四半期財務諸表の表示とその他の記載内容との重要な相違がある場合には，監査人は，それらの事項を四半期レビュー報告書に「情報」（結論ではない）として追記しなければならない。これも，年度の財務諸表に係る監査報告書の記載と同じである（第14章）。

第16章 四半期レビュー制度

図表16－1 四半期レビュー報告書（無限定の結論）

独立監査人の四半期レビュー報告書

平成×年×月×日

○○株式会社
　取締役会　御中

○○　監査法人
指　定　社　員　業務執行社員　公認会計士○○　印
指　定　社　員　業務執行社員　公認会計士○○　印

　当監査法人は，金融商品取引法第193条の2第1項の規定に基づき，「経理の状況」に掲げられている○○株式会社の平成×年×月×日から平成×年×月×日までの連結会計年度の第×四半期連結会計期間（平成×年×月×日から平成×年×月×日まで）及び第×四半期連結累計期間（平成×年×月×日から平成×年×月×日まで）に係る四半期連結財務諸表，すなわち，四半期連結貸借対照表，四半期連結損益計算書及び四半期連結キャッシュ・フロー計算書について四半期レビューを行った。この四半期連結財務諸表の作成責任は経営者にあり，当監査法人の責任は独立の立場から四半期連結財務諸表に対する結論を表明することにある。

　当監査法人は，我が国において一般に公正妥当と認められる四半期レビューの基準に準拠して四半期レビューを行った。四半期レビューは，主として経営者，財務及び会計に関する事項に責任を有する者等に対して実施される質問，分析的手続その他の四半期レビュー手続により行われており，我が国において一般に公正妥当と認められる監査の基準に準拠して実施される年度の財務諸表の監査に比べ限定された手続により行われた。

　当監査法人が実施した四半期レビューにおいて，上記の四半期連結財務諸表が，我が国において一般に公正妥当と認められる四半期連結財務諸表の作成基準に準拠して，○○株式会社及び連結子会社の平成×年×月×日現在の財政状態，同日をもって終了する第×四半期連結会計期間及び第×四半期連結累計期間の経営成績並びに第×四半期連結累計期間のキャッシュ・フローの状況を適正に表示していないと信じさせる事項がすべての重要な点において認められなかった。

　会社と当監査法人又は業務執行社員との間には，公認会計士法の規定により記載すべき利害関係はない。

以　上

図表16－2　レビュー範囲の制約に係る限定付結論

　当監査法人は，金融商品取引法第193条の2第1項の規定に基づき，「経理の状況」に掲げられている○○株式会社の……（以下，無限定の結論に同じ）……について四半期レビューを行った。この四半期連結財務諸表の作成責任は経営者にあり，当監査法人の責任は独立の立場から四半期連結財務諸表に対する結論を表明することにある。

　当監査法人は，**下記事項を除き我が国において一般に公正妥当と認められる四半期レビューの基準に準拠して四半期レビューを行った。**……（以下，無限定の結論に同じ）……により行われた。

記

　当監査法人は，(実施できなかった重要な四半期レビュー手続及び当該事実が影響する事項を具体的に記載する)……ことができなかった。

　当監査法人が実施した四半期レビューにおいて，上記の四半期連結財務諸表が，**上記事項の四半期連結財務諸表に与える影響を除き**，我が国において一般に公正妥当と認められる四半期連結財務諸表の作成基準に準拠して，○○株式会社及び連結子会社の平成×年×月×日現在の財政状態，同日をもって終了する第×四半期連結会計期間及び第×四半期連結累計期間の経営成績並びに第×四半期連結累計期間のキャッシュ・フローの状況を適正に表示していないと信じさせる事項がすべての重要な点において認められなかった。

図表16－3　四半期連結財務諸表の作成基準に係る限定付結論

（「四半期レビューの対象」と「実施した四半期レビューの概要」については，無限定の結論の四半期レビュー報告書と同じものを記載する。）

記

　会社は，……について，……の計上を行っていない。我が国において一般に公正妥当と認められる四半期連結財務諸表の作成基準に従えば……を計上する必要がある。この結果，営業利益，経常利益及び税金等調整前四半期純利益はそれぞれ○○百万円過大に，四半期純利益は○○百万円過大に表示されている。

　当監査法人が実施した四半期レビューにおいて，上記の四半期連結財務諸表が，**上記事項の四半期連結財務諸表に与える影響を除き**，我が国において一般に公正妥当と認められる四半期連結財務諸表の作成基準に準拠して，○○株式会社及び連結子会社の平成×年×月×日現在の財政状態，同日をもって終了する第×四半期連結会計期間及び第×四半期連結累計期間の経営成績並びに第×四半期連結累計期間のキャッシュ・フローの状況を適正に表示していないと信じさせる事項がすべての重要な点において認められなかった。

図表16-4　否定的結論

(「四半期レビューの対象」と「実施した四半期レビューの概要」については，無限定の結論の四半期レビュー報告書と同じものを記載する。)

記
　会社は，……について，……の計上を行っていない。我が国において一般に公正妥当と認められる四半期連結財務諸表の作成基準に従えば……を計上する必要がある。この結果，営業利益，経常利益及び税金等調整前四半期純利益はそれぞれ○○百万円過大に，四半期純利益は○○百万円過大に表示されている。
　当監査法人が実施した四半期レビューにおいて，上記の四半期連結財務諸表が，**上記事項の四半期連結財務諸表に与える影響の重要性に鑑み**，我が国において一般に公正妥当と認められる四半期連結財務諸表の作成基準に準拠して，○○株式会社及び連結子会社の平成×年×月×日現在の財政状態，同日をもって終了する第×四半期連結会計期間及び第×四半期連結累計期間の経営成績並びに第×四半期連結累計期間のキャッシュ・フローの状況を，重要な点において**適正に表示していないと信じさせる事項が認められた**。

図表16-5　結論の不表明

　　当監査法人は，金融商品取引法第193条の2第1項の規定に基づき，「経理の状況」に掲げられている○○株式会社の……（以下，無限定の結論に同じ）……について四半期レビューを行った。この四半期連結財務諸表の作成責任は経営者にある。
　　当監査法人は，下記事項を除き我が国において一般に公正妥当と認められる四半期レビューの基準に準拠して四半期レビューを行った。……（以下，無限定の結論に同じ）……により行われた。
　　　　　　　　　　　　　　　　記
　　当監査法人は，(実施できなかった重要な四半期レビュー手続及び結論の表明を行えない理由を具体的に記載する)……ことができなかった。
　　当監査法人が実施した四半期レビューにおいて，上記の四半期連結財務諸表が，上記事項の四半期連結財務諸表に与える影響の重要性に鑑み，○○株式会社及び連結子会社の平成×年×月×日現在の財政状態，同日をもって終了する第×四半期連結会計期間及び第×四半期連結累計期間の経営成績並びに第×四半期連結累計期間のキャッシュ・フローの状況を適正に表示していないと信じさせる事項がすべての重要な点において認められなかったかどうかについての結論を表明しない。

＊　この場合には結論が表明されていないため，二重責任の原則の記載については，四半期連結財務諸表の作成責任のみを記載するものとし，結論区分において一般に公正妥当と認められる四半期連結財務諸表の作成基準に準拠しているか否かについては記載しない。

図表16-6　継続企業の前提に係る四半期レビュー報告書での追記情報

追記情報
　　継続企業の前提に関する注記に記載されているとおり，会社は……の状況にあり，継続企業の前提に関する重要な疑義が存在している。当該状況に対する経営者の対応等は当該注記に記載されている。四半期連結財務諸表は継続企業を前提として作成されており，このような重要な疑義の影響を四半期連結財務諸表には反映していない。

図表16-7　継続企業の前提に関する記載が不適切な場合の限定付結論

（継続企業の前提に重要な疑義を抱かせる状況があるにもかかわらず，その疑義を抱かせる状況に対する経営者の対応等の開示が不足しており，その内容の四半期連結財務諸表に与える影響を勘案し限定付結論を表明する場合。

「四半期レビューの対象」と「実施した四半期レビューの概要」については，無限定の結論の四半期レビュー報告書と同じものを記載する。）

記

　継続企業の前提に関する注記に記載されているとおり，会社は……の債務超過の状況にあり，継続企業の前提に重要な疑義が存在している。当該状況に対する経営計画もまた当該注記に記載されている。ただし，会社の作成した経営計画によると……であるが，……についての記載がない。

　当監査法人が実施した四半期レビューにおいて，上記の四半期連結財務諸表が，**上記事項の四半期連結財務諸表に与える影響を除き**，我が国において一般に公正妥当と認められる四半期連結財務諸表の作成基準に準拠して，○○株式会社及び連結子会社の平成×年×月×日現在の財政状態，同日をもって終了する第×四半期連結会計期間及び第×四半期連結累計期間の経営成績並びに第×四半期連結累計期間のキャッシュ・フローの状況を適正に表示していないと信じさせる事項がすべての重要な点において認められなかった。

図表16-8　継続企業の前提に関する記載が不適切な場合の否定的結論

（継続企業の前提に重要な疑義を抱かせる状況があるにもかかわらず，会社が何らの開示を行なっておらず，かつ，その事象が四半期連結財務諸表に重要な影響を及ぼしており，否定的結論を表明する場合。

「四半期レビューの対象」と「実施した四半期レビューの概要」については，無限定の結論の四半期レビュー報告書と同じものを記載する。）

記

　四半期連結財務諸表によると，会社は○○百万円の債務超過の状況で，かつ，1年以内償還予定の社債が○○百万円あり，継続企業の前提に重要な疑義が存在しているが，会社は四半期連結財務諸表に何ら記載していない。

　当監査法人が実施した四半期レビューにおいて，上記の四半期連結財務諸表が，**上記事項の四半期連結財務諸表に与える影響の重要性に鑑み**，我が国において一般に公正妥当と認められる四半期連結財務諸表の作成基準に準拠して，○○株式会社及び連結子会社の平成×年×月×日現在の財政状態，同日をもって終了する第×四半期連結会計期間及び第×四半期連結累計期間の経営成績並びに第×四半期連結累計期間のキャッシュ・フローの状況を重要な点において**適正に表示していないと信じさせる事項が認められた。**

〔注〕
(1) アメリカ公認会計士協会は、財務諸表を含む各種の経営者の主張（134頁）の信頼性についての「保証」を"アテステーション"（attestation）と呼んでいる。

「アテステーション基準」によると、最高水準の保証としては、「我々の意見によれば、財務諸表は、すべての重要な点において、一般に認められた会計原則に従って、X会社の20x1年12月31日現在の財政状態と同日をもって終了する年度の経営成績及びキャッシュ・フローの状況を適正に表示している」(In our opinion, the financial statements referred to above present fairly, in all material respects, financial position of X Company as of December 31, 20x1, and the results of its operations and its cash flows for the year then ended in conformity with generally accepted accounting principles.) との積極的意見を表明する。これは、「監査基準」に準拠して行われる監査で、通常の監査報告書に見られる監査意見である。

これに比して保証の程度の低い水準では、「我々のレビューによると、財務諸表は一般に認められた会計原則に照らして特に重要な修正が必要であるとは思われない」(Based on our review, we are not aware of any material modifications that should be made to the accompanying financial statements for them to be in conformity with generally accepted accounting principles.) との消極的意見を表明することもできる。消極的保証は"レビュー"（review）と言われている。レビューは、質問と分析的手続による監査証拠の入手であって、証憑突合や帳簿突合、実査、立会等は実施しない。

なお、公認会計士が経営者の主張を財務諸表形式で表示するサービスを"コンピレーション"（compilation）という。例えば、非公開会社の財務諸表の作成や見積財務諸表の作成等である。しかし、コンピレーションについては、公認会計士はなんらの「保証」を提供するものではない。

　　AICPA, Attestation Standards, 1986, *Codification of Statements on Auditing Standards*, AT Section 100. 53, 58.
(2) 以下の四半期レビュー報告書の文例は、日本公認会計士協会監査・保証実務委員会報告第83号「四半期レビューに関する実務指針」（2007年10月）による。

第17章

内部統制監査

Auditing Theory & Practice

金融商品取引法は，上場会社に対し2008（平成20）年4月1日以後開始する事業年度から，財務報告に係る内部統制の経営者による評価とそれに対する公認会計士または監査法人による監査を義務付けた。

　そして，企業会計審議会は，「財務報告に係る内部統制の評価及び監査の基準並びに財務報告に係る内部統制の評価及び監査に関する実施基準の設定について」（平成19年2月15日）を発表した。ここでは，監査人の指針となる「財務報告に係る内部統制の評価及び監査の基準」について検討しよう。

I　財務報告に係る内部統制の評価及び監査の基準

　「財務報告に係る内部統制の評価及び監査の基準」は，以下のような構成である。

> I　内部統制の基本的枠組み
> 　1　内部統制の定義
> 　2　内部統制の基本的要素
> 　3　内部統制の限界
> 　4　内部統制に関係を有する者の役割と責任
> II　財務報告に係る内部統制の評価及び報告
> 　1　財務報告に係る内部統制の評価の意義
> 　2　財務報告に係る内部統制の評価とその範囲
> 　3　財務報告に係る内部統制の評価の方法
> 　4　財務報告に係る内部統制の報告
> III　財務報告に係る内部統制の監査
> 　1　財務諸表監査の監査人による内部統制監査の目的
> 　2　内部統制監査と財務諸表監査の関係
> 　3　内部統制監査の実施
> 　4　監査人の報告

　このように，財務報告に係る内部統制の評価及び監査の基準は，「内部統制の基本的枠組み」と「財務報告に係る内部統制の評価及び報告」それに「財務

報告に係る内部統制の監査」の3部からなる。

　第1の内部統制の基本的枠組みは，財務報告に係る内部統制の経営者による評価と報告及び監査人による監査の基準の前提となる内部統制の基本的な枠組みを示すものである。内部統制の定義，内部統制の4つの目的（業務の有効性と効率性，財務報告の信頼性，事業活動に関わる法規の遵守，資産の保全），内部統制の6つの基本的要素（統制環境，リスクの評価と対応，統制活動，情報と伝達，モニタリング，ＩＴへの対応），それに内部統制の限界についてはすでに検討したが（110-115頁），それらは，4つの目的の1つである財務報告の信頼性を確保するための内部統制に関する監査，つまり「財務報告に係る内部統制の監査」においてもそのまま適用される。

　第2の財務報告に係る内部統制の評価及び報告は，経営者が財務報告に係る内部統制の有効性を評価する際の基準となる。経営者は内部統制を整備しかつ運用する役割と責任を負っているが，特に，財務報告に係る内部統制については，一般に公正妥当と認められる内部統制の評価の基準に準拠して，その有効性を自ら評価しその結果を内部統制報告書として外部に向けて報告することが求められている。財務報告に係る内部統制が有効であるということは，当該内部統制が適切な内部統制の枠組みに準拠して整備かつ運用されており，その内部統制に重要な欠陥（財務報告に重要な影響を及ぼす可能性が高い内部統制の不備のこと）がないことをいう。

　経営者は，内部統制を評価するに当たって，まず，連結ベースでの財務報告全体に重要な影響を及ぼす内部統制（「全社的内部統制」という。企業集団全体を対象とする内部統制で，6つの構成要素に係るものである）について評価を行い，その結果を踏まえて，「業務プロセスに係る内部統制」を評価することになる。業務プロセスとは企業活動を構成するプロセスのことで，一般的な事業会社の場合は，販売（売上・入金）プロセス，購買（購入・支払）プロセス，製造（原価計算・棚卸資産）プロセス，経理（人件費等の支払）プロセス，決算・財務プロセス（財務諸表・連結財務諸表の作成，資金の調達・運用）などである。このうち，例えば，販売プロセスは受注及び出荷，請求及び回収という機能を有し，そのプロ

セスに属する勘定科目は，売上高，売掛金，受取手形，現金預金，貸倒引当金，貸倒損失等である。業務プロセスに係る内部統制とは，各プロセスに組み込まれて一体となって遂行される内部統制のことである。

　第3の財務報告に係る内部統制の監査は，経営者の内部統制報告書に対する公認会計士または監査法人による監査の基準である。以下，これについて概観しよう。

II　財務報告に係る内部統制の監査

「財務報告に係る内部統制の監査」は，以下のような構成である。

```
1  財務諸表監査の監査人による内部統制監査の目的
2  内部統制監査と財務諸表監査の関係
3  内部統制監査の実施
 (1) 監査計画の策定
 (2) 評価範囲の妥当性の検討
 (3) 全社的な内部統制の評価の検討
 (4) 業務プロセスに係る内部統制の評価の検討
 (5) 内部統制の重要な欠陥等の報告と是正
 (6) 不正等の報告
 (7) 監査役又は監査委員会との連携
 (8) 他の監査人等の利用
4  監査人の報告
 (1) 意見の表明
 (2) 内部統制監査報告書の記載区分
 (3) 内部統制監査報告書の記載事項
 (4) 意見に関する除外
 (5) 監査範囲の制約
 (6) 追記情報
```

第17章　内部統制監査

1　財務諸表監査の監査人による内部統制監査の目的

　経営者による財務報告に係る内部統制の有効性の評価結果に対する財務諸表監査の監査人による監査（以下**内部統制監査**という）の目的は，経営者の作成した内部統制報告書が，一般に公正妥当と認められる内部統制の評価の基準に準拠して，内部統制の有効性の評価結果をすべての重要な点において適正に表示しているかどうかについて，監査人自らが入手した監査証拠に基づいて判断した結果を意見として表明することである。

　内部統制報告書に対する意見は内部統制の評価に関する監査報告書（以下**内部統制監査報告書**という）により表明するが，内部統制報告書が適正である旨の監査人の意見は，内部統制報告書には重要な虚偽の表示がないということについて，合理的な保証を得たとの監査人の判断を含んでいる。ここに，合理的な保証とは，監査人が意見を表明するために十分かつ適切な証拠を入手したことを意味している。つまり，監査人は，経営者の作成した内部統制報告書には重要な虚偽の表示がない，と保証しているのである。この点についての基本的な考え方は，財務諸表監査と同じである（54頁）。

2　内部統制監査と財務諸表監査の関係

　内部統制監査は，原則として，財務諸表監査と同一の監査人（監査事務所のみならず，業務執行社員も同一であること）によって財務諸表監査と一体となって行われる。したがって，監査人は，内部統制監査の過程で得られた監査証拠を財務諸表監査の内部統制の評価における監査証拠として利用し，また，財務諸表監査の過程で得られた監査証拠を内部統制監査の証拠として利用することができる。

　一般に，財務報告に係る内部統制に重要な欠陥があり有効でない場合，財務諸表監査において，監査基準の定める内部統制に依拠した通常の監査は実施できないと考えられる。

3 内部統制監査の実施

監査人は，内部統制監査を効果的かつ効率的に実施するために，監査計画を策定する。それに基づき，経営者が決定した評価範囲の妥当性を検討し，次いで，経営者が行った全社的な内部統制の評価と業務プロセスに係る内部統制の評価について検討する。

(1) 監査計画の策定

監査人は，企業の置かれた環境や事業の特性等を踏まえて，財務報告の重要な事項に虚偽の表示が発生するリスクに着眼し，経営者による内部統制の整備及び運用状況並びに評価の状況を十分に理解し，監査上の重要性や前年度の監査結果等を考慮して，監査計画を策定しなければならない。

また，監査計画の前提として把握した事象や状況が変化した場合，あるいは監査の実施過程で内部統制の不備や重要な欠陥を発見した場合には，適時に監査計画を修正しなければならない。

(2) 評価範囲の妥当性の検討

監査人は，経営者により決定された評価範囲の妥当性を判断するために，経営者が当該範囲を決定した方法及びその根拠の合理性を検討しなければならない。例えば，経営者が評価対象とする重要な事業拠点の決定は適切か，当該事業拠点の売上，売掛金，棚卸資産の3つの勘定科目に至る業務プロセスが評価対象とされているかなどについて確かめる。

そして，経営者がやむを得ない事情により，内部統制の一部について十分な評価手続を実施できなかったとして，評価手続を実施できなかった範囲を除外した内部統制報告書を作成している場合には，監査人は，経営者が当該範囲を除外した事情が合理的であるかどうか及び当該範囲を除外することが財務諸表監査に及ぼす影響について，十分に検討しなければならない。

なお，「やむを得ない事情」とは，例えば，期末日直前に他の企業を買収ま

たは合併したこと，災害が発生したことなどの事由が生じたことにより，財務諸表を作成して取締役会の承認を受けるまでに通常要する期間内に評価手続を実施することが困難と認められる事情をいう。

(3) 全社的な内部統制の評価の検討

監査人は，経営者による全社的な内部統制の評価の妥当性について検討する。全社的な内部統制とは，連結ベースでの財務報告全体に重要な影響を及ぼす内部統制のことで，特に内部統制の6つの構成要素に係るものである。監査人は，例えば，以下の事項を確かめる。

経営者は，信頼性のある財務報告を重視し，財務報告に係る内部統制の機能を含め財務報告の基本方針を明確にしているか，取締役会及び監査役は，財務報告とその内部統制に関し経営者を適切に監督・監視する責任を実行しているか（統制環境）。経営者は，不正に関するリスクを検討する際に，単に不正に関する表面的な事実だけでなく不正を犯させるに至る動機，原因，背景等を踏まえ，適切にリスクを評価し対応しているか（リスクの評価と対応）。信頼性のある財務報告の作成に関し，職務の分掌を明確化し，権限や職責を担当者に適切に分担させているか（統制活動）。信頼性のある財務報告の作成に関する経営者の方針や指示が，特に財務報告の作成に関連する者に適切に伝達される体制になっているか（情報と伝達）。日常的モニタリングが企業の業務活動に適切に組み込まれているか，経営者は独立的評価の範囲と頻度をリスクの重要性や内部統制の重要性に応じて適切に調整しているか（モニタリング）。経営者はITに係る全般統制及び業務処理統制についての方針や手続を定めているか（ITへの対応）。

(4) 業務プロセスに係る内部統制の評価の検討

監査人は，経営者による業務プロセスに係る内部統制の評価の妥当性について検討する。この検討に当たって，監査人は，経営者は財務報告の信頼性に重要な影響を及ぼす「統制上の要点」（財務報告に重要な虚偽の表示が発生するリスク

を低減するために中心的な役割を果たす内部統制のこと）を適切に選定しているか，経営者が評価した個々の統制上の要点について内部統制の基本的要素が適切に機能しているかを評価しなければならない。

そこで，監査人は，各業務プロセスにおいて虚偽表示の発生するリスクを識別し，それらのリスクがいかなる勘定科目等と関連するのか，また，識別されたリスクが業務の中に組み込まれた内部統制によって十分に低減できるものになっているのかなどについて検討する。

内部統制の不備が識別された場合，その不備がどの勘定科目等にどの範囲で影響を及ぼしうるか，実際に発生する可能性はどうか，そして，当該不備が財務報告に及ぼす潜在的な影響額を検討する。当該不備が質的かつ金額的に重要であると認められる場合は，それは重要な欠陥に該当するものと判断する。

(5) 内部統制の重要な欠陥等の報告と是正

監査人は，内部統制監査の実施において内部統制の重要な欠陥を発見した場合には，経営者に報告し是正を求めるとともに，当該重要な欠陥の是正状況を適時に検討しなければならない。また，監査人は，当該重要な欠陥の内容及び是正状況を取締役会と監査役に報告しなければならない。内部統制の不備を発見した場合も，適切な者に報告しなければならない。監査人が内部統制監査の結果について，経営者，取締役会及び監査役に報告しなければならないことは当然である。

(6) 不正等の報告

監査人は，内部統制監査の実施の過程において不正または法令に違反する重大な事実を発見した場合には，経営者，取締役会及び監査役に報告して適切な対応を求めるとともに，内部統制の有効性に及ぼす影響の程度について検討しなければならない。

(7) 監査役または監査委員会との連携

監査人は，効果的かつ効率的な監査を実施するために，監査役（または監査委員会）との連携の範囲や程度を決定しなければならない。

4　監査人の報告

(1) 意見の表明

監査人は，経営者の作成した内部統制報告書が，一般に公正妥当と認められる内部統制の評価の基準に準拠して，財務報告に係る内部統制の評価について，すべての重要な点において適正に表示しているかどうかの意見を内部統制監査報告書により表明する。

なお，この意見は，期末日における財務報告に係る内部統制の有効性の評価について表明されるもので，期末日までに重要な欠陥が是正されている場合には，適正意見が表明される。また，期末日後に重要な欠陥が是正された場合には，内部統制監査報告書に「追記情報」として記載する。

(2) 内部統制監査報告書の記載区分

監査人は，内部統制監査報告書に，内部統制監査の対象，実施した内部統制監査の概要及び内部統制報告書に対する意見を明瞭かつ簡潔に記載しなければならない。ただし，意見を表明しない場合には，その旨を内部統制監査報告書に記載しなければならない。なお，内部統制監査報告書は，原則として，財務諸表監査における監査報告書に合わせて記載する。

(3) 内部統制監査報告書の記載事項

監査人は，経営者の作成した内部統制報告書が，一般に公正妥当と認められる内部統制の評価の基準に準拠して，財務報告に係る内部統制の評価について，すべての重要な点において適正に表示していると認められると判断したときは，その旨の意見（この場合の意見を「無限定適正意見」という）を表明しなければな

らない（図表17－1）[(1)]。

　なお，監査人は，内部統制監査報告書において，経営者が財務報告に係る内部統制の評価に重要な欠陥がある旨及びそれが是正されない理由を記載している場合において，当該記載が適正であると判断して意見を表明する場合には，当該重要な欠陥及びそれが是正されない理由，並びに当該重要な欠陥が財務諸表監査に及ぼす影響を内部統制監査報告書に追記しなければならない（図表17－2）。

　また，経営者は，やむを得ない事情により内部統制の一部について十分な評価手続を実施できなかったが，内部統制報告書において財務報告に係る内部統制は有効であると結論付けており，かつ，内部統制の評価範囲，評価手続及び評価結果についての経営者が行なった記載が適切であると監査人が判断した場合には，十分な評価手続が実施できなかった範囲とその理由を追記情報として記載しなければならない（図表17－3）。

(4) 意見に関する除外

　監査人は，内部統制監査報告書において，経営者が決定した評価範囲，評価手続，及び評価結果に関して不適切なものがあり，無限定適正意見を表明することができない場合において，その影響が内部統制報告書を全体として虚偽の表示に当たるとするほどには重要でないと判断したときは，除外事項を付した限定付適正意見を表明しなければならない。この場合には，内部統制報告書に対する意見において，除外した不適切な事項，及び財務諸表監査に及ぼす影響について記載しなければならない。

　なお，監査人が評価対象とすべきであると判断する内部統制が経営者により評価されなかった場合は，(5)の監査範囲の制約として取り扱うため「評価範囲に不適切なものがある場合」には含まれないことに留意する。当該領域については監査対象がそもそも存在せず，監査人が必要な監査手続を実施できないからである。

　また，監査人は，内部統制監査報告書において，経営者が決定した評価範囲，

評価手続、及び評価結果に関して著しく不適切なものがあり、内部統制報告書が全体として虚偽の表示に当たると判断した場合には、内部統制報告書が不適正である旨の意見を表明しなければならない。この場合には、内部統制報告書が不適正である旨及びその理由、並びに財務諸表監査に及ぼす影響について記載しなければならない（図表17－4）。

(5) 監査範囲の制約

監査人は、重要な監査手続を実施できなかったことにより、無限定適正意見を表明することができない場合において、その影響が内部統制報告書に対する意見表明ができないほどには重要でないと判断したときは、除外事項を付した限定付適正意見を表明しなければならない。この場合には、実施した監査の概要において実施できなかった監査手続を記載し、内部統制報告書に対する意見において、当該事項が財務諸表監査に及ぼす影響について記載しなければならない（図表17－5）。

また、監査人は、重要な監査手続を実施できなかったことにより、内部統制報告書に対する意見表明のための合理的な基礎を得ることができなかったときは、意見を表明してはならない。この場合には、内部統制報告書に対する意見を表明しない旨及びその理由を記載しなければならない（図表17－6）。

(6) 追記情報

監査人は、次に掲げる事項を内部統制監査報告書に情報として追記しなければならない。

① 経営者が、内部統制報告書に財務報告に係る内部統制に重要な欠陥がある旨及びそれが是正されない理由を記載している場合において、当該記載が適正であると判断して無限定適正意見を表明するときは、当該重要な欠陥及びそれが是正されない理由、並びに当該重要な欠陥が財務諸表監査に及ぼす影響

② 財務報告に係る内部統制の有効性の評価に重要な影響を及ぼす後発事象

③ 期末日後に実施された是正措置等
④ 経営者の評価手続の一部が実施できなかったことについて，やむを得ない事情によると認められるとして無限定適正意見を表明する場合において，十分な評価手続を実施できなかった範囲及びその理由

図表17－1　財務諸表監査報告書（無限定適正意見）と内部統制監査報告書（無限定適正意見）一体型

独立監査人の監査報告書及び内部統制監査報告書

平成×年×月×日

○○株式会社
　　取締役会　御中

　　　　　　　　　　　　　　　　　　　　○○　監査法人
　　　　　　　　　　　　　　　　　　指　定　社　員
　　　　　　　　　　　　　　　　　　業務執行社員　　公認会計士○○　　印
　　　　　　　　　　　　　　　　　　指　定　社　員
　　　　　　　　　　　　　　　　　　業務執行社員　　公認会計士○○　　印

〈財務諸表監査〉
　当監査法人は，金融商品取引法第193条の2第1項の規定に基づく監査証明を行うため，「経理の状況」に掲げられている○○株式会社の平成×年×月×日から平成×年×月×日までの連結会計年度の連結財務諸表，すなわち，連結貸借対照表，連結損益計算書，連結株主資本等変動計算書，連結キャッシュ・フロー計算書及び連結附属明細表について監査を行った。この連結財務諸表の作成責任は経営者にあり，当監査法人の責任は独立の立場から連結財務諸表に対する意見を表明することにある。
　当監査法人は，我が国において一般に公正妥当と認められる監査の基準に準拠して監査を行った。監査の基準は，当監査法人に連結財務諸表に重要な虚偽の表示がないかどうかの合理的な保証を得ることを求めている。監査は，試査を基礎として行われ，経営者が採用した会計方針及びその適用方法並びに経営者によって行われた見積りの評価も含め全体としての連結財務諸表の表示を検討することを含んでいる。当監査法人は，監査の結果として意見表明のための合理的な基礎を得たと判断している。

当監査法人は，上記の連結財務諸表が，我が国において一般に公正妥当と認められる企業会計の基準に準拠して，〇〇株式会社及び連結子会社の平成×年×月×日現在の財政状態並びに同日をもって終了する連結会計年度の経営成績及びキャッシュ・フローの状況をすべての重要な点において適正に表示しているものと認める。

〈内部統制監査〉

当監査法人は，金融商品取引法第193条の2第2項の規定に基づく監査証明を行うため，〇〇株式会社の平成×年×月×日現在の内部統制報告書について監査を行った。財務報告に係る内部統制を整備及び運用並びに内部統制報告書を作成する責任は経営者にあり，当監査法人の責任は独立の立場から内部統制報告書に対する意見を表明することにある。また，財務報告に係る内部統制により財務報告の虚偽の記載を完全には防止又は発見することができない可能性がある。

当監査法人は，我が国において一般に公正妥当と認められる財務報告に係る内部統制の監査の基準に準拠して内部統制監査を行った。財務報告に係る内部統制の監査の基準は，当監査法人に内部統制報告書に重要な虚偽の表示がないかどうかの合理的な保証を得ることを求めている。内部統制監査は，試査を基礎として行われ，財務報告に係る内部統制の評価範囲，評価手続及び評価結果についての，経営者が行った記載を含め全体としての内部統制報告書の表示を検討することを含んでいる。当監査法人は，内部統制監査の結果として意見表明のための合理的な基礎を得たと判断している。

当監査法人は，〇〇株式会社が平成×年×月×日現在の財務報告に係る内部統制は有効であると表示した上記の内部統制報告書が，我が国において一般に公正妥当と認められる財務報告に係る内部統制の評価の基準に準拠して，財務報告に係る内部統制の評価について，すべての重要な点において適正に表示しているものと認める。

会社と当監査法人又は業務執行社員との間には，公認会計士法の規定により記載すべき利害関係はない。

以 上

図表17-2　財務諸表監査報告書（無限定適正意見）と内部統制監査報告書（無限定適正意見と重要な欠陥に関する追記情報）一体型

〈財務諸表監査〉
（財務諸表監査の部分は省略）

〈内部統制監査〉
……
　当監査法人は，○○株式会社が平成×年×月×日現在の財務報告に係る内部統制は重要な欠陥があるため有効でないと表示した上記の内部統制報告書が，我が国において一般に公正妥当と認められる財務報告に係る内部統制の評価の基準に準拠して，財務報告に係る内部統制の評価について，すべての重要な点において適正に表示しているものと認める。

追記情報
　内部統制報告書に記載されている重要な欠陥のある○○プロセスで処理される全取引に対しては会社による契約内容の再照合が行われ，その結果特定した必要な修正はすべて連結財務諸表に反映されており，これによる財務諸表監査への影響はない。

図表17-3　財務諸表監査報告書（無限定適正意見）と内部統制監査報告書（無限定適正意見とやむを得ない事情による範囲制限に関する追記情報）一体型

〈財務諸表監査〉
（財務諸表監査の部分は省略）

〈内部統制監査〉
……
追記情報
　会社は，内部統制報告書に記載のとおり，平成×年×月×日付けの株式取得により連結子会社となった○○株式会社の財務報告に係る内部統制について，やむを得ない事情により十分な評価手続を実施できなかったとして，期末日現在の内部統制評価から除外している。これは，当該会社の規模，事業の多様性や複雑性等から，内部統制の評価には，相当の期間が必要であり，当事業年度の取締役会による決算承認までの期間に評価を完了することが困難であったことによる。

図表17-4　財務諸表監査報告書（無限定適正意見）と内部統制監査報告書（不適正意見）一体型

〈財務諸表監査〉
（財務諸表監査の部分は省略）

〈内部統制監査〉
　……

記

　会社は，○○事業部において，顧客との間に物品及びサービスの複合契約を個別に締結しているが，適正な収益計上に必要な契約内容の検討及び承認手続が不十分であり，当期の売上高及び前受収益に重要な修正を記帳した。このため，当監査法人は当該内部統制の不備は，我が国において一般に公正妥当と認められる財務報告に係る内部統制の評価の基準に従えば，連結財務諸表に重要な虚偽の表示をもたらす可能性が高く，重要な欠陥に相当すると判断した。しかし，会社は，当該不備を重要な欠陥には該当しないと結論付けており，内部統制報告書には開示されていない。

　当監査法人は，上記事項の重要性に鑑み，○○株式会社が平成×年×月×日現在の財務報告に係る内部統制は有効であると表示した上記の内部統制報告書が，我が国において一般に公正妥当と認められる財務報告に係る内部統制の評価の基準に準拠して，財務報告に係る内部統制の評価について，適正に表示していないものと認める。なお，上記の重要な欠陥に関連する契約書は会社により全件契約条件の再照合と必要な修正記帳が実施されており，これによる財務諸表監査への影響はない。

図表17-5 財務諸表監査報告書(無限定適正意見)と内部統制監査報告書(監査範囲の制約に係る限定付適正意見。やむを得ない事情とは認められない場合)一体型

〈財務諸表監査〉
(財務諸表監査の部分は省略)

〈内部統制監査〉
　……
　当監査法人は,下記事項を除き,我が国において一般に公正妥当と認められる財務報告に係る内部統制の監査の基準に準拠して内部統制監査を行った。財務報告に係る内部統制の監査の基準は,当監査法人に内部統制報告書に重要な虚偽の表示がないかどうかの合理的な保証を得ることを求めている。内部統制監査は,試査を基礎として行われ,財務報告に係る内部統制の評価範囲,評価手続及び評価結果についての,経営者が行った記載を含め全体としての内部統制報告書の表示を検討することを含んでいる。当監査法人は,内部統制監査の結果として意見表明のための合理的な基礎を得たと判断している。
記
　会社は,内部統制報告書に記載のとおり,平成×年×月×日付けの株式取得により連結子会社となった○○株式会社の財務報告に係る内部統制を期末日現在の内部統制評価から除外しているが,株式取得日から相当の期間が経過しており,やむを得ない事情に相当するとは認められなかった。
　当監査法人は,内部統制報告書において評価範囲外とされた上記事項を除き,○○株式会社の平成×年×月×日現在の財務報告に係る内部統制は有効であると表示した上記の内部統制報告書は,我が国において一般に公正妥当と認められる財務報告に係る内部統制の評価の基準に準拠して,財務報告に係る内部統制の評価について,すべての重要な点において適正に表示しているものと認める。なお,内部統制報告書において評価範囲外とされた上記事項の連結子会社については,連結財務諸表に反映されており,これによる財務諸表監査への影響はない。

図表17－6 財務諸表監査報告書（無限定適正意見）と内部統制監査報告書（意見不表明）一体型

〈財務諸表監査〉
（財務諸表監査の部分は省略）

〈内部統制監査〉
　……
　当監査法人は，下記事項を除き，我が国において一般に公正妥当と認められる財務報告に係る内部統制の監査の基準に準拠して内部統制監査を行った。財務報告に係る内部統制の監査の基準は，当監査法人に内部統制報告書に重要な虚偽の表示がないかどうかの合理的な保証を得ることを求めている。内部統制監査は，試査を基礎として行われ，財務報告に係る内部統制の評価範囲，評価手続及び評価結果についての，経営者が行った記載を含め全体としての内部統制報告書の表示を検討することを含んでいる。(「当監査法人は，内部統制監査の結果として意見表明のための合理的な基礎を得たと判断している」については記載しない。)

記

　会社は，内部統制報告書に記載のとおり，平成×年×月×日主要な連結子会社である○○株式会社の本社社屋が火災により焼失し，当該子会社の財務報告に係る内部統制の評価手続等の重要な記録が失われた。会社は当該評価範囲の制約による影響は限定的として取り扱っているが，○○株式会社の売上は連結売上の×％，その総資産は連結総資産の×％を占めることにより，当監査法人は，○○株式会社の平成×年×月×日現在の財務報告に係る内部統制について，内部統制報告書に対する意見表明のための合理的な基礎を得ることができなかった。
　当監査法人は，内部統制報告書において評価範囲の制約とされた当該内部統制の財務報告に与える影響の重要性に鑑み，○○株式会社の平成×年×月×日現在の財務報告に係る内部統制は有効であると表示した上記の内部統制報告書は，財務報告に係る内部統制の評価について，適正に表示しているかどうかについての意見を表明しない。

〔注〕
(1) 以下の監査報告書の文例は，日本公認会計士協会監査・保証実務委員会「財務報告に係る内部統制の監査に関する実務上の取扱い」（2007年10月24日）による。

第18章

会社法による会計監査人監査

Auditing Theory & Practice

I　会計監査人監査制度

　会社法は，資本の額が5億円以上または負債の合計金額が200億円以上のいずれかに該当する株式会社（これを**大会社**という）に対して，会計監査人（公認会計士または監査法人をいう）による監査を強制している。また，大会社以外の株式会社も，定款の定めにより会計監査人を置くことができる（会社法326②, 328）。

　大会社に公認会計士または監査法人による監査が要求されるのは，大会社は株主や債権者，取引先等多くの利害関係者を有しているので，計算書類のもつ社会的な影響が極めて大きいこと，そして，取引や資本調達が国際化している大会社の会計は複雑なので，高度の専門的知識や能力を有する職業的監査人でなければ，事実上，実効性ある監査を実施することができないからである。また，大会社を取り巻く関係者の利害が対立しているなかで，利害調整の手段である計算書類について，内部者に近いとみられる監査役の監査では利害関係者の納得を得ることはできないからである。

　このような大会社に対する会計監査人監査は1974（昭和49）年から導入されている。

1　会計監査人監査の目的

　会社法による会計監査人監査の目的は，計算関係書類が会社の財産及び損益の状況をすべての重要な点において適正に表示しているかどうかについて，会計監査人が専門家としての意見を表明することである。

　会社計算規則第154条は，会計監査人に対して，「計算関係書類が当該株式会社の財産及び損益の状況をすべての重要な点において適正に表示しているかどうかについての意見」を求めている。「財産及び損益の状況」という用語に注意しよう。

2 監査主体

監査を実行する監査人について，会社法第337条は「会計監査人は，公認会計士又は監査法人でなければならない」と定めている。

3 監査の対象

会社法が定める被監査会社は，資本の額が5億円以上または負債の合計金額が200億円以上の株式会社である。会社法は，金融商品取引法と異なり，有価証券の発行と関係なく資本金または負債の規模を基準に監査対象を定めている（45頁）。

会社法は，大会社の計算書類（貸借対照表，損益計算書，株主資本等変動計算書，個別注記表）とその附属明細書，臨時計算書類（3月決算の会社が8月に臨時計算書類を作成するような場合には，8月31日現在の臨時貸借対照表と臨時決算日の属する事業年度の初日（4月1日）から臨時決算日（8月31日）までの期間に係る臨時損益計算書），それに，有価証券報告書提出会社たる大会社の連結計算書類（連結貸借対照表，連結損益計算書，連結株主資本等変動計算書，連結注記表）を監査対象としている（会社法396）。そして，これらの書類を**計算関係書類**という。

なお，これらの会計報告書について，金融商品取引法とこれに関連する規則が「財務諸表」と呼ぶのに対して，会社法とこれに関連する規則は「計算書類」と呼んでいる。また，両者には，以下の相違がある。

① 財務諸表にはキャッシュ・フロー計算書が含まれる。
② 計算書類には注記表が含まれる。
③ 附属明細表と附属明細書が異なる。

4 監査の基準

　会計監査人の資格および監査行為に関する基準は,「一般に公正妥当と認められる監査の基準」である。一般に公正妥当と認められる監査の基準は,「監査基準」と「監査に関する品質管理基準」,それに「日本公認会計士協会の実務指針」と「一般に認められる監査実務慣行」から構成されていることについては,第5章で検討した。

5 意見表明の判断基準

　会計監査人の意見表明の判断基準は,「一般に公正妥当と認められる企業会計の基準」である。この点も,金融商品取引法に基づく財務諸表監査と同じである。

　会社法に基づく会計監査人監査も金融商品取引法に基づく財務諸表監査も企業の一組の会計帳簿や同一の会計記録を監査対象とする。そして,「監査の基準」は両者に適用される。したがって,監査現場における監査の実施,つまり,監査人が監査証拠を入手するために選択・適用する監査手続や監査証拠の評価等については,両者に差異はない。また,意見表明の判断基準は,両者とも一般に公正妥当と認められる企業会計の基準である。したがって,監査意見においても,基本的には両者に差異はない。

II　会計監査人

　会計監査人は，公認会計士または監査法人でなければならない。そこで，会社法は，大会社の会計監査人の選任と解任，会計監査人の権限について定めている。

1　選　　任

　会計監査人は株主総会の普通決議によって選任される。取締役が会計監査人の選任に関する議案を株主総会に提出するには，監査役会の同意，つまり監査役の過半数の同意を得なければならない。他方，監査役会は監査役の過半数の同意があれば，取締役に対して会計監査人の選任を株主総会の議題とするよう請求することができる（会社法329，344）。
　このように，会計監査人の選任機関を株主総会とし，しかも監査役の過半数の同意という2つの条件を必要としたのは，会計監査人の人選の公正を期するとともに，その地位の独立性を確保するためである。
　会計監査人の任期は，選任後1年以内の最終の決算期に関する定時総会の集結の時までであるが，そこで不再任の決議がされないかぎり再任されたものとみなされる。不再任の議案を提出するには，監査役会の同意，つまり監査役の過半数の同意が必要である。他方，監査役会は監査役の過半数の同意があれば，取締役に対して会計監査人の不再任を株主総会の議題とするよう請求することができる（会社法338，344）。

2　解　　任

　解任とは任期の途中において退く場合をいい，契約期間満了時における退任とは異なる。

株主総会は，普通決議をもって何時でも会計監査人を解任することができる。取締役が会計監査人の解任に関する議案を株主総会に提出するには，監査役会の同意，つまり監査役の過半数の同意を得なければならない。他方，監査役会は監査役の過半数の同意があれば，取締役に対して会計監査人の解任を株主総会の議題とするよう請求することができる（会社法339，344）。

　解任された会計監査人は，株主総会に出席して意見を述べることができる。また，正当な理由なく解任された会計監査人は，会社に対しそれによって生じた損害の賠償を請求することができる（会社法345⑤）。

　会社と会計監査人とは委任の関係にあるから（会社法330），会社は何時でも監査人を解任できるわけで，解任に正当な理由の有無を問わない（民法651，656）。しかし，会社が正当な理由なく勝手に監査人を解任するようなことでは監査人の地位が不安定となり，自由に監査意見が述べられなくなるおそれがある。そこで，会社法は，会計監査人の解任には監査役の過半数の同意を必要とするとしたのである。

　さらに，会計監査人が職務上の義務に違反しまたは職務を怠ったとき，会計監査人としてふさわしくない非行があったとき，心身の故障のため職務の執行に支障がありまたはこれに堪えないとき，のいずれかに該当するときは，監査役全員の一致による監査役会の決議で会計監査人を解任することができる。会計監査人を解任したときは，監査役会が選任した監査役は，その旨及び解任の理由を解任後最初の株主総会で報告しなければならない。これは，解任の事実を株主に周知させるためであるが，特に理由の開示を求めたのは，正当な理由のない解任を抑制しようとする主旨である。この場合でも，解任された会計監査人はその総会に出席して意見を述べることができる（会社法340，345）。

3　会計監査人の権限

　会計監査人たる公認会計士や監査法人による通常の監査は会計監査であり，それは，すでに検討したように「監査の基準」に準拠して行われる。監査の基

準は監査人の権限について特に定めていないが，会社法は，公認会計士や監査法人が大会社を監査するに当たって，次のような権限を有することを定めている（会社法396②③）。

(1) 会計監査に関する権限
① いつでも，会計帳簿またはこれに関する資料（電子データも含む）の閲覧及び謄写をすることができる。
② いつでも，取締役および会計参与ならびに支配人その他の使用人に対し，会計に関する報告を求めることができる。
③ 職務上必要があるときは，会社の業務および財産の状況も調査することができる。

なお，会計監査人は，その職務を行うに際して取締役の職務の執行に関し不正の行為または法令や定款に違反する重大な事実があることを発見したときは，遅滞なく，これを監査役会に報告しなければならない（会社法397）。

(2) 子会社調査権
会計監査人は，職務を行うため必要があるときは，子会社に対して会計に関する報告を求めることができる。また，子会社の業務および財産の状況を調査することができる（会社法396③）。

これは，いわゆる「子会社調査権」である。子会社調査の狙いは，子会社が親会社の不正または粉飾の手段に利用されていないかどうかを確かめることにより，親会社および子会社の経営の健全化を図ることである。

会計監査人は，以下のような子会社については，直接子会社へ往査し報告を求めた事項に関し業務及び財産の状況を調査する。
① 会計監査人の請求にもかかわらず遅滞なく報告しない子会社
② 報告の内容が親会社の記録と一致しない子会社
③ 利益操作のために利用されていると考えられる子会社
④ 経営成績や財政状態，キャッシュ・フローの状況が著しく悪い子会社

⑤　課税所得と公表利益が正当な理由なく著しく相違する子会社
⑥　会計処理が不明確で財務諸表に信頼がおけない子会社

　子会社は，正当な理由があるときは，文書による報告または会計監査人の往査を拒否することができる（会社法396④）。拒否できる正当な理由としては，会計監査人が職権を濫用し，子会社の営業上の秘密を侵すおそれのある場合，客観的にみて明らかに監査上不必要と思われる資料の提出を求められた場合等が考えられる。

Ⅲ　会計監査人の監査報告書

　会社計算規則は，会計監査人の監査報告について，次のように定めている（会社計算規則154）。

　「会計監査人は，計算関係書類を受領したときは，次に掲げる事項を内容とする会計監査報告を作成しなければならない。
　一　会計監査人の監査の方法及びその内容
　二　計算関係書類が当該株式会社の財産及び損益の状況をすべての重要な点において適正に表示しているかどうかについての意見があるときは，その意見（当該意見が次のイからハまでに掲げる意見である場合にあっては，それぞれ当該イからハまでに定める事項）
　　イ　無限定適正意見
　　　監査の対象となった計算関係書類は一般に公正妥当と認められる企業会計の慣行に準拠して，当該計算関係書類に係る期間の財産及び損益の状況をすべての重要な点において適正に表示していると認められる旨
　　ロ　除外事項を付した限定付適正意見
　　　監査の対象となった計算関係書類が除外事項を除き一般に公正妥当

と認められる企業会計の慣行に準拠して，当該計算関係書類に係る期間の財産及び損益の状況をすべての重要な点において適正に表示していると認められる旨並びに除外事項
　　ハ　不適正意見
　　　　監査の対象となった計算関係書類が不適正である旨及びその理由
　二　前号の意見がないときは，その旨及びその理由
　四　追記情報
　五　会計監査報告を作成した日」

　このように，会社計算規則は会計監査人の意見表明の判断基準を「一般に公正妥当と認められる企業会計の慣行」としているが，これは，会社法が「株式会社の会計は，一般に公正妥当と認められる企業会計の慣行に従うものとする」(会社法431) と定めているからである。

　会社法に基づく計算書類に関する会計監査人の無限定適正意見報告書の文例は，図表18－1のようになる[1]。

図表18－1　会計監査人の監査報告書（無限定適正意見）

独立監査人の監査報告書

平成×年×月×日

○○株式会社
　取締役会　御中

○○　監査法人
指定社員　業務執行社員　公認会計士○○　印
指定社員　業務執行社員　公認会計士○○　印

　当監査法人は，会社法第436条第2項第1号の規定に基づき，○○株式会社の平成×年×月×日から平成×年×月×日までの第×期事業年度の計算書類，すなわち，貸借対照表，損益計算書，株主資本等変動計算書及び個別注記表並びにその附属明細書について監査を行った。この計算書類及びその附属明細書の作成責任は経営者にあり，当監査法人の責任は独立の立場から計算書類及びその附属明細書に対する意見を表明することにある。

　当監査法人は，我が国において一般に公正妥当と認められる監査の基準に準拠して監査を行った。監査の基準は，当監査法人に計算書類及びその附属明細書に重要な虚偽の表示がないかどうかの合理的な保証を得ることを求めている。監査は，試査を基礎として行われ，経営者が採用した会計方針及びその適用方法並びに経営者によって行われた見積りの評価も含め全体としての計算書類及びその附属明細書の表示を検討することを含んでいる。当監査法人は，監査の結果として意見表明のための合理的な基礎を得たと判断している。

　当監査法人は，上記の計算書類及びその附属明細書が，我が国において一般に公正妥当と認められる企業会計の基準に準拠して，当該計算書類及びその附属明細書に係る期間の財産及び損益の状況をすべての重要な点において適正に表示しているものと認める。

　会社と当監査法人又は業務執行社員との間には，公認会計士法の規定により記載すべき利害関係はない。

以　上

第18章　会社法による会計監査人監査

〔注〕
(1)　日本公認会計士協会監査・保証実務委員会第75号「監査報告書作成に関する実務指針」，2006年11月。
　　　会社計算規則154条は，会計監査人に対して，監査の対象となった計算関係書類が一般に公正妥当と認められる企業会計の慣行に準拠して，当該計算関係書類に係る期間の財産及び損益の状況をすべての重要な点において適正に表示しているか否かについて意見を表明することを求め，会計監査人が監査を行うに当たっての判断の拠り所を「企業会計の慣行」という用語により規定している。同規定の趣旨は，会計監査報告の内容について監査基準等に即した表現や内容を求めるものであると考えられることから，実務指針では金融商品取引法監査に係る監査報告書の文言と整合するよう，会計監査人が監査を行うに当たっての判断の拠り所を「企業会計の基準」として示している（同上書，Ⅳ　会社法における監査報告書注4）。

巻末資料

監査基準の改訂について （平成14年）
監査基準の改訂について （平成17年）
監査基準
四半期レビュー基準の設定に関する意見書
四半期レビュー基準
監査に関する品質管理基準の設定について
監査に関する品質管理基準

Auditing Theory & Practice

監査基準の改訂について

平成14年1月25日
企業会計審議会

一　経緯

1　審議の背景

　公認会計士（監査法人を含む。）による財務諸表の監査（以下「公認会計士監査」という。）は，財務諸表の信頼性を担保するための制度であり，その規範となる監査基準は，財務諸表の作成規範である会計基準とともに，適正なディスクロージャーを確保するための重要なインフラストラクチャーである。

　我が国の監査基準は，証券取引法に基づく公認会計士監査が昭和25年に導入されたことに伴い，「監査基準」及び「監査実施準則」という構成で設けられ，その後，昭和31年には正規の監査の実施に伴い「監査報告準則」も加わって今日の監査基準の構成が固まった。また，昭和40年から41年にかけて粉飾決算事件の発生等に対処する「監査実施準則」及び「監査報告準則」の大幅な改訂，昭和57年には企業会計原則の一部修正に伴う改訂，昭和58年には後発事象に関する改訂が行われた。さらに，平成元年から平成3年にかけての「監査基準」，「監査実施準則」及び「監査報告準則」の改訂においては，いわゆるリスク・アプローチの考え方が採用され，新たな内部統制概念の導入，監査報告書における特記事項の記載，経営者確認書の入手の義務づけ等による監査基準の充実強化と個別具体的な監査手続の削除による監査基準の純化が図られたところである。直近では，平成10年に，キャッシュ・フロー計算書が証券取引法上の財務諸表に加えられたことに対応して若干の改訂が行われ，現在の監査基準となっている。

　平成3年の監査基準の改訂から既に10年余が経過しており，我が国企業の

活動の複雑化や資本市場の国際的な一体化を背景として，公認会計士監査による適正なディスクロージャーの確保とともに，公認会計士監査の質の向上に対する要求が国際的にも高まっている。さらに，最近，経営が破綻した企業の中には，直前の決算において公認会計士の適正意見が付されていたにも関わらず，破綻後には大幅な債務超過となっているとされているものや，破綻に至るまで経営者が不正を行っていたとされるものもある。こういった事態に対し，なぜ，公認会計士監査でこれらを発見することができなかったのか，公認会計士監査は果たして有効に機能していたのか等の厳しい指摘や批判が行われている。

このような状況を背景として，平成11年10月に開催された当審議会総会において，「監査基準等の一層の充実」を審議事項とすることが決定され，第二部会において審議が行われることとなった。

2　審議の経緯

当審議会では，国際的な監査基準の動向をも踏まえ，「監査基準」，「監査実施準則」及び「監査報告準則」全般にわたって改訂すべき事項について網羅的に検討を行い，平成12年6月に「監査基準等の一層の充実に関する論点整理」（以下「論点整理」という。）を公表した。

論点整理では，企業が公表する財務諸表に対して公認会計士が独立の立場から実施する監査について，その信頼性の一層の向上を各方面から求められていることが明らかになったとの認識が示された。その背景を要約すれば，(1)過剰流動性が現出させた飽和経済の崩壊に伴う企業破綻，あるいは信用力の低下が，企業の公表する財務諸表だけでなく，その信頼性に関し独立の立場から職業的専門家としての意見を表明する監査の機能に対しても批判を引き起こしたこと，(2)近年の情報技術（ＩＴ）の高度化は世界的な規模での市場経済化を促し，資本市場ならびに企業活動の国際化も進展させ，企業が公表する財務諸表の監査に対しても，国際的な水準での機能向上が求められていることが挙げられる。

このような認識に基づき，我が国のコーポレート・ガバナンスの変化や国際的な監査基準の展開をも視野に入れ，監査基準の具体的な改訂について審議を行った。平成13年6月には，財務諸表の重要な虚偽の表示の原因となる不正を発見する姿勢の強化，ゴーイング・コンサーン（継続企業の前提）問題への対処，リスク・アプローチの徹底，新たな会計基準への対応及び監査報告書の充実を図ることを改訂の重要なポイントとし，前文を含め監査基準を全面的に見直した「監査基準の改訂に関する意見書（公開草案）」を公表して，広く各界の意見を求めた。当審議会は，寄せられた意見を参考にしつつ更に審議を行い，公開草案の内容を一部修正して，これを「監査基準の改訂に関する意見書」として公表することとした。

二　改訂基準の性格，構成及び位置付け

1　改訂基準の性格

　監査基準の基本的性格は，昭和25年に我が国に監査基準が設けられた折，「監査基準は，監査実務の中に慣習として発達したもののなかから，一般に公正妥当と認められたところを帰納要約した原則であつて，職業的監査人は，財務諸表の監査を行うに当り，法令によつて強制されなくとも，常にこれを遵守しなければならない。」と明示されたところであり，今日においても，その性格は変わるものではない。

　しかし，前述のように，近年，資本市場や企業活動の国際化，企業が採用する情報技術の高度化，さらに連結財務諸表原則の改訂を初めとする会計基準の改訂や新設など，我が国における公認会計士監査をめぐる環境は大きく変貌している。これらの動きに対応して，監査人個々人のみならず監査事務所などの組織としても監査の実施体制を充実し，さらに監査の質の管理と向上に注意を払う必要性が認識されているところであり，また，これらは国際的な動向とも歩調を合わせることが求められている。

　一方，国民経済的な視点からは，市場経済が一層の進展を見せ，いわゆる

投資者の自己責任原則が種々の方面で徹底されるようになるにつれ，企業が公表する財務情報の信頼性の確保について，従来とは比較できないほどに社会の期待と関心が高まっている。当然に，公認会計士監査に対しても，その充実が求められている。

このような背景を踏まえ，今般の改訂では，単に我が国の公認会計士監査の最大公約数的な実務を基準化するという方針ではなく，将来にわたっての公認会計士監査の方向性を捉え，また，国際的にも遜色のない監査の水準を達成できるようにするための基準を設定することを目的としている。さらに，公認会計士監査に対する社会の種々の期待に可能な範囲で応えることも改訂基準の意図したところである。

2 改訂基準の構成

今般の改訂では，諸外国のように各項目ごとに個々の基準を設けるという形式は採らず，一つの基準とする形式は維持することとしたが，「監査実施準則」及び「監査報告準則」を廃止し，監査基準という一つの枠組みの中で，一般基準，実施基準及び報告基準の区分とした。その上で，実施基準及び報告基準について基本原則を置くとともに，項目を区分して基準化する方法を採った。

「監査実施準則」及び「監査報告準則」は，監査慣行が十分に確立していない状況において，抽象的な監査基準を補足するものとして設けられたという経緯がある。平成3年の監査基準の改訂において，「監査実施準則」の純化が大幅に行われ，監査基準を補足する具体的な指針を示す役割は日本公認会計士協会に委ねられることとなった。その後，日本公認会計士協会から，逐次，監査に係る具体的な指針が公表され，相当の整備が行われている。このような状況を踏まえると，各準則の位置付けが曖昧なものとなることから，各準則を廃止し，監査基準とこれを具体化した日本公認会計士協会の指針により，我が国における一般に公正妥当と認められる監査の基準の体系とすることが適切と判断した。なお，改訂基準の解釈にあたっては，この前文に示

された趣旨を含めて理解することが必要である。

3 監査基準の位置付け

　改訂基準における監査の目的が示す枠組み及びこれから引き出されたそれぞれの基準は，証券取引法に基づく監査のみならず，株式会社の監査等に関する商法の特例に関する法律に基づく監査など，財務諸表の種類や意見として表明すべき事項を異にする監査も含め，公認会計士監査のすべてに共通するものである。

　一方，監査に類似する証明の業務としていわゆるレビューがある。レビューは，諸外国では，財務諸表には会計基準に照らして特に修正を要する重要な事項は見当たらなかったことを，限定した手続により消極的に証明する業務であるとされており，財務諸表全体が適正であるかどうかについて意見の表明を行う監査とは，その保証水準を明確に異にするものである。したがって，レビューが監査の一環又は一部であると誤解され，監査と混同されると，却って監査に対する信頼を損ねる虞が生じることから，レビューについては監査基準の対象としていない。このような消極的な証明を行う業務については，種々異なる需要があるので，日本公認会計士協会が適切な指針を作成する方が，実務に柔軟に対応することができると考えられる。

三　主な改訂点とその考え方

1　監査の目的

　従来，監査基準は監査それ自体の目的を明確にしてこなかったために，監査の役割について種々の理解を与え，これがいわゆる「期待のギャップ」を醸成させてきたことは否めない。また，監査の目的を明確にすることにより，監査基準の枠組みも自ずと決まることになる。このような趣旨から，改訂基準において監査の目的を明らかにすることとしたが，その内容については，以下の点に留意して理解することが必要である。

⑴　監査の目的は，経営者の作成した財務諸表に対して監査人が意見を表明することにあり，財務諸表の作成に対する経営者の責任と，当該財務諸表の適正表示に関する意見表明に対する監査人の責任との区別（二重責任の原則）を明示した。

⑵　監査人が表明する意見は，財務諸表が一般に公正妥当と認められる企業会計の基準に準拠して，企業の財政状態，経営成績及びキャッシュ・フローの状況をすべての重要な点において適正に表示しているかどうかについて，監査人が自ら入手した監査証拠に基づいて判断した結果を表明したものであることを明確にした。

⑶　改訂基準では，基本的な構成からなる財務諸表に対する監査を前提として，財務諸表が企業の財政状態，経営成績及びキャッシュ・フローの状況を適正に表示しているかどうかについて意見を表明するとしているが，監査の対象となる財務諸表の種類，あるいは監査の根拠となる制度や契約事項が異なれば，それに応じて，意見の表明の形式は異なるものとなる。

⑷　適正意見と虚偽の表示との関係について，監査人が財務諸表は適正に表示されているとの意見を表明することには，財務諸表には全体として重要な虚偽の表示がないことの合理的な保証を得たとの自らの判断が含まれていることを明確にした。

⑸　合理的な保証を得たとは，監査が対象とする財務諸表の性格的な特徴（例えば，財務諸表の作成には経営者による見積りの要素が多く含まれること）や監査の特性（例えば，試査で行われること）などの条件がある中で，職業的専門家としての監査人が一般に公正妥当と認められる監査の基準に従って監査を実施して，絶対的ではないが相当程度の心証を得たことを意味する。

　なお，監査報告書における適正意見の表明は，財務諸表及び監査報告書の利用者からは，結果的に，財務諸表には全体として重要な虚偽の表示がないことについて，合理的な範囲での保証を与えているものと理解されることになる。

2 一般基準の改訂について

　近年の監査を巡る環境の変化は，従来の一般基準により監査人に求められていた専門的能力や実務経験，独立性，公正不偏性，注意義務などの要件を一層徹底させ，また，監査人の自主的かつ道義的な判断や行動に任せていた点を制度的に担保する方向へと動かすものとなっていることも事実である。それらの現代的な動向は従来の監査基準では必ずしも十分に反映されていなかったので，改訂基準は以下の点でこれを改めることとした。

(1) 専門的能力の向上と知識の蓄積

　監査人は，近年の資本市場の国際化，企業の大規模化や取引活動の複雑化，会計処理の技術的進展，会計基準の高度の専門化などに対応するために，職業的専門家としての能力の維持・研鑽に努め，実務経験を積み，これらの能力や知識を監査の実務に活かすことにより，これまで以上に監査に対する社会の期待に応えることが求められている。

(2) 公正不偏の態度と独立性の保持

　監査人は，監査の実施に当たって，精神的に公正不偏の態度を保持することが求められ，独立性の保持を最も重視しなければならない。そのため，公正不偏な態度に影響を及ぼす可能性という観点から，独立の立場を損なう特定の利害関係を有することはもとより，このような関係を有しているとの疑いを招く外観を呈することがあってはならないことを明確にした。

(3) 職業的懐疑心

　監査人としての責任の遂行の基本は，職業的専門家としての正当な注意を払うことにある。その中で，監査という業務の性格上，監査計画の策定から，その実施，監査証拠の評価，意見の形成に至るまで，財務諸表に重要な虚偽の表示が存在する虞に常に注意を払うことを求めるとの観点から，職業的懐疑心を保持すべきことを特に強調した。

(4) 不正等に起因する虚偽の表示への対応

　財務諸表の虚偽の表示は，経営者による会計方針の選択や適用などの際の判断の誤りのみならず事務的な過誤によってももたらされるが，重要な

虚偽の表示の多くは，財務諸表の利用者を欺くために不正な報告（いわゆる粉飾）をすること，あるいは，資産の流用などの行為を隠蔽するために意図的に虚偽の記録や改竄等を行うことに起因すると考えられる。そこで，監査人はこのような不正等について特段の注意を払うとともに，監査の過程において不正等を発見した場合には，経営者等に適切な対応を求めるとともに，その財務諸表への影響について評価することを求めることとした。

なお，違法行為については，それ自体を発見することが監査人の責任ではなく，その判断には法律の専門的な知識が必要となることも多い。また，違法行為は必ずしも財務諸表の重要な虚偽の表示の原因となるものではないが，監査人が重要な虚偽の表示につながる虞のある違法行為を発見した場合には，不正等を発見した場合に準じて適切な対応をとることになる。

(5) 監査調書

企業の大規模化や企業活動の複雑化は，とりもなおさず監査人の膨大な作業と高度な判断を要求するが，それらの作業や判断の質を自らあるいは組織的に管理するためには，監査調書の作成が不可欠である。また，監査人は自らの責任を問われるような事態に対処し，説明責任を果たすためにも，監査計画の策定から意見の形成に至るまでの監査全体について，判断の過程も含めて記録を残すことを求めることとした。なお，今後，コンピュータを利用して監査調書を作成することも視野に入れ，特に，文書による保存という表現は用いていない。

(6) 監査の質の管理

財務諸表の監査に携わる監査人に対して，自らの監査業務の質の確保に十全な注意を払うとともに，組織としても監査業務の質を担保するための管理の方針と手続を定め，さらに，その実効性の確認までを求めることを明確にした。監査業務の質の確保は，監査補助者の監督，他の監査人の監査結果の利用などに関しても同様に求められるものである。また，監査業務の質の確保には，新規に監査契約を締結する際における調査や前任監査人との引き継ぎ等も含まれる。

(7) 守秘義務

　　監査人が監査業務上知り得た事項を正当な理由なく他に漏らしたり，窃用することは，職業倫理の上から許されないことは当然であり，そのような行為は監査を受ける企業との信頼関係を損ない，監査業務の効率的な遂行を妨げる原因ともなりかねないことから，敢えて一般基準の一つとして維持することとした。ただし，監査人の交代に当たっての前任監査人からの引継ぎ，親子会社で監査人が異なるときに親会社の監査人が子会社の監査人から情報を入手すること，監査の質の管理のために必要な外部の審査を受けることなどは監査業務の充実に関連することであり，そのような場合には，関係者間の合意を得るなどにより，守秘義務の解除を図る必要がある。

3　リスク・アプローチの明確化について
(1) リスク・アプローチの意義

　　平成3年の監査基準の改訂でリスク・アプローチの考え方をとり入れたところであるが，なおも我が国の監査実務に浸透するには至っていない。その原因の一端は監査基準の中でリスク・アプローチの枠組みが必ずしも明確に示されなかったことにもある。しかし，リスク・アプローチに基づく監査は，重要な虚偽の表示が生じる可能性が高い事項について重点的に監査の人員や時間を充てることにより，監査を効果的かつ効率的なものとすることができることから，国際的な監査基準においても採用されているものである。我が国の監査実務においてもさらなる浸透を図るべく，改訂基準ではリスク・アプローチに基づく監査の仕組みをより一層明確にした。

(2) リスクの諸概念及び用語法

　　従来「監査上の危険性」としていた用語を国際的な用語法に改めて「監査リスク」とし，固有リスク，統制リスク，発見リスクという三つのリスク要素と監査リスクの関係を明らかにすることとした。監査実務において，これらのリスクは，実際には複合的な状態で存在することもあり，必ずし

も明確に切りわけられるものではないが，改訂基準ではリスク・アプローチの基本的な枠組みを示すことを主眼としており，実際の監査においてはより工夫した手続が用いられることになる。なお，改訂基準におけるこれらの用語は以下の意味で用いられている。

① 「監査リスク」とは，監査人が，財務諸表の重要な虚偽の表示を看過して誤った意見を形成する可能性をいう。

② 「固有リスク」とは，関連する内部統制が存在していないとの仮定の上で，財務諸表に重要な虚偽の表示がなされる可能性をいい，経営環境により影響を受ける種々のリスク，特定の取引記録及び財務諸表項目が本来有するリスクからなる。

③ 「統制リスク」とは，財務諸表の重要な虚偽の表示が，企業の内部統制によって防止又は適時に発見されない可能性をいう。

④ 「発見リスク」とは，企業の内部統制によって防止又は発見されなかった財務諸表の重要な虚偽の表示が，監査手続を実施してもなお発見されない可能性をいう。

(3) リスク・アプローチの考え方

リスク・アプローチに基づく監査の実施においては，監査リスクを合理的に低い水準に抑えることが求められる。すなわち，監査人の権限や監査時間等には制約もある中で，財務諸表の利用者の判断を誤らせることになるような重要な虚偽の表示を看過するリスクを合理的な水準に抑えることが求められるのである。このため，固有リスクと統制リスクとを評価することにより，虚偽の表示が行われる可能性に応じて，監査人が自ら行う監査手続やその実施の時期及び範囲を策定するための基礎となる発見リスクの水準を決定することが求められる。例えば，固有リスク及び統制リスクが高い（虚偽の表示が行われる可能性が高い）と判断したときは，自ら設定した合理的な監査リスクの水準が達成されるように，発見リスクの水準を低く（虚偽の表示を看過する可能性を低く）設定し，より詳細な監査手続を実施することが必要となる。また，固有リスク及び統制リスクが低い

と判断したときは，発見リスクを高めに設定し，適度な監査手続により合理的な監査リスクの水準が達成できることとなる。このように，固有リスクと統制リスクの評価を通じて，発見リスクの水準が決定される。

(4) リスク評価の位置付け

このようなリスク・アプローチの考え方は，虚偽の表示が行われる可能性の要因に着目し，その評価を通じて実施する監査手続やその実施の時期及び範囲を決定することにより，より効果的でかつ効率的な監査を実現しようとするものである。これは，企業が自ら十分な内部統制を構築し適切に運用することにより，虚偽の表示が行われる可能性を減少させるほど，監査も効率的に実施され得ることにもなる。したがって，リスク・アプローチに基づいて監査を実施するためには，監査人による各リスクの評価が決定的に重要となる。そのために，景気の動向，企業が属する産業の状況，企業の社会的信用，企業の事業内容，経営者の経営方針や理念，情報技術の利用状況，事業組織や人的構成，経営者や従業員の資質，内部統制の機能，その他経営活動に関わる情報を入手することが求められる。監査人がこれらの情報の入手やリスクの評価を行うに当たっては，経営者等とのディスカッションが有効であると考えられ，こういった手法を通じて，経営者等の認識や評価を理解することが重要となる。

4 監査上の重要性について

監査上の重要性は，監査計画の策定と監査の実施，監査証拠の評価ならびに意見形成のすべてに関わる監査人の判断の規準であり，次のように適用される。

(1) 監査人は，監査計画の策定に当たり，財務諸表の重要な虚偽の表示を看過しないようにするために，容認可能な重要性の基準値（通常は，金額的な数値が設けられる）を決定し，これをもとに，達成すべき監査リスクの水準も勘案しながら，特定の勘定や取引について実施すべき監査手続，その実施の時期及び範囲を決定し，監査を実施する。

(2) 監査人は，監査の実施の過程で判明した重要な虚偽の表示につながる可能性のある事項については，その金額的影響及び質的影響（例えば，少額であっても他の関連項目や次年度以降に重要な影響を与える可能性がある）を検討し，必要であれば，監査の実施の結果を見直したり，追加の監査手続を実施するが，このような金額的・質的影響の評価に関わる判断の規準も監査上の重要性の一部となる。

(3) 監査人は，監査意見の形成に当たって，会計方針の選択やその適用方法，あるいは財務諸表の表示方法について不適切な事項がある場合に，当該事項を除外した上で適正とするか又は財務諸表を不適正とするかを判断するが，この判断の規準も監査上の重要性を構成する。

(4) 監査人は，監査を実施する上で一部の監査手続を実施できなかったり，必要な証拠の提供を得られないなどの制約を受けた場合に，当該事実が影響する事項を除外した上で意見を表明するか又は意見の表明をしないかを判断するが，この場合の判断の規準も監査上の重要性の一部となる。

5 内部統制の概念について

リスク・アプローチを採用する場合，アプローチを構成する各リスクの評価が肝要となるが，なかでも統制リスクの評価は監査の成否の鍵となる。監査人としては，企業に内部統制が整備されていない場合には，意見形成の合理的な基礎を得ることが著しく困難なものとなる。したがって，企業としても，効果的かつ効率的な監査を受けるためには内部統制の充実を図ることが欠かせないことになる。十分かつ適切に内部統制が運用されている企業については，利用し得る範囲において内部監査との連携等も考慮して，一層の効果的かつ効率的な監査が行われることが期待される。監査人としても，内部統制の重要な欠陥を発見した場合には，経営者等にその改善を促すことが望ましい。

ここで，内部統制とは，企業の財務報告の信頼性を確保し，事業経営の有効性と効率性を高め，かつ事業経営に関わる法規の遵守を促すことを目的と

して企業内部に設けられ，運用される仕組みと理解される。

内部統制は，(1)経営者の経営理念や基本的経営方針，取締役会や監査役の有する機能，社風や慣行などからなる統制環境，(2)企業目的に影響を与えるすべての経営リスクを認識し，その性質を分類し，発生の頻度や影響を評価するリスク評価の機能，(3)権限や職責の付与及び職務の分掌を含む諸種の統制活動，(4)必要な情報が関係する組織や責任者に，適宜，適切に伝えられることを確保する情報・伝達の機能，(5)これらの機能の状況が常時監視され，評価され，是正されることを可能とする監視活動という5つの要素から構成され，これらの諸要素が経営管理の仕組みに組み込まれて一体となって機能することで上記の目的が達成される。

このような内部統制の概念と構成要素は国際的にも共通に理解されているものであるが，それぞれの企業において，具体的にどのような内部統制の仕組みを構築し，どのように運用するかということについては，各国の法制や社会慣行あるいは個々の企業の置かれた環境や事業の特性等を踏まえ，経営者自らが，ここに示した内部統制の機能と役割を効果的に達成し得るよう工夫していくべきものである。

なお，監査人による統制リスクの評価対象は，基本的に，企業の財務報告の信頼性を確保する目的に係る内部統制であるが，そのための具体的な仕組み及び運用の状況は企業によって異なるため，監査人が内部統制を評価するに当たっては上記5つの要素に留意しなければならない。

6　継続企業の前提について

(1)　継続企業の前提に対する対処

企業が将来にわたって事業活動を継続するとの前提（以下「継続企業の前提」という。）について，監査人が検討することに対する社会の期待が存在する。背景には，近年我が国で企業破綻の事例が相次ぎ，利害関係者の要望が強くなったことがある。さらに，すでに米国をはじめとする主要国の監査基準，ならびに国際監査基準（ＩＳＡ）は，継続企業の前提に関

して監査人が検討を行うことを義務づけていることからも，改訂基準で導入することが適当と判断したものである。

(2) 監査上の判断の枠組み

継続企業の前提に関わる監査基準のあり方としては，監査人の責任はあくまでも二重責任の原則に裏付けられたものとしている。経営者は，財務諸表の作成に当たって継続企業の前提が成立しているかどうかを判断し，継続企業の前提に重要な疑義を抱かせる事象や状況について，適切な開示を行わなければならない。したがって，継続企業の前提に重要な疑義が認められる場合においても，監査人の責任は，企業の事業継続能力そのものを認定し，企業の存続を保証することにはなく，適切な開示が行われているか否かの判断，すなわち，会計処理や開示の適正性に関する意見表明の枠組みの中で対応することにある。

監査人による継続企業の前提に関する検討は，経営者による継続企業の前提に関する評価を踏まえて行われるものである。具体的には，継続企業の前提に重要な疑義を抱かせる事象や状況の有無，合理的な期間（少なくとも決算日から1年間）について経営者が行った評価，当該事象等を解消あるいは大幅に改善させるための経営者の対応及び経営計画について検討する。

その結果，継続企業の前提に重要な疑義を抱かせる事象や状況が存在し，当該事象等の解消や大幅な改善に重要な不確実性が残るため，継続企業の前提に重要な疑義が認められる場合には，その疑義に関わる事項が財務諸表において適切に開示されていれば(他に除外すべき事項がない場合には)無限定適正意見を表明し，それらの開示が適切でなければ除外事項を付した限定付適正意見を表明するか又は不適正意見を表明する。なお，無限定適正意見を表明する場合には，監査報告書において，財務諸表が継続企業の前提に基づき作成されていることや当該重要な疑義の影響が財務諸表に反映されていないことなどを含め，当該重要な疑義に関する開示について情報を追記することになる。また，経営者が適切な評価を行わず，合理的

な経営計画等が経営者から提示されない場合には，監査範囲の制約に相当することとなり，除外事項を付した限定付適正意見を表明するか又は意見を表明しない。ただし，事業の継続が困難であり継続企業の前提が成立していないことが一定の事実をもって明らかなときは不適正意見を表明することになる。

これらは，基本的に国際的ないし主要国の監査基準に沿ったものである。要は，企業の事業継続能力に関わる情報の財務諸表における適切な開示を促すことが継続企業の前提に関わる監査基準の考え方である。

(3) 継続企業の前提に関わる開示

継続企業の前提に影響を与える可能性がある事象や状況を余り広範に捉えると，その影響の重要度や発現時期が混淆し，却って投資判断に関する有用性を損なうとともに，監査人が対処できる限界を超えると考えられる。したがって，公認会計士監査においては，相当程度具体的であってその影響が重要であると認められるような，重要な疑義を抱かせる事象又は状況についてのみ対処することとした。

継続企業の前提に重要な疑義を抱かせる事象や状況としては，企業の破綻の要因を一義的に定義することは困難であることから，財務指標の悪化の傾向，財政破綻の可能性等概括的な表現を用いている。より具体的に例示するとすれば，財務指標の悪化の傾向としては，売上の著しい減少，継続的な営業損失の発生や営業キャッシュ・フローのマイナス，債務超過等が挙げられる。財政破綻の可能性としては，重要な債務の不履行や返済の困難性，新たな資金調達が困難な状況，取引先からの与信の拒絶等が挙げられる。また，事業の継続に不可欠な重要な資産の毀損や権利の失効，重要な市場や取引先の喪失，巨額の損害賠償の履行，その他法令に基づく事業の制約等も考慮すべき事象や状況となると考えられる。いずれにせよ，このような事象や状況が存在する場合には，その旨，その内容，継続企業の前提に関する重要な疑義の存在，当該事象や状況に対する経営者の対応及び経営計画，当該重要な疑義の影響を財務諸表に反映しているか否か等

について，財務諸表に注記を義務づけていくことが必要である。

　一方，企業活動の継続が損なわれるような重要な事象や状況は突然生起することは稀であり，財務諸表の注記が行われるまで何ら投資者に情報が開示されないことも問題であると考えられる。したがって，上記のような事象や状況につながる虞のある重要な事項については，有価証券報告書や営業報告書等において適切に開示されることが求められる。

7　情報技術（IT）の利用と監査の対応について

　企業における情報技術の利用は監査実務にも大きな影響を与えている。特に，監査対象の財務諸表の基礎となる会計情報を処理するシステムが情報技術を高度に取り入れたものである場合は，監査の実施に当たって，統制リスク等の各種のリスク評価に大きく関係する。また，企業が利用している情報技術とシステムに関する十分な知識と対応できる技術的な能力の保持が監査人に求められるという意味で，監査人自身にとってもその責任の履行上，重要な影響が生じることとなる。

　改訂基準では，このような状況を背景にして，企業における情報技術の利用に対応したいくつかの措置を講じているが，これも基本的な指示に止まっており，より技術的な指示は日本公認会計士協会の指針において設けられる必要がある。

8　実施基準に関わるその他の改訂事項

(1)　監査計画の充実

　監査計画を策定することの重要性については，これまでも「監査基準」で指示されてきたところであるが，リスク・アプローチのもとでは，各リスクの評価と監査手続，監査証拠の評価ならびに意見の形成との間の相関性が一層強くなり，この間の一体性を維持し，監査業務の適切な管理をするために監査計画はより重要性を増している。改訂基準では，これらの点に鑑み，リスク・アプローチに基づいた監査計画の策定のあり方を指示し

た。

(2) 監査要点と監査証拠

　監査要点とは，財務諸表の基礎となる取引や会計事象等の構成要素について立証すべき目標であり，実施基準において，実在性，網羅性，権利と義務の帰属，評価の妥当性，期間配分の適切性，表示の妥当性等を挙げるとともに，監査要点に適合した十分かつ適切な監査証拠を入手することを求めている。なお，監査要点は，監査を受ける企業の業種，組織，情報処理システムなどに対応して監査人が自らの判断で設定することが基本となる。

(3) 監査手続

　改訂前の「監査基準」においては，監査人が自己の意見表明の合理的な基礎を得るために必要と認めて実施する監査手続として「通常実施すべき監査手続」という概念を用いたが，この表現は，あたかも定型的な監査手続の組み合わせとその適用方法があるかのような誤解を与えることもあるので，使用しないこととした。また，監査手続については，改訂前の「監査実施準則」で，実査，立会，確認，質問，視察，閲覧，証憑突合，帳簿突合，計算突合，勘定分析，分析的手続等として個々の監査の手法を列挙していた。しかし，改訂基準では監査手続を，統制リスクを評価するために行う統制評価手続と監査要点の直接的な立証のために行う実証手続という概念に区分した上で，監査人が選択する具体的な監査の手法の例示は削除した。重要な監査の手法については，日本公認会計士協会が指針において，その種類や適用方法を明確にすることが必要である。

(4) 会計上の見積りの合理性

　新たな会計基準の導入等により，会計上の認識・測定において，従来にも増して経営者の見積りに基づく要素が重要となってきている。改訂基準では，会計上の見積りの合理性について，監査人自身も，十分かつ適切な監査証拠を入手して判断すべきことを指示し，そのために，経営者が行った見積りの方法の評価ばかりでなく，その見積りと監査人自身の見積りや

決算日後に判明した実績とを比較したりすることが必要となる場合もあることを明記している。

(5) 経営者からの書面による確認

改訂前の「監査実施準則」における経営者確認書の入手は，それ自体が監査手続の一部を構成するものであるかが曖昧であるとの指摘があり，また，監査人が必要と認めた事項について経営者から書面により陳述を得ることが本来の趣旨であることから，経営者確認書という固定的なものとしてではなく，経営者からの書面による確認を監査手続として明確に位置付けた。したがって，必ずしも経営者からの書面による確認を監査の終了時に限るものではなく，監査人の判断により，適宜，適切に行うことになる。

(6) 他の監査人の監査結果の利用

企業活動の国際化・多角化及び連結対象会社の増加による監査範囲の拡大に伴い，他の監査人の監査の結果を利用する範囲も拡大することから，主たる監査人と他の監査人との責任のあり方についての議論があるが，改訂基準では従来の考え方を変更していない。すなわち，他の監査人の監査の結果を利用する場合も，監査に関わる責任は主たる監査人が負うものであり，報告基準においても他の監査人の監査の結果を利用した場合に特別の記載を求めることはしていない。

なお，監査範囲の大半について他の監査人の監査の結果を利用しなければならない場合には，実質的には他の監査人が監査を行うという結果となることから，監査人として監査を実施することについて，監査契約の締結の可否を含めて慎重に判断すべきである。

9 監査意見及び監査報告書

我が国の監査実務を国際的に遜色のないものとすることは改訂の目的の一つであり，監査報告書の書式の改訂もその一環である。また，近年，監査を巡る社会の関心が高まるなかで，監査がどのように行われ，またいかなる判断が監査人により行われ，その結果としていかなる意見が表明されるかにつ

いて，これまで必ずしも社会的な理解が得られていたとは言えない。このような事情を背景として，改訂基準では，自己の意見を形成するに足る合理的な基礎を得て意見を表明することを報告基準においても明確にした。また，改訂前の「監査実施準則」では「適当な審査機能を備えなければならない」との表現をしていた点について，監査の質の管理の一環として設けられる審査機能を踏まえ，報告基準では意見の表明に先立ち審査を受けなければならないことを明確にし，さらに，次のように監査報告に関する抜本的な改訂を行った。

(1) 適正性の判断

① 監査意見の形成と表明に当たっての監査人による判断の規準を示すことに重点を置いた。これまでの「監査基準」や「監査報告準則」が監査報告書の記載要件を示すことを重視していた点，ならびに，結果として，会計基準への準拠性，会計方針の継続性及び表示方法の基準への準拠性という，適正である旨の意見表明に関する従来の三つの記載要件が，ともすれば形式的な監査判断に陥らせるものとなりがちであった点を改め，改訂基準は，監査人が意見を形成するに当たっての判断の規準を示すことを重視している。

② 監査人が財務諸表の適正性を判断するに当たり，実質的に判断する必要があることを示した。監査人は，経営者が採用した会計方針が会計基準のいずれかに準拠し，それが単に継続的に適用されているかどうかのみならず，その会計方針の選択や適用方法が会計事象や取引の実態を適切に反映するものであるかどうかを判断し，その上で財務諸表における表示が利用者に理解されるために適切であるかどうかについても評価しなければならない。

③ 会計方針の選択や適用方法が会計事象や取引の実態を適切に反映するものであるかの判断においては，会計処理や財務諸表の表示方法に関する法令又は明文化された会計基準やその解釈に関わる指針等に基づいて判断するが，その中で，会計事象や取引について適用すべき会計基準等

が明確でない場合には，経営者が採用した会計方針が当該会計事象や取引の実態を適切に反映するものであるかどうかについて，監査人が自己の判断で評価しなければならない。また，会計基準等において詳細な定めのない場合も，会計基準等の趣旨を踏まえ，同様に監査人が自己の判断で評価することとなる。新しい会計事象や取引，例えば，複雑な金融取引や情報技術を利用した電子的な取引についても，経営者が選択し，適用した会計方針がその事象や取引の実態を適切に反映するものであるかどうかを監査人は自己の判断で評価しなければならない。なお，財務諸表において収益の認識等の重要な会計方針が明確に開示されることも必要である。

(2) 監査報告書の記載

① 監査報告書は，基本的に，監査の対象，実施した監査の概要及び財務諸表に対する意見という三つの区分に分けて記載することとした。監査の対象には，いわゆる二重責任の原則についても記述することを明記した。また，監査の概要に関する記述を国際的な監査基準に合わせて，より詳細なものとし，監査が試査を基礎として実施されることや経営者によって行われた見積りの評価も含まれることなどを明記し，監査の内容に関する利用者の理解を促すようにした。

② 監査範囲の制約を受けた場合の意見表明のあり方を含め，監査人の意見がいかなる規準で形成され，表明されるかを示した。特に，意見を表明しない場合と不適正意見の場合だけでなく，除外事項を付した限定付適正意見の位置付けも明確にした。さらに，訴訟に代表されるような将来の帰結が予測し得ない事象や状況が生じ，しかも財務諸表に与える当該事象や状況の影響が複合的で多岐にわたる場合（それらが継続企業の前提にも関わるようなときもある）に，入手した監査証拠の範囲では意見の表明ができないとの判断を監査人が下すこともあり得ることを明記したが，基本的には，そのような判断は慎重になされるべきことを理解しなければならない。

③　継続企業の前提に関わる問題については、前述のとおり、監査人の意見表明についての判断の規準と監査報告書において記載すべき事項を示した。

(3) 追記情報

①　監査人による情報の追記について示した。本来、意見表明に関する監査人の責任は自らの意見を通しての保証の枠組みのなかで果たされるべきものであり、その枠組みから外れる事項は監査人の意見とは明確に区別することが必要である。このように考え方を整理した上で、財務諸表の表示に関して適正であると判断し、なおもその判断に関して説明を付す必要がある事項や財務諸表の記載について強調する必要がある事項を監査報告書で情報として追記する場合には、意見の表明と明確に区分し、監査人からの情報として追記するものとした。具体的には、監査報告書の基本的な三つの区分による記載事項とは別に記載することとなる。したがって、除外すべき事項を追記情報として記載することはできない。これに関連して、監査人の意見との関係が曖昧であるとの指摘もある特記事項は廃止した。

②　監査意見からの除外事項及び追記する情報に関連して、従来、除外事項とされていた正当な理由による会計方針の変更は、不適切な理由による変更と同様に取り扱うことは誤解を招くことから、除外事項の対象とせずに、追記する情報の例示としたが、会計方針の変更理由が明確でないものがあるとの指摘もある点を踏まえ、監査人には厳格な判断が求められることは言うまでもない。また、この改訂に伴い、会計基準の変更に伴う会計方針の変更についても、正当な理由による会計方針の変更として取り扱うこととすることが適当である。なお、会計方針の変更があった場合における財務諸表の期間比較の観点からは、変更後の会計方針による過年度への影響に関する情報提供についても、財務諸表の表示方法の問題として検討することが必要である。

③　追記する情報には、監査報告書を添付した財務諸表を含む開示情報と

財務諸表の記載内容との重要な相違を挙げているが，これは，財務諸表と共に開示される情報において，財務諸表の表示やその根拠となっている数値等と重要な相違があるときには，監査人が適正と判断した財務諸表に誤りがあるのではないかとの誤解を招く虞があるため，追記する情報として例示した。

(4) 監査報告書の日付及び署名

監査報告書の日付は，後発事象の範囲等も含め監査人の責任に関わる重要な事項である。したがって，監査人が自らの責任において監査が終了したと判断したときに監査報告書を作成することが基本であると考えられる。しかし，これは，財務諸表の開示制度上あるいは監査の終了をどう捉えるか等の問題であり，改訂基準においては特定の時点を示すことはしなかった。

また，個人名や捺印が必要か否か，あるいは監査事務所などの名称のみの記載が適切か否かという問題は，むしろ，監査に関わる責任主体についての法律的あるいは制度的な問題であり，監査基準には馴染まないものと考えられることから，改訂基準においては監査人の具体的な記名方法を示すことはしなかった。

四　実施時期等

1　改訂基準は，平成15年3月決算に係る財務諸表の監査から実施する。なお，改訂基準の実施に当たり，関係法令において，改訂基準に基づく監査報告書の記載事項，継続企業の前提に重要な疑義を抱かせる事象又は状況に関する注記事項等について所要の整備を行うことが適当である。

2　監査基準は，すでに述べたとおり，日本公認会計士協会の指針と一体となって一般に公正妥当と認められる監査の基準を形成するものである。したがって，改訂基準を実務に適用するに当たっては，監査人に対してより具体的な指示が明確にされることが必要であり，日本公認会計士協会において，

関係者とも協議の上，早急に，改訂基準を実施するための具体的な指針を作成することが要請される。さらに，経済社会の変化が著しい状況において，国際的にも監査実務が高度化されていくと考えられることから，国際的な動向も踏まえ，具体的な指針について柔軟に見直しを行っていくことが求められる。

巻末資料

監査基準の改訂について

平成17年10月28日
企業会計審議会

一 経緯

　当審議会は、平成17年1月の総会において、監査基準の改訂に関する審議を開始することを決定し、平成17年3月から監査部会において審議を進めてきた。これは、証券取引法上のディスクロージャーをめぐり不適正な事例が相次ぎ、公認会計士・監査審査会のモニタリングの結果等からは、リスク・アプローチが適切に適用されておらず、その改善が求められる事例が多数見受けられたことに対応したものである。また、監査基準をめぐる国際的な動向をみても、近年、リスク・アプローチの適用等に関する基準の改訂が精力的に進められており、これを我が国にも取り入れることにより、監査の水準の向上を図ると共に、監査実務の国際的な調和を図ることができると判断した。

　平成17年7月、これらを取り入れた改訂監査基準を「監査基準及び中間監査基準の改訂並びに監査に関する品質管理基準の設定について（公開草案）」として公表し、広く各界の意見を求めた。当審議会は、寄せられた意見を参考にしつつ、更に審議を行い、公開草案の内容を一部修正して、これを「監査基準の改訂に関する意見書」として公表することとした。

　なお、国際的には、継続的に監査基準の改訂が行われ、その作業はこれまで以上に頻繁なものとなってきている。我が国においても、こうした動きを踏まえて、継続的に監査基準を見直し、先端的な監査の考え方や手法等を積極的に取り入れ、公認会計士監査の質の向上を不断に図っていくことが重要であると考えられる。このため、当審議会では、今後も、継続的な監査基準の改訂作業を進めていく考えである。

二 主な改訂点とその考え方

1 事業上のリスク等を重視したリスク・アプローチの導入

　リスク・アプローチに基づく監査は、重要な虚偽の表示が生じる可能性が高い事項について重点的に監査の人員や時間を充てることにより、監査を効果的かつ効率的に実施できることから、我が国でも、平成3年の監査基準の改訂で採用し、さらに、平成14年の監査基準の改訂で、リスク・アプローチに基づく監査の仕組みをより一層明確にしたところである。

　しかし、現実の企業における日常的な取引や会計記録は、多くがシステム化され、ルーティン化されてきており、財務諸表の重要な虚偽の表示は、経営者レベルでの不正や、事業経営の状況を糊塗することを目的とした会計方針の適用等に関する経営者の関与等から生ずる可能性が相対的に高くなってきていると考えられる。また、経営者による関与は、経営者の経営姿勢、内部統制の重要な欠陥、ビジネス・モデル等の内部的な要因と、企業環境の変化や業界慣行等の外部的な要因、あるいは内部的な要因と外部的な要因が複合的に絡みあってもたらされる場合が多い。

　一方、監査人の監査上の判断は、財務諸表の個々の項目に集中する傾向があり、このことが、経営者の関与によりもたらされる重要な虚偽の表示を看過する原因となることが指摘されている。そこで、リスク・アプローチの適用において、リスク評価の対象を広げ、監査人に、内部統制を含む、企業及び企業環境を十分に理解し、財務諸表に重要な虚偽の表示をもたらす可能性のある事業上のリスク等を考慮することを求めることとした。

　さらに、こうした観点から、固有リスクと統制リスクを結合した「重要な虚偽表示のリスク」の評価、「財務諸表全体」及び「財務諸表項目」の二つのレベルにおける評価等の考え方を導入した。このようなリスク・アプローチを「事業上のリスク等を重視したリスク・アプローチ」という。

　なお、財務諸表に重要な虚偽の表示が生じる可能性に応じて、発見リスクの水準を決定し、これに基づいて監査手続、その実施の時期及び範囲を計画

し，実施するというリスク・アプローチの基本的な考え方は変わらないことから，今回の改訂に係る部分を除いて，平成14年の改正における「監査基準の改訂について」に記載されている概念や考え方は踏襲されていることに留意が必要である。

2 「重要な虚偽表示のリスク」の評価

　従来のリスク・アプローチでは，監査人は，監査リスクを合理的に低い水準に抑えるため，固有リスクと統制リスクを個々に評価して，発見リスクの水準を決定することとしていた。しかし，固有リスクと統制リスクは実際には複合的な状態で存在することが多く，また，固有リスクと統制リスクとが独立して存在する場合であっても，監査人は，重要な虚偽の表示が生じる可能性を適切に評価し，発見リスクの水準を決定することが重要であり，固有リスクと統制リスクを分けて評価することは，必ずしも重要ではない。むしろ固有リスクと統制リスクを分けて評価することにこだわることは，リスク評価が形式的になり，発見リスクの水準の的確な判断ができなくなるおそれもあると考えられる。そこで，原則として，固有リスクと統制リスクを結合した「重要な虚偽表示のリスク」を評価したうえで，発見リスクの水準を決定することとした。

3 「財務諸表全体」及び「財務諸表項目」の二つのレベルでの評価

　財務諸表における重要な虚偽の表示は，経営者の関与等から生ずる可能性が相対的に高くなってきていると考えられるが，従来のリスク・アプローチでは，財務諸表項目における固有リスクと統制リスクの評価，及びこれらと発見リスクの水準の決定との対応関係に重点が置かれていることから，監査人は自らの関心を，財務諸表項目に狭めてしまう傾向や，財務諸表に重要な虚偽の表示をもたらす要因の検討が不十分になる傾向があることから，広く財務諸表全体における重要な虚偽の表示を看過しないための対応が必要と考えられた。そこで，財務諸表における「重要な虚偽表示のリスク」を「財務

諸表全体」及び「財務諸表項目」の二つのレベルで評価することとした。

　財務諸表全体レベルにおいて重要な虚偽表示のリスクが認められた場合には，そのリスクの程度に応じて，補助者の増員，専門家の配置，適切な監査時間の確保等の全般的な対応を監査計画に反映させ，監査リスクを一定の合理的に低い水準に抑えるための措置を講じることが求められる。

　また，財務諸表項目レベルでは，統制リスクの評価に関する実務的な手順を考慮して，まず，内部統制の整備状況の調査を行い，重要な虚偽表示のリスクを暫定的に評価し，次に，当該リスク評価に対応した監査手続として，内部統制の有効性を評価する手続と監査要点の直接的な立証を行う実証手続を実施することとしている。

4　「特別な検討を必要とするリスク」への対応

　会計上の見積りや収益認識等の重要な会計上の判断に関して財務諸表に重要な虚偽の表示をもたらす可能性のある事項，不正の疑いのある取引，関連当事者間で行われる通常ではない取引等の特異な取引等は，監査実施の過程において特別な検討を行う必要があることから，「特別な検討を必要とするリスク」として，それが財務諸表における重要な虚偽の表示をもたらしていないかを確かめるための実証手続の実施，及び，必要に応じて内部統制の整備状況の調査や運用状況の評価を実施することを求めている。

5　経営者が提示する財務諸表項目と監査要点

　財務諸表の監査の目的は，財務諸表の適正性に対して，監査人が自らの意見を表明することにある。そのためには，監査人は，経営者が提示する財務諸表項目について立証すべき監査要点を設定し，監査要点ごとに監査手続を実施して監査証拠を入手し，監査要点に関して立証した事項を積み上げて統合化し，財務諸表の適正性に関する結論を得ることになる。

　経営者の提示する財務諸表項目は経営者が責任の主体であるのに対し，監査要点は監査人が設定した立証すべき目標であることを明示することにより，

両者の関係を明確にすることとした。

三　実施時期等

1　改訂監査基準は，平成19年3月決算に係る財務諸表の監査から実施する。ただし，平成18年3月決算に係る財務諸表の監査から実施することを妨げない。なお，改訂基準の実施に当たり，関係法令において，基準の改訂に伴う所要の整備を行うことが適当である。

2　改訂基準を実務に適用するに当たって必要となる実務の指針については，日本公認会計士協会において，関係者とも協議の上，適切な手続の下で，早急に作成されることが要請される。

監査基準

第一　監査の目的

　財務諸表の監査の目的は，経営者の作成した財務諸表が，一般に公正妥当と認められる企業会計の基準に準拠して，企業の財政状態，経営成績及びキャッシュ・フローの状況をすべての重要な点において適正に表示しているかどうかについて，監査人が自ら入手した監査証拠に基づいて判断した結果を意見として表明することにある。

　財務諸表の表示が適正である旨の監査人の意見は，財務諸表には，全体として重要な虚偽の表示がないということについて，合理的な保証を得たとの監査人の判断を含んでいる。

第二　一般基準

1　監査人は，職業的専門家として，その専門能力の向上と実務経験等から得られる知識の蓄積に常に努めなければならない。

2　監査人は，監査を行うに当たって，常に公正不偏の態度を保持し，独立の立場を損なう利害や独立の立場に疑いを招く外観を有してはならない。

3　監査人は，職業的専門家としての正当な注意を払い，懐疑心を保持して監査を行わなければならない。

4　監査人は，財務諸表の利用者に対する不正な報告あるいは資産の流用の隠蔽を目的とした重要な虚偽の表示が，財務諸表に含まれる可能性を考慮しなければならない。また，違法行為が財務諸表に重要な影響を及ぼす場合があることにも留意しなければならない。

5　監査人は，監査計画及びこれに基づき実施した監査の内容並びに判断の過程及び結果を記録し，監査調書として保存しなければならない。

6　監査人は，自らの組織として，すべての監査が一般に公正妥当と認められる監査の基準に準拠して適切に実施されるために必要な質の管理（以下「品質管理」という。）の方針と手続を定め，これらに従って監査が実施されていることを確かめなければならない。

7　監査人は，監査を行うに当たって，品質管理の方針と手続に従い，指揮命令の系統及び職務の分担を明らかにし，また，当該監査に従事する補助者に対しては適切な指示，指導及び監督を行わなければならない。

8　監査人は，業務上知り得た事項を正当な理由なく他に漏らし，又は窃用してはならない。

第三　実施基準

一　基本原則

1　監査人は，監査リスクを合理的に低い水準に抑えるために，財務諸表における重要な虚偽表示のリスクを評価し，発見リスクの水準を決定するとともに，監査上の重要性を勘案して監査計画を策定し，これに基づき監査を実施しなければならない。

2　監査人は，監査の実施において，内部統制を含む，企業及び企業環境を理解し，これらに内在する事業上のリスク等が財務諸表に重要な虚偽の表示をもたらす可能性を考慮しなければならない。

3　監査人は，自己の意見を形成するに足る合理的な基礎を得るために，経営者が提示する財務諸表項目に対して，実在性，網羅性，権利と義務の帰属，評価の妥当性，期間配分の適切性及び表示の妥当性等の監査要点を設定し，これらに適合した十分かつ適切な監査証拠を入手しなければならない。

4　監査人は，十分かつ適切な監査証拠を入手するに当たっては，財務諸表における重要な虚偽表示のリスクを暫定的に評価し，リスクに対応した監査手続を，原則として試査に基づき実施しなければならない。

5　監査人は，職業的専門家としての懐疑心をもって，不正及び誤謬により財務諸表に重要な虚偽の表示がもたらされる可能性に関して評価を行い，その結果を監査計画に反映し，これに基づき監査を実施しなければならない。

6　監査人は，監査計画の策定及びこれに基づく監査の実施において，企業が将来にわたって事業活動を継続するとの前提（以下「継続企業の前提」という。）に基づき経営者が財務諸表を作成することが適切であるか否かを検討しなければならない。

二　監査計画の策定

1　監査人は，監査を効果的かつ効率的に実施するために，監査リスクと監査上の重要性を勘案して監査計画を策定しなければならない。

2　監査人は，監査計画の策定に当たり，景気の動向，企業が属する産業の状況，企業の事業内容及び組織，経営者の経営理念，経営方針，内部統制の整備状況，情報技術の利用状況その他企業の経営活動に関わる情報を入手し，企業及び企業環境に内在する事業上のリスク等がもたらす財務諸表における重要な虚偽表示のリスクを暫定的に評価しなければならない。

3　監査人は，広く財務諸表全体に関係し特定の財務諸表項目のみに関連づけられない重要な虚偽表示のリスクがあると判断した場合には，そのリスクの程度に応じて，補助者の増員，専門家の配置，適切な監査時間の確保等の全般的な対応を監査計画に反映させなければならない。

4　監査人は，財務諸表項目に関連して暫定的に評価した重要な虚偽表示のリスクに対応する，内部統制の運用状況の評価手続及び発見リスクの水準に応じた実証手続に係る監査計画を策定し，実施すべき監査手続，実施の時期及び範囲を決定しなければならない。

5　監査人は，会計上の見積りや収益認識等の判断に関して財務諸表に重要な虚偽の表示をもたらす可能性のある事項，不正の疑いのある取引，特異な取引等，特別な検討を必要とするリスクがあると判断した場合には，そ

のリスクに対応する監査手続に係る監査計画を策定しなければならない。
6 　監査人は，企業が利用する情報技術が監査に及ぼす影響を検討し，その利用状況に適合した監査計画を策定しなければならない。
7 　監査人は，監査計画の策定に当たって，財務指標の悪化の傾向，財政破綻の可能性その他継続企業の前提に重要な疑義を抱かせる事象又は状況の有無を確かめなければならない。
8 　監査人は，監査計画の前提として把握した事象や状況が変化した場合，あるいは監査の実施過程で新たな事実を発見した場合には，適宜，監査計画を修正しなければならない。

三　監査の実施

1 　監査人は，実施した監査手続及び入手した監査証拠に基づき，暫定的に評価した重要な虚偽表示のリスクの程度を変更する必要がないと判断した場合には，当初の監査計画において策定した内部統制の運用状況の評価手続及び実証手続を実施しなければならない。また，重要な虚偽表示のリスクの程度が暫定的な評価よりも高いと判断した場合には，発見リスクの水準を低くするために監査計画を修正し，十分かつ適切な監査証拠を入手できるように監査手続を実施しなければならない。
2 　監査人は，ある特定の監査要点について，内部統制が存在しないか，あるいは有効に運用されていない可能性が高いと判断した場合には，内部統制に依拠することなく，実証手続により十分かつ適切な監査証拠を入手しなければならない。
3 　監査人は，特別な検討を必要とするリスクがあると判断した場合には，それが財務諸表における重要な虚偽の表示をもたらしていないかを確かめるための実証手続を実施し，また，必要に応じて，内部統制の整備状況を調査し，その運用状況の評価手続を実施しなければならない。
4 　監査人は，監査の実施の過程において，広く財務諸表全体に関係し特定の財務諸表項目のみに関連づけられない重要な虚偽表示のリスクを新たに

発見した場合及び当初の監査計画における全般的な対応が不十分であると判断した場合には，当初の監査計画を修正し，全般的な対応を見直して監査を実施しなければならない。

5 　監査人は，会計上の見積りの合理性を判断するために，経営者が行った見積りの方法の評価，その見積りと監査人の行った見積りや実績との比較等により，十分かつ適切な監査証拠を入手しなければならない。

6 　監査人は，監査の実施において不正又は誤謬を発見した場合には，経営者等に報告して適切な対応を求めるとともに，適宜，監査手続を追加して十分かつ適切な監査証拠を入手し，当該不正等が財務諸表に与える影響を評価しなければならない。

7 　監査人は，継続企業の前提に重要な疑義を抱かせる事象又は状況が存在すると判断した場合には，当該疑義に関して合理的な期間について経営者が行った評価，当該疑義を解消させるための対応及び経営計画等の合理性を検討しなければならない。

8 　監査人は，適正な財務諸表を作成する責任は経営者にあること，財務諸表の作成に関する基本的な事項，経営者が採用した会計方針，経営者は監査の実施に必要な資料を全て提示したこと及び監査人が必要と判断した事項について，経営者から書面をもって確認しなければならない。

四　他の監査人等の利用

1 　監査人は，他の監査人によって行われた監査の結果を利用する場合には，当該他の監査人によって監査された財務諸表等の重要性，及び他の監査人の品質管理の状況等に基づく信頼性の程度を勘案して，他の監査人の実施した監査の結果を利用する程度及び方法を決定しなければならない。

2 　監査人は，専門家の業務を利用する場合には，専門家としての能力及びその業務の客観性を評価し，その業務の結果が監査証拠として十分かつ適切であるかどうかを検討しなければならない。

3 　監査人は，企業の内部監査の目的及び手続が監査人の監査の目的に適合

するかどうか，内部監査の方法及び結果が信頼できるかどうかを評価した上で，内部監査の結果を利用できると判断した場合には，財務諸表の項目に与える影響等を勘案して，その利用の程度を決定しなければならない。

第四　報告基準

一　基本原則

1　監査人は，経営者の作成した財務諸表が，一般に公正妥当と認められる企業会計の基準に準拠して，企業の財政状態，経営成績及びキャッシュ・フローの状況をすべての重要な点において適正に表示しているかどうかについて意見を表明しなければならない。

2　監査人は，財務諸表が一般に公正妥当と認められる企業会計の基準に準拠して適正に表示されているかどうかの判断に当たっては，経営者が採用した会計方針が，企業会計の基準に準拠して継続的に適用されているかどうかのみならず，その選択及び適用方法が会計事象や取引を適切に反映するものであるかどうか並びに財務諸表の表示方法が適切であるかどうかについても評価しなければならない。

3　監査人は，監査意見の表明に当たっては，監査リスクを合理的に低い水準に抑えた上で，自己の意見を形成するに足る合理的な基礎を得なければならない。

4　監査人は，重要な監査手続を実施できなかったことにより，自己の意見を形成するに足る合理的な基礎を得られないときは，意見を表明してはならない。

5　監査人は，意見の表明に先立ち，自らの意見が一般に公正妥当と認められる監査の基準に準拠して適切に形成されていることを確かめるため，意見表明に関する審査を受けなければならない。この審査は，品質管理の方針及び手続に従った適切なものでなければならない。

二 監査報告書の記載区分
1 監査人は，監査報告書において，監査の対象，実施した監査の概要及び財務諸表に対する意見を明瞭かつ簡潔に記載しなければならない。ただし，意見を表明しない場合には，その旨を監査報告書に記載しなければならない。
2 監査人は，財務諸表の表示が適正であると判断し，その判断に関して説明を付す必要がある事項及び財務諸表の記載について強調する必要がある事項を監査報告書において情報として追記する場合には，意見の表明とは明確に区別しなければならない。

三 無限定適正意見の記載事項
監査人は，経営者の作成した財務諸表が，一般に公正妥当と認められる企業会計の基準に準拠して，企業の財政状態，経営成績及びキャッシュ・フローの状況をすべての重要な点において適正に表示していると認められると判断したときは，その旨の意見（この場合の意見を「無限定適正意見」という。）を表明しなければならない。この場合には，監査報告書に次の記載を行うものとする。
(1) 監査の対象
監査対象とした財務諸表の範囲，財務諸表の作成責任は経営者にあること，監査人の責任は独立の立場から財務諸表に対する意見を表明することにあること
(2) 実施した監査の概要
一般に公正妥当と認められる監査の基準に準拠して監査を行ったこと，監査の基準は監査人に財務諸表に重要な虚偽の表示がないかどうかの合理的な保証を得ることを求めていること，監査は試査を基礎として行われていること，監査は経営者が採用した会計方針及びその適用方法並びに経営者によって行われた見積りの評価も含め全体としての財務諸表の表示を検討していること，監査の結果として意見表明のため合理的な基礎を得たこ

と

(3) 財務諸表に対する意見

　経営者の作成した財務諸表が，一般に公正妥当と認められる企業会計の基準に準拠して，企業の財政状態，経営成績及びキャッシュ・フローの状況をすべての重要な点において適正に表示していると認められること

四　意見に関する除外

1　監査人は，経営者が採用した会計方針の選択及びその適用方法，財務諸表の表示方法に関して不適切なものがあり，無限定適正意見を表明することができない場合において，その影響が財務諸表を全体として虚偽の表示に当たるとするほどには重要でないと判断したときには，除外事項を付した限定付適正意見を表明しなければならない。この場合には，財務諸表に対する意見において，除外した不適切な事項及び財務諸表に与えている影響を記載しなければならない。

2　監査人は，経営者が採用した会計方針の選択及びその適用方法，財務諸表の表示方法に関して著しく不適切なものがあり，財務諸表が全体として虚偽の表示に当たると判断した場合には，財務諸表が不適正である旨の意見を表明しなければならない。この場合には，財務諸表に対する意見において，財務諸表が不適正である旨及びその理由を記載しなければならない。

五　監査範囲の制約

1　監査人は，重要な監査手続を実施できなかったことにより，無限定適正意見を表明することができない場合において，その影響が財務諸表に対する意見表明ができないほどには重要でないと判断したときには，除外事項を付した限定付適正意見を表明しなければならない。この場合には，実施した監査の概要において実施できなかった監査手続を記載し，財務諸表に対する意見において当該事実が影響する事項を記載しなければならない。

2　監査人は，重要な監査手続を実施できなかったことにより，財務諸表に

対する意見表明のための合理的な基礎を得ることができなかったときには，意見を表明してはならない。この場合には，財務諸表に対する意見を表明しない旨及びその理由を記載しなければならない。
3　監査人は，他の監査人が実施した監査の重要な事項について，その監査の結果を利用できないと判断したときに，更に当該事項について，重要な監査手続を追加して実施できなかった場合には，重要な監査手続を実施できなかった場合に準じて意見の表明の適否を判断しなければならない。
4　監査人は，将来の帰結が予測し得ない事象又は状況について，財務諸表に与える当該事象又は状況の影響が複合的かつ多岐にわたる場合には，重要な監査手続を実施できなかった場合に準じて意見の表明ができるか否かを慎重に判断しなければならない。

六　継続企業の前提
1　監査人は，継続企業の前提に重要な疑義が認められるときに，その重要な疑義に関わる事項が財務諸表に適切に記載されていると判断して無限定適正意見を表明する場合には，当該重要な疑義に関する事項について監査報告書に追記しなければならない。
2　監査人は，継続企業の前提に重要な疑義が認められるときに，その重要な疑義に関わる事項が財務諸表に適切に記載されていないと判断した場合は，当該不適切な記載についての除外事項を付した限定付適正意見を表明するか，又は，財務諸表が不適正である旨の意見を表明し，その理由を記載しなければならない。
3　監査人は，継続企業の前提に重要な疑義を抱かせる事象又は状況が存在している場合において，経営者がその疑義を解消させるための合理的な経営計画等を提示しないときには，重要な監査手続を実施できなかった場合に準じて意見の表明の適否を判断しなければならない。
4　監査人は，継続企業を前提として財務諸表を作成することが適切でない場合には，継続企業を前提とした財務諸表については不適正である旨の意

見を表明し，その理由を記載しなければならない。

七　追記情報

　監査人は，次に掲げる事項その他説明又は強調することが適当と判断した事項は，監査報告書に情報として追記するものとする。
　　(1)　正当な理由による会計方針の変更
　　(2)　重要な偶発事象
　　(3)　重要な後発事象
　　(4)　監査した財務諸表を含む開示書類における当該財務諸表の表示とその他の記載内容との重要な相違

四半期レビュー基準の設定に関する意見書

平成19年3月27日
企業会計審議会

一　審議の背景

　近年、企業を取り巻く経営環境の変化は激しく、これに伴い、企業業績等も短期間のうちに大きく変化することがみられるようになってきている。こうした状況の下では、投資者に対し、企業業績等に係る情報をより適時かつ迅速に開示することが求められるとともに、企業内においても、より適時に企業業績等に係る情報を把握し、的確な経営管理を行っていくことが期待される。

　こうしたことから、証券取引法上の制度として四半期報告制度の導入が検討され、平成18年6月に成立した金融商品取引法では、平成20年4月1日以後開始する事業年度から、上場会社等に対して四半期報告書の提出が義務づけられ、当該報告書に掲載される四半期財務諸表については公認会計士又は監査法人の監査証明を受けることとされた。

　公認会計士又は監査法人が四半期財務諸表に対して行う監査証明について、企業会計審議会では、平成17年1月の総会において、四半期レビュー基準の策定を行うことを決定し、監査部会において、同年9月から審議を進めてきた。同部会では、審議の結果を踏まえ、平成18年11月に「四半期レビュー基準の設定について（公開草案）」を公表して、広く意見を求めた。

　当審議会は寄せられた意見を参考にしつつ更に審議を行い、公開草案の内容を一部修正して、これを「四半期レビュー基準の設定に関する意見書」として公表することとした。

巻末資料

二 主な内容と考え方

　本四半期レビュー基準は，金融商品取引法における四半期報告制度の下で開示される四半期財務諸表について，年度の財務諸表の監査を実施する監査人が行う四半期レビューの基準であり，「四半期レビューの目的」，「実施基準」，「報告基準」の三つの区分から構成されている。

1　四半期レビューの目的

　「四半期レビューの目的」では，国際的な基準との整合性も勘案し，四半期レビューの目的は，四半期財務諸表の適正性に関する消極的形式による結論の表明にあること，すなわち，経営者の作成した四半期財務諸表について，一般に公正妥当と認められる四半期財務諸表の作成基準に準拠して，企業の財政状態，経営成績及びキャッシュ・フローの状況を適正に表示していないと信じさせる事項がすべての重要な点において認められなかったかどうかに関し，監査人が自ら入手した証拠に基づいて判断した結果を結論として表明することにあるものとした。

　一方，年度の財務諸表の監査の目的は，経営者の作成した財務諸表が，一般に公正妥当と認められる企業会計の基準に準拠して，企業の財政状態，経営成績及びキャッシュ・フローの状況をすべての重要な点において適正に表示しているかどうかについて，監査人が自ら入手した証拠に基づいて判断した結果を意見として表明することにある，としている。ここで，「すべての重要な点において」の位置が年度の財務諸表の監査の目的と四半期レビューの目的とでは異なっているが，年度の財務諸表も四半期財務諸表も，適正に表示しているかどうかの判断の基準に変わるところはなく，国際的に一般化している四半期レビューに特有の消極的形式による結論の表明を邦語で表現する上で，位置を変えているに過ぎない点に留意する必要がある。

　四半期レビューにおける監査人の結論は，本四半期レビュー基準に従い，不適切な結論を表明するリスクを適度な水準に抑えるために必要な手続を実

321

施して表明されるものであるが，その手続は，質問及び分析的手続等を基本とし，監査基準に準拠して実施される年度の財務諸表の監査に比べて限定的な手続からなる。また，四半期レビューは，財務諸表には全体として重要な虚偽の表示がないということについて合理的な保証を得るために実施される年度の財務諸表の監査と同様の保証を得ることを目的とするものではない。

ただし，四半期レビューは，年度の財務諸表の監査を前提として実施されるものであり，監査人は年度の財務諸表の監査と適切に組み合わせて四半期レビューを実施することにより，監査人が被監査企業の重要な虚偽表示に関わる情報を入手する機会が増すなど，全体として監査の実効性がより向上することが期待される。

監査人は，年度の財務諸表の監査を通じて得た，内部統制を含む，企業及び企業環境についての理解を四半期レビュー手続の中でも有効に活用していくことが求められるとともに，年度の財務諸表の監査における重要な着眼点等については，四半期レビューの中でも必要な検討を行い，併せて四半期レビューの結果は年度の監査計画にも適切に反映させていくことが求められる。

また，四半期レビューの目的の達成に関連して，監査人が備えるべき要件及び監査に対する姿勢について定めている監査基準の一般基準及び監査に関する品質管理基準は，四半期レビューにも適用されることに留意する必要がある。

したがって，監査人は，四半期レビューにおいても，年度の財務諸表の監査におけると同様に職業的専門家としての正当な注意を払い，特に，四半期財務諸表が一般に公正妥当と認められる四半期財務諸表の作成基準に準拠して作成されていない事項が，すべての重要な点において存在するかもしれないとの職業的懐疑心をもって四半期レビューを計画し，実施しなければならない。また，監査人は，四半期レビューにおいても，監査に関する品質管理の基準に基づいて定められた方針と手続に従い，審査その他の品質管理を実施しなければならない。

2　実施基準

「実施基準」では，四半期レビューの具体的な手続を示している。監査人は，年度の財務諸表の監査において得た，内部統制を含む，企業及び企業環境の理解及びそれに基づく重要な虚偽表示のリスクの評価を考慮して，四半期レビュー計画の策定を行い，これに基づき，質問，分析的手続その他の四半期レビュー手続を適切に実施することが求められる。四半期レビュー手続の実施に関しては，特に以下の点に留意する必要がある。

なお，四半期レビューは年度の財務諸表の監査を前提として実施されるものであるので，監査人が交代した場合には，後任の監査人は，前任の監査人から適切な引継ぎを行うとともに，年度の財務諸表の監査計画を踏まえ，四半期レビューが的確に行われるように計画しなければならない。

(1)　質問及び分析的手続の実施

四半期レビュー手続の実施に当たり，監査人は，企業が年度の財務諸表を作成する際の会計帳簿等の会計記録に基づいて四半期財務諸表を作成していることを確かめた上で，経営者等に対して，四半期財務諸表の重要な項目に関して的確な質問を実施するとともに，業種の特性等を踏まえたきめ細かな分析的手続を実施することが求められる。

(2)　適切な追加的手続の実施

四半期レビューは質問及び分析的手続等を基本とするが，それらを実施した結果，四半期財務諸表について，重要な点において適正に表示していない事項が存在する可能性が高い場合には，監査人は，四半期レビューの結論を表明するための十分な基礎を得るため，追加的な質問や関係書類の閲覧等の適切な追加的手続を実施して，当該事項の有無を確かめ，その事項の結論への影響を検討することが求められる。

(3)　継続企業の前提についての検討

継続企業の前提は四半期財務諸表の利用者の判断にも大きな影響を与えることから，監査人は，四半期レビューにおいても，経営者等に対する質問等の四半期レビュー手続を通じて，継続企業の前提について検討するこ

とが求められる。監査人は，質問等の結果，開示の必要があると判断した場合には，一般に公正妥当と認められる四半期財務諸表の作成基準に準拠して，適正に表示していないと信じさせる事項が認められないかどうかに関し，追加的な質問や関係書類の閲覧等の追加的な手続を実施して検討することになる。

　まず，前事業年度の決算日において継続企業の前提に重要な疑義を抱かせる事象又は状況が存在していた場合には，当四半期会計期間末までの事象又は状況の変化の有無を質問等の四半期レビュー手続により確かめ，特段の変化がなければ，前事業年度の開示を踏まえた同様の開示が行われているかどうかを検討する。

　また，前事業年度の決算日における継続企業の前提に重要な疑義を抱かせる事象又は状況に大きな変化がある場合，あるいは，前事業年度の決算日において継続企業の前提に重要な疑義を抱かせる事象又は状況が存在していなかったものの，当該四半期会計期間に継続企業の前提に重要な疑義を抱かせる事象又は状況が発生した場合については，少なくとも当該四半期会計期間末から一年間の継続企業の前提について，一般に公正妥当と認められる四半期財務諸表の作成基準に準拠して，適正に表示していないと信じさせる事項が認められないかどうかに関し，追加的な質問や関係書類の閲覧等の追加的な手続を実施して検討することに留意する。

(4)　その他

　四半期レビューにおいても，年度の財務諸表の監査に準じて，以下の手続を実施基準に明示した。

　　① 後発事象への対応
　　② 経営者からの書面による確認
　　③ 経営者等への伝達と対応
　　④ 他の監査人を利用する場合の対応

3 報告基準

　四半期レビューにおける監査人の結論は，経営者の作成した四半期財務諸表について，一般に公正妥当と認められる四半期財務諸表の作成基準に準拠して，企業の財政状態，経営成績及びキャッシュ・フローの状況を適正に表示していないと信じさせる事項がすべての重要な点において認められなかったかどうかについて消極的形式で表明される。報告基準に関して，特に留意されなければならない事項は以下のとおりである。

(1) 審査

　監査人は，年度の財務諸表の監査における意見表明に係る審査と同様，四半期レビューに係る結論の表明に先立ち，監査に関する品質管理の基準に基づいて定められた方針と手続に従い，自己の結論が四半期レビューの基準に準拠して適切に形成されているかどうかの審査を受けることが求められる。

(2) 四半期レビュー報告書

　四半期レビュー報告書は，四半期レビューの対象，実施した四半期レビューの概要及び四半期財務諸表に対する結論の三つの区分に分けて記載することとしている。まず，四半期レビューの対象では，年度の財務諸表の監査における監査報告書と同様，四半期レビューの対象とした四半期財務諸表の範囲，四半期財務諸表の作成責任は経営者にあること，監査人の責任は独立の立場から四半期財務諸表に対する結論を表明することにあることを記載することとしている。

　また，実施した四半期レビューの概要では，四半期レビューは質問，分析的手続その他の四半期レビュー手続からなり，これらは年度の財務諸表の監査に比べて限定的な手続からなることを述べることとしている。

(3) 四半期財務諸表に対する結論

　四半期財務諸表に対する結論を記載する区分については，無限定の結論の表明，除外事項を付した限定付結論の表明，否定的結論の表明及び結論の不表明の4つの種類を設け，それぞれの要件を示しているが，これらは，

年度の財務諸表の監査における監査人の意見の種類に対応させたものである。すなわち，無限定の結論は無限定適正意見，除外事項を付した限定付結論は除外事項を付した限定付適正意見，否定的結論は不適正である旨の意見，結論の不表明は意見の不表明に対応している。なお，除外事項が付される場合は，四半期財務諸表に適正に表示していないと信じさせる事項が認められる場合と，重要な四半期レビュー手続が実施できなかった場合に分けられる。

(4) その他

四半期レビュー報告書においても，年度の財務諸表の監査に準じて，以下の事項を報告基準に明示した。

① 他の監査人の利用
② 将来の帰結が予測し得ない事象等
③ 継続企業の前提
④ 追記情報

三 実施時期等

1 本四半期レビュー基準は，平成20年4月1日以後開始する事業年度に係る四半期財務諸表の監査証明から適用する。なお，基準の実施に当たり，関係法令において，所要の規定の整備を行うことが適当である。

2 特定の事業を行う会社（金融商品取引法第24条の4の7に定める上場会社等のうち内閣府令で定める事業を行う会社）に係る第2四半期の四半期報告書については，金融商品取引法上も，固有の取扱いが予定されているところであり，これらの会社が作成する第2四半期の四半期財務諸表については，監査人はこの基準の規定に関わらず，基本的に中間監査基準に準拠した対応を行う必要がある。

3 「2 実施基準(3)継続企業の前提について」に関連して，「中間監査基準の改訂について（平成14年12月6日企業会計審議会）」の前文において，「中

間監査においては，少なくとも当該中間会計期間の属する事業年度末までの期間における合理的な経営計画等の提示を求め検討することとする。」とされているが，これについても，本四半期レビュー基準の実施に当たって，「中間監査においては，前事業年度の決算日における継続企業の前提に重要な疑義を抱かせる事象又は状況に特段の変化がなければ，少なくとも当該中間会計期間の属する事業年度末までの期間における合理的な経営計画等の提示を求め検討する。また，前事業年度の決算日における継続企業の前提に重要な疑義を抱かせる事象又は状況に大きな変化がある場合，あるいは，前事業年度の決算日において継続企業の前提に重要な疑義を抱かせる事象又は状況が存在していなかったものの，当該中間会計期間に継続企業の前提に重要な疑義を抱かせる事象又は状況が発生した場合については，少なくとも当事業年度の下半期から翌事業年度の上半期までの期間における合理的な経営計画等の提示を求め検討することとする。」とすることに留意する必要がある。

4 本四半期レビュー基準を実務に適用するに当たって必要となる実務の指針については，日本公認会計士協会において，関係者とも協議の上，適切な手続の下で作成されることが要請される。

四半期レビュー基準

第一　四半期レビューの目的

　四半期レビューの目的は，経営者の作成した四半期財務諸表について，一般に公正妥当と認められる四半期財務諸表の作成基準に準拠して，企業の財政状態，経営成績及びキャッシュ・フローの状況を適正に表示していないと信じさせる事項がすべての重要な点において認められなかったかどうかに関し，監査人が自ら入手した証拠に基づいて判断した結果を結論として表明することにある。

　四半期レビューにおける監査人の結論は，四半期財務諸表に重要な虚偽の表示があるときに不適切な結論を表明するリスクを適度な水準に抑えるために必要な手続を実施して表明されるものであるが，四半期レビューは，財務諸表には全体として重要な虚偽の表示がないということについて合理的な保証を得るために実施される年度の財務諸表の監査と同様の保証を得ることを目的とするものではない。

第二　実施基準

1　内部統制を含む，企業及び企業環境の理解
　　監査人は，四半期レビュー計画の策定に当たり，年度の財務諸表の監査において行われる，内部統制を含む，企業及び企業環境の理解並びにそれに基づく重要な虚偽表示のリスクの評価を考慮し，四半期財務諸表の作成に係る内部統制についても十分に理解しなければならない。

2　四半期レビュー計画
　　監査人は，四半期レビュー計画を，年度の財務諸表の監査の監査計画のな

かで策定することができる。年度の財務諸表の監査を実施する過程において，四半期レビュー計画の前提とした重要な虚偽表示のリスクの評価を変更した場合や特別な検討を必要とするリスクがあると判断した場合には，その変更等が四半期レビュー計画に与える影響を検討し，必要であれば適切な修正をしなければならない。

3 四半期レビュー手続

　監査人は，質問，分析的手続その他の四半期レビュー手続を実施しなければならない。四半期レビュー手続は，経営者の作成した四半期財務諸表について，一般に公正妥当と認められる四半期財務諸表の作成基準に準拠して，企業の財政状態，経営成績及びキャッシュ・フローの状況を適正に表示していないと信じさせる事項がすべての重要な点において認められなかったかどうかについての監査人の結論の基礎を与えるものでなければならない。

4 質　問

　監査人は，四半期財務諸表の重要な項目に関して，それらの項目が一般に公正妥当と認められる四半期財務諸表の作成基準に準拠して作成されているかどうか，会計方針の変更や新たな会計方針の適用があるかどうか，会計方針の適用に当たって経営者が設けた仮定の変更，偶発債務等の重要な会計事象又は状況が発生したかどうか，経営者や従業員等による不正や不正の兆候の有無等について，経営者，財務及び会計に関する事項に責任を有する者その他適切な者に質問を実施しなければならない。

5 分析的手続

　監査人は，四半期財務諸表と過去の年度の財務諸表や四半期財務諸表の比較，重要な項目の趨勢分析，主要項目間の関連性比較，一般統計データとの比較，予算と実績との比較，非財務データとの関連性分析，部門別・製品別の分析，同業他社の比率や指数との比較等，財務数値の間や財務数値と非財

務数値等の間の関係を確かめるために設計された分析的手続を，業種の特性等を踏まえて実施しなければならない。分析的手続を実施した結果，財務変動に係る矛盾又は異常な変動がある場合には追加的な質問を実施し，その原因を確かめなければならない。

6 会計記録に基づく作成

　監査人は，四半期財務諸表が，年度の財務諸表の作成の基礎となる会計記録に基づいて作成されていることを確かめなければならない。

7 追加的な手続

　監査人は，四半期財務諸表について，企業の財政状態，経営成績及びキャッシュ・フローの状況を重要な点において適正に表示していない事項が存在する可能性が高いと認められる場合には，追加的な質問や関係書類の閲覧等の追加的な手続を実施して当該事項の有無を確かめ，その事項の結論への影響を検討しなければならない。

8 後発事象

　監査人は，四半期財務諸表において修正又は開示すべき後発事象があるかどうかについて，経営者に質問しなければならない。

9 継続企業の前提

　監査人は，前事業年度の決算日における継続企業の前提に重要な疑義を抱かせる事象又は状況に関する経営者の評価に変更があるかどうかについて質問し，また，監査人が継続企業の前提に重要な疑義を抱かせる事象又は状況を認めた場合には，経営者に開示の要否について質問しなければならない。

　質問の結果，開示を必要とする事象又は状況があると判断した場合には，それらの事象又は状況が四半期財務諸表において，一般に公正妥当と認められる四半期財務諸表の作成基準に準拠して，適正に表示していないと信じさ

せる事項が認められないかどうかに関し，追加的な質問や関係書類の閲覧等の追加的な手続を実施して，検討しなければならない。

10　経営者からの書面による確認

　監査人は，適正な四半期財務諸表を作成する責任は経営者にあること，四半期財務諸表を作成するための内部統制を構築し維持する責任は経営者にあること，四半期財務諸表の作成に関する基本的な事項，経営者が採用した会計方針，経営者が四半期レビューの実施に必要な資料をすべて提示したこと及び監査人が必要と判断した事項について，経営者から書面をもって確認しなければならない。

11　経営者等への伝達と対応

　監査人は，四半期財務諸表について，企業の財政状態，経営成績及びキャッシュ・フローの状況を重要な点において適正に表示していないと信じさせる事項が認められる場合には，経営者等にその事項を伝達し，適切な対応を求めるとともに，適切な対応がとられない場合には，当該事項の四半期レビューの結論への影響を検討しなければならない。

12　他の監査人の利用

　監査人は，他の監査人によって行われた四半期レビュー等の結果を利用する場合には，当該他の監査人が関与した四半期財務諸表等の重要性及び他の監査人の品質管理の状況等に基づく信頼性の程度を勘案して，他の監査人の実施した四半期レビュー等の結果を利用する程度及び方法を決定しなければならない。

第三　報告基準

1　結論の表明

　　監査人は，経営者の作成した四半期財務諸表について，一般に公正妥当と認められる四半期財務諸表の作成基準に準拠して，企業の財政状態，経営成績及びキャッシュ・フローの状況を適正に表示していないと信じさせる事項がすべての重要な点において認められなかったかどうかに関する結論を表明しなければならない。

2　審　査

　　監査人は，結論の表明に先立ち，自らの結論が一般に公正妥当と認められる四半期レビューの基準に準拠して適切に形成されていることを確かめるため，結論の表明に関する審査を受けなければならない。この審査は，品質管理の方針及び手続に従った適切なものでなければならない。

3　四半期レビュー報告書の記載

　　監査人は，四半期レビュー報告書において，四半期レビューの対象，実施した四半期レビューの概要及び結論を明瞭かつ簡潔に記載しなければならない。ただし，結論を表明しない場合には，その旨を四半期レビュー報告書に記載しなければならない。

4　結論の表明と追記情報との区別

　　監査人は，四半期財務諸表において適正に表示していないと信じさせる事項が認められないと判断し，その判断に関して説明を付す必要がある事項及び四半期財務諸表の記載について強調する必要がある事項を四半期レビュー報告書において情報として追記する場合には，結論の表明とは明確に区別しなければならない。

5 無限定の結論

　監査人は，経営者の作成した四半期財務諸表について，一般に公正妥当と認められる四半期財務諸表の作成基準に準拠して，企業の財政状態，経営成績及びキャッシュ・フローの状況を適正に表示していないと信じさせる事項がすべての重要な点において認められなかった場合には，その旨の結論（この場合の結論を「無限定の結論」という）を表明しなければならない。この場合には，四半期レビュー報告書に次の記載を行うものとする。

(1) 四半期レビューの対象

　四半期レビューの対象とした四半期財務諸表の範囲，四半期財務諸表の作成責任は経営者にあること，監査人の責任は独立の立場から四半期財務諸表に対する結論を表明することにあること

(2) 実施した四半期レビューの概要

　一般に公正妥当と認められる四半期レビューの基準に準拠して四半期レビューを行ったこと，四半期レビューは質問，分析的手続その他の四半期レビュー手続からなり，年度の財務諸表の監査に比べて限定的な手続からなること

(3) 四半期財務諸表に対する結論

　経営者の作成した四半期財務諸表について，一般に公正妥当と認められる四半期財務諸表の作成基準に準拠して，企業の財政状態，経営成績及びキャッシュ・フローの状況を適正に表示していないと信じさせる事項がすべての重要な点において認められなかったこと

6 結論に関する除外

　監査人は，経営者の作成した四半期財務諸表について，一般に公正妥当と認められる四半期財務諸表の作成基準に準拠して，企業の財政状態，経営成績及びキャッシュ・フローの状況を重要な点において適正に表示していないと信じさせる事項が認められ，無限定の結論を表明することができない場合において，その影響が四半期財務諸表の全体に対して否定的結論を表明する

ほど重要でないと判断したときには，除外事項を付した限定付結論を表明し，修正すべき事項及び可能であれば当該事項が四半期財務諸表に与える影響を記載しなければならない。

7 否定的結論

　監査人は，経営者の作成した四半期財務諸表について，一般に公正妥当と認められる四半期財務諸表の作成基準に準拠して，企業の財政状態，経営成績及びキャッシュ・フローの状況を重要な点において適正に表示していないと信じさせる事項が認められる場合において，その影響により四半期財務諸表が全体として虚偽の表示に当たると判断したときには，否定的結論を表明し，その理由を記載しなければならない。

8 四半期レビュー範囲の制約

　監査人は，重要な四半期レビュー手続を実施できなかったことにより，無限定の結論を表明できない場合において，その影響が四半期財務諸表に対する結論の表明ができないほどに重要でないと判断したときは，除外事項を付した限定付結論を表明しなければならない。この場合には，実施した四半期レビューの概要において，実施できなかった四半期レビュー手続を記載し，四半期財務諸表に対する結論において当該事実が影響する事項を記載しなければならない。

9 結論の不表明

　監査人は，重要な四半期レビュー手続を実施できなかったことにより，無限定の結論の表明ができない場合において，その影響が四半期財務諸表に対する結論の表明ができないほどに重要であると判断したときは，結論を表明してはならない。この場合には，四半期財務諸表に対する結論を表明しない旨及びその理由を記載しなければならない。

10 他の監査人の利用

　監査人は，他の監査人が実施した四半期レビュー等の重要な事項について，その結果を利用できないと判断したときに，更に当該事項について，重要な四半期レビュー等の手続を追加して実施できなかった場合には，重要な四半期レビュー手続が実施できなかった場合に準じて結論の表明の適否を判断しなければならない。

11 将来の帰結が予測し得ない事象等

　監査人は，重要な偶発事象等の将来の帰結が予測し得ない事象又は状況について，四半期財務諸表に与える当該事象又は状況の影響が複合的かつ多岐にわたる場合には，重要な四半期レビュー手続を実施できなかった場合に準じて，結論の表明ができるか否かを慎重に判断しなければならない。

12 継続企業の前提

　監査人は，継続企業の前提に重要な疑義が認められる場合には，次のとおり結論の表明及び四半期レビュー報告書の記載を行わなければならない。
(1) 当該重要な疑義に関わる事項が四半期財務諸表に適切に記載されていると判断して，無限定の結論を表明する場合には，当該重要な疑義に関する事項について四半期レビュー報告書に追記しなければならない。
(2) 当該重要な疑義に関わる事項が四半期財務諸表に適切に記載されていないと判断した場合は，当該不適切な記載についての除外事項を付した限定付結論又は否定的結論を表明し，その理由を記載しなければならない。

13 追記情報

　監査人は，次に掲げる事項その他説明又は強調することが適当と判断した事項は，四半期レビュー報告書に情報として追記するものとする。
(1) 正当な理由による会計方針の変更
(2) 重要な偶発事象

(3) 重要な後発事象
(4) 監査人が結論を表明した四半期財務諸表を含む開示書類における当該四半期財務諸表の表示とその他の記載内容との重要な相違

巻末資料

監査に関する品質管理基準の設定について

平成17年10月28日
企業会計審議会

一　経緯

　当審議会は，平成17年１月の総会において，監査の品質管理の具体化・厳格化に関する審議を開始することを決定し，平成17年３月から監査部会において審議を進めてきた。これは，監査法人の審査体制や内部管理体制等の監査の品質管理に関連する非違事例が発生したことに対応し，公認会計士による監査の品質の向上を図ることを目的とするものである。

　平成17年７月，監査に関する品質管理の基準（以下「品質管理基準」という。）を，「監査基準及び中間監査基準の改訂並びに監査に関する品質管理基準の設定について（公開草案）」として公表して，広く各界の意見を求めた。当審議会は，寄せられた意見を参考にしつつ，更に審議を行い，公開草案の内容を一部修正して，これを「監査に関する品質管理基準の設定に係る意見書」として公表することとした。なお，国際的にも品質管理に関する基準の改訂が進められており，今回の基準は，こうした国際的な動向にも対応したものとなっている。

二　品質管理基準の位置づけ及び構成

　本品質管理基準を策定するに当たっては，我が国における監査の品質管理に関する状況を考慮するとともに，国際的な基準の動向も踏まえて検討を行い，監査基準の一般基準における品質管理の規定の一部改訂等に加えて，独立の基準を設けることとした。品質管理基準は，公認会計士による監査業務の質を合理的に確保するためのものであり，監査基準とともに一般に公正妥当と認めら

れる監査の基準を構成し，監査基準と一体となって適用されるものである。

　また，品質管理には，監査事務所が遵守すべき品質管理と個々の監査業務を実施する監査実施者が遵守すべき品質管理があることから，品質管理基準では，各項目ごとに監査事務所に適用される基準と監査実施者に適用される基準に分けて規定を設けている。

　なお，品質管理基準は，公認会計士による財務諸表の監査において適用されるものであるが，品質管理のシステムの内容は，監査業務の質が合理的に確保される範囲において，監査事務所が扱う監査業務の目的，内容等に応じて，変化しうるものであると考えられる。

　また，中間監査も，財務諸表の監査の一環として行われるものであることから，本品質管理基準が適用される。

三　主な内容と考え方

1　品質管理のシステムの整備及び運用

　最近の非違事例等を踏まえると，監査事務所は，監査契約の新規の締結及び更新に関する意思決定，監査人の適格性の判断，監査業務の実施，監査業務に係る審査等のそれぞれの過程において，個々の監査業務を管理する体制を整備し，こうした体制を適切に運用することが必要であると考えられる。

　そこで，監査事務所に，監査業務の各段階における品質管理のシステムを整備及び運用するとともに，品質管理のシステムの監視を求めることとした。また，監査実施の責任者は，これらに従って監査業務を実施すること，監査事務所は，品質管理のシステムの整備及び運用の状況を適切に記録及び保存すること，品質管理に関する責任者を明確にすること等が求められている。

2　職業倫理及び独立性

　公認会計士による監査が信頼されるためには，監査人が特定の利害に関係せず公正不偏の態度を保持し，財務諸表の適正性について公正な判断を下す

ことが重要である。監査基準は，一般基準において，公正不偏の態度及び独立性の保持を求めているが，監査事務所は，監査実施者が法令や監査基準等で求められている独立性の要件等を，その趣旨に照らして的確に確保しているかの判断を行う必要があると考えられる。そこで，品質管理基準は，監査事務所に，職業倫理及び独立性の遵守に関する方針及び手続を策定すること，監査実施の責任者に，方針及び手続を遵守し，補助者が遵守していることを確かめること等を求めている。

3 監査契約の新規の締結及び更新

監査事務所は，監査契約の新規の締結及び更新に関する方針及び手続を策定し，監査契約を締結する企業の状況だけでなく，監査事務所の規模及び組織，当該監査業務に適した能力及び経験を有する監査実施者の確保の状況等を勘案して，適切な監査業務が実施できるかを判断することが求められている。また，監査実施の責任者は，監査契約が監査事務所の定める方針及び手続に従っていることを確かめることが求められている。

4 監査実施者の採用，教育・訓練，評価及び選任

監査事務所は，監査契約の新規の締結及び更新並びに監査業務の実施において，当該監査業務に関わる監査実施者が適切に監査業務を実施できる能力及び経験等を有しているかを判断することが必要である。そこで，監査事務所に，監査実施者の採用，教育・訓練，評価及び選任に関する方針及び手続を策定し，これを遵守すべきことを求めている。

5 業務の実施

(1) 監査業務の実施

過去の非違事例等を踏まえると，監査事務所は，企業の業態や経営状況に応じて，監査事務所が有する情報や監査の手法を，監査実施者に的確に伝達するとともに，監査実施者に適切な指示や指導を行う体制を整備する

ことが必要と考えられた。そこで，監査事務所には，これらが実行されるような監査の実施に関する方針及び手続を求めることとした。

また，リスク・アプローチの適用や見積りの要素の増大等により，監査人の判断の部分が多くなっていることから，監査手続書等を整備すること，判断の過程を監査調書に十分に記載することが重要と考えられる。そこで，監査調書の記録及び保存の方法等を定めること，及び監査調書を適切に作成することを求めている。

(2) 監査業務に係る審査

監査基準の報告基準では，監査意見の表明に関する審査が求められている。監査事務所は，個々の監査業務に応じて適切な審査がなされるようなルールを整備することが重要であるとともに，こうした審査の内容及び結論は適切に記録及び保存されなければならないと考えられる。そこで，品質管理基準では，監査事務所に，審査に関する方針及び手続を定め，適切な審査の実施を確かめるとともに，監査事務所及び審査の担当者に，審査の内容及び結論を監査調書として記録及び保存することを求めている。

(3) その他

専門的な見解の問合せ，監査上の判断の相違の解決等についても規定を設けている。

6 品質管理のシステムの監視

監査事務所が定める品質管理のシステムに従って品質管理が行われていない等の問題がある場合には，適時に発見され改善が図られることが必要であり，これにより監査業務の質が合理的に保たれることとなる。そこで，品質管理基準は，監査事務所に，品質管理のシステムの日常的監視及び監査業務の定期的な検証に関する方針及び手続を定め，遵守を確かめることを求めている。

また，監査業務の実施における法令違反，監査事務所の定める品質管理のシステムの抵触等に関して情報がもたらされる場合があることから，監査事

務所は，これらに対処するための方針及び手続を定めておくことが求められている。

7　監査事務所間の引継

　監査事務所が交代する場合には，後任の監査事務所にとって過年度における情報は非常に重要である。そこで，監査事務所に，監査事務所間の引継に関する方針及び手続を定め，適切な引継を行うことを求めている。なお，前任の監査事務所が重要な虚偽の表示に関わる情報又は状況を把握している場合には，それらを後任の監査事務所に適切に引継ぐことが求められている。

8　共同監査

　監査事務所が，他の監査事務所と共同で監査を実施する場合においても，監査業務の質は合理的に保たれる必要があるのは当然のことである。共同監査を担当する複数の監査事務所の品質管理のシステムが同一でないとしても，それらが品質管理基準に準拠したものであれば，監査業務の質は合理的に確保できると考えられる。そこで，他の監査事務所の品質管理のシステムが，品質管理基準に準拠し，監査の質を合理的に確保するものであるかを確かめることが求められている。

四　実施時期等

1　品質管理基準は，平成19年3月決算に係る財務諸表の監査から実施する。ただし，平成18年3月決算に係る財務諸表の監査から実施することを妨げない。なお，改訂基準の実施に当たり，関係法令において，基準の改訂に伴う所要の整備を行うことが適当である。
2　改訂基準を実務に適用するに当たって必要となる実務の指針については，日本公認会計士協会において，関係者とも協議の上，適切な手続の下で，早急に作成されることが要請される。

監査に関する品質管理基準

第一　目　的

　本基準は，監査基準と一体として適用されるものであり，財務諸表の監査を実施する監査事務所及び監査実施者に，監査業務の質を合理的に確保することを求めるものである。
（注）1　本基準における監査事務所及び監査実施の責任者は，監査基準における監査人に相当する。
　　　2　監査事務所とは，個人事務所及び監査法人をいう。
　　　3　監査実施者とは，監査実施の責任者及び監査業務に従業する補助者をいう。

第二　品質管理のシステムの整備及び運用

1　監査事務所は，監査業務の質を合理的に確保するために，監査契約の新規の締結及び更新から，監査計画の策定，監査業務の実施及び監査報告書の発行に至る品質管理のシステムを適切に整備し，運用しなければならない。
2　監査実施の責任者は，監査事務所が設けた品質管理のシステムに準拠して，監査業務を行わなければならない。
3　監査事務所は，品質管理のシステムの整備及び運用の状況を適切に記録し，保存するための方針及び手続を定め，それらが遵守されていることを確かめなければならない。

第三　品質管理のシステムの構成

　監査事務所は，少なくとも，以下の事項に関する方針及び手続からなる品質管理のシステムを設けなければならない。
(1)　品質管理に関する責任
(2)　職業倫理及び独立性
(3)　監査契約の新規の締結及び更新
(4)　監査実施者の採用，教育・訓練，評価及び選任
(5)　業務の実施
(6)　品質管理のシステムの監視

第四　品質管理に関する責任

1　監査事務所は，品質管理に関する適切な方針及び手続を定め，品質管理のシステムの整備及び運用に関する責任を負わなければならない。
2　監査事務所は，品質管理のシステムの整備及び運用に関する責任者を明確にしなければならない。
3　監査実施の責任者は，監査事務所が定める品質管理の方針及び手続に準拠して監査を実施する責任を負わなければならない。

第五　職業倫理及び独立性

一　職業倫理
1　監査事務所は，職業倫理の遵守に関する方針及び手続を定め，それらの方針及び手続が遵守されていることを確かめなければならない。
2　監査実施の責任者は，監査事務所の定める職業倫理の遵守に関する方針及び手続を遵守するとともに，それらが補助者により遵守されていることを確かめなければならない。

二　独　立　性

1　監査事務所は，独立性が適切に保持されるための方針及び手続を定め，それらの方針及び手続が遵守されていることを確かめなければならない。

2　監査実施の責任者は，監査事務所の定める独立性の保持のための方針及び手続を遵守するとともに，それらが補助者により遵守されていることを確かめなければならない。

第六　監査契約の新規の締結及び更新

1　監査事務所は，監査契約の新規の締結及び更新の判断に関する方針及び手続を定め，監査事務所の規模及び組織，当該監査業務に適した能力及び経験を有する監査実施者の確保の状況，並びに，監査契約の新規の締結及び更新の判断に重要な影響を及ぼす事項等を勘案し，適切な監査業務を実施することができるかを判断しなければならない。

2　監査実施の責任者は，監査契約の新規の締結及び更新が，監査事務所の定める方針及び手続に従って適切に行われていることを確かめ，当該契約の新規の締結及び更新の適切性に重要な疑義をもたらす情報を入手した場合には，監査事務所に，適宜，伝えなければならない。

第七　監査実施者の採用，教育・訓練，評価及び選任

1　監査事務所は，監査実施者の採用，教育・訓練，評価及び選任に関する方針及び手続を定め，監査業務を実施するために必要な能力，経験及び求められる職業倫理を備えた監査実施者を確保しなければならない。

2　監査事務所は，監査実施者の選任と構成に関する方針及び手続を定め，企業の事業内容等に応じた適切な監査を実施するための能力，経験及び独立性を有するとともに，監査業務に十分な時間を確保できる監査実施者を選任しなければならない。

3 　監査実施の責任者が，監査業務に補助者を使用する場合には，当該補助者が監査業務に必要な能力，経験及び独立性を有するとともに，十分な時間を確保できることを確かめなければならない。

第八　業務の実施

一　監査業務の実施

1 　監査事務所は，監査業務の実施に関する品質管理の方針及び手続を定め，監査に必要な情報及び技法を蓄積し，監査実施者に適時かつ的確に情報を伝達するとともに，適切な指示及び指導を行う体制を整備し，監査業務の品質が合理的に確保されるようにしなければならない。

2 　監査事務所は，監査業務の実施に関する品質管理の方針及び手続に，監査手続の遂行，監督及び査閲の方法，監査調書としての記録及び保存の方法等に関する適切な規程を含めなければならない。

3 　監査実施の責任者は，監査事務所の定める，監査業務の実施に関する品質管理の方針及び手続を遵守し，補助者に対し適切な指示及び監督を行い，監査調書が適切に作成されているかを確かめなければならない。

4 　監査実施の責任者は，監査意見の表明に先立ち，監査調書の査閲等を通して，十分かつ適切な監査証拠が入手されていることを確かめなければならない。

二　専門的な見解の問合せ

1 　監査事務所は，監査事務所内外の適切な者から専門的な見解を得るための方針及び手続を定め，監査実施の責任者がそれらを遵守していることを確かめなければならない。

2 　監査実施の責任者は，監査事務所の定める方針及び手続に従い，監査事務所内外の適切な者から見解を得た場合には，その内容を適切に記録し，得られた見解が監査業務の実施及び監査意見の形成において十分に検討さ

れているかを確かめなければならない。
(注) 専門的な見解の問合せとは，監査業務に関して，監査事務所内外の専門的な知識，経験等を有する者から，専門的な事項に係る見解を得ることをいう。

三 監査上の判断の相違
1 監査事務所は，監査実施者間又は監査実施の責任者と監査業務に係る審査の担当者等との間の判断の相違を解決するために必要な方針及び手続を定め，それらの方針及び手続に従って監査実施の責任者が判断の相違を適切に解決していることを確かめなければならない。
2 監査実施の責任者は，監査事務所の定める方針及び手続に従って，監査実施者間又は監査実施の責任者と監査業務に係る審査の担当者等との間の判断の相違を解決しなければならない。
3 監査事務所は，監査実施の責任者と監査業務に係る審査の担当者等との間の判断の相違が解決しない限り，監査報告書を発行してはならない。

四 監査業務に係る審査
1 監査事務所は，監査業務に係る審査に関する方針及び手続を定め，企業の状況等に応じて審査の範囲，担当者，時期等を考慮し，監査手続，監査上の判断及び監査意見の形成について，適切な審査が行われていることを確かめなければならない。
2 監査事務所は，監査業務に係る審査の担当者として，十分な知識，経験，能力及び当該監査業務に対する客観性を有する者を選任しなければならない。
3 監査事務所及び審査の担当者は，監査事務所の定める方針及び手続に従って，監査業務に係る審査の内容及び結論を，監査調書として記録及び保存しなければならない。

第九　品質管理のシステムの監視

1　監査事務所は，品質管理のシステムの監視に関する方針及び手続を定め，それらが遵守されていることを確かめなければならない。当該方針及び手続には，品質管理のシステムに関する日常的監視及び監査業務の定期的な検証が含まれる。
2　監査事務所は，品質管理のシステムの日常的監視及び監査業務の定期的な検証によって発見された不備及びこれに対して改善すべき事項が，品質管理のシステムの整備及び運用に関する責任者，監査実施の責任者等に伝えられ，必要な是正措置が講じられていることを確かめなければならない。
3　監査実施の責任者は，指摘された不備が監査意見の適切な形成に影響を与えていないこと，及び必要な措置が的確に講じられたかどうかを確かめなければならない。
4　監査事務所は，監査業務に係る監査実施者の不適切な行為，判断並びに意見表明，関連する法令に対する違反及び監査事務所の定める品質管理のシステムへの抵触等に関して，監査事務所内外からもたらされる情報に対処するための方針及び手続を定め，それらが遵守されていることを確かめなければならない。

第十　監査事務所間の引継

1　監査事務所は，後任の監査事務所への引継に関する方針及び手続を定め，それらが遵守されていることを確かめなければならない。なお，財務諸表における重要な虚偽の表示に関わる情報又は状況を把握していた場合には，後任の監査事務所に，それらを伝達しなければならない。
2　監査事務所は，前任の監査事務所からの引継に関する方針及び手続を定め，それらが遵守されていることを確かめなければならない。

第十一　共同監査

　監査事務所及び監査実施の責任者は，複数の監査事務所が共同して監査業務を行う場合には，他の監査事務所の品質管理のシステムが，本基準に準拠し，当該監査業務の質を合理的に確保するものであるかどうかを，監査契約の新規の締結及び更新の際，並びに，必要に応じて監査業務の実施の過程において確かめなければならない。

第十二　中間監査への準用

　本基準は，中間監査について準用する。

索　引

（あ）

アーサー・アンダーセン会計事務所 … 92
アカウンタビリティ …………………… 28
アテステーション ……………………… 250
アメリカ会計学会の
　　基礎的監査概念委員会 …… 24, 42, 136
アメリカにおける法定監査 …………… 34
アメリカ預託証券 ……………………… 235

（い）

意見表明の判断基準 …………………… 47
意見不表明報告書 ……………………… 196
意思決定機関 …………………………… 225
一般基準 ………………………………… 64
一般に公正妥当と認められる
　　監査の基準 ………………………… 47, 60
一般に公正妥当と認められる
　　企業会計の慣行 …………………… 276, 279
一般に公正妥当と認められる
　　企業会計の基準 …………………… 13, 47, 48
一般に認められる監査実務慣行 ……… 72

（え）

影響力基準 ……………………………… 228
エクスペクテーション・ギャップ …… 58
閲覧 ……………………………………… 152
エンロン事件 …………………………… 92

（お）

往査 ……………………………………… 187
オピニオン・ショッピング …………… 58

（か）

外観的独立性 …………………………… 81
懐疑心 …………………………………… 56, 86

回帰分析 ………………………………… 156
会計監査人監査 ………………………… 270
会計監査人監査の目的 ………………… 270
会計監査人の監査報告書 ……………… 276
会計監査人の子会社調査権 …………… 275
会計監査人の権限 ……………………… 274
会計監査人の選任と解任 ……………… 273
会計監査論の課題 ……………………… 5
会計方針 ………………………………… 188
会計方針の変更と注記 ………………… 210
会計方針の変更における
　　正当な理由 ………………………… 213
会計方針の変更に関する実務指針 …… 211
開示後発事象 …………………………… 219
外部証拠 ………………………………… 145
確認 ……………………………………… 150
確認書 …………………………………… 33
カネボウ粉飾事件 ……………………… 37
慣行 ……………………………………… 18
監査 ……………………………………… 42
監査・保証実務委員会報告 …………… 71
監査依頼人に対する監査人の責任 …… 88
監査概要書 ……………………………… 177
監査基準委員会報告書 ………………… 71
監査基準書第53号（1988年） ………… 56
監査基準の意義 ………………………… 62
監査基準の構成 ………………………… 64
監査業務に係る審査 …………………… 69
監査計画の意義 ………………………… 132
監査計画の種類 ………………………… 133
監査契約の新規の締結及び更新 ……… 68
監査主体 ………………………………… 44
監査証拠 ………………………………… 140
監査証拠と合理的な基礎 ……………… 142
監査証拠の証明力 ……………………… 140
監査証拠の適合力 ……………………… 140

349

監査証拠の評価	140
監査証拠の分類と証明力	143
監査上の重要性	105
監査証明府令	62
監査調書	164
監査調書作成の目的	164
監査調書の種類	166
監査調書の保存と秘密の保持	167
監査調書の要件	166
観察	152
監査手続	148
監査手続の種類	149
監査手続の選択	148
監査手続の適用	148
監査に関する品質管理基準	66
監査人	76
監査人と被監査会社との特別の利害関係	82
監査人と被監査会社との利害関係の有無	185
監査人に対する処分	92
監査人による重要性の判断	191
監査人の義務と責任	85
監査人の資格と独立性	79
監査人の責任	88
監査人の任務	44
監査の5つの要素	2
監査の意見	5
監査の概要	7
監査の基準と会計基準との関係	60
監査の基本方針	133
監査の対象	6
監査の定義(アメリカ会計学会)	42
監査の目的	43
監査範囲の制約	186
監査報告書(会社法)	278
監査報告書(個別財務諸表)	4,180
監査報告書(連結財務諸表)	230
監査報告書の宛先	181
監査報告書の意義	176
監査報告書の作成日	181
監査報告書の種類	176
監査報告書の表題	181
監査報酬の額	177
監査法人	78
監査法人制度	35
監査法人に係る著しい利害関係	83
監査保証	100
監査目的の重点の変化	55
監査役	42
監査要点	136
監査要点の種類	137
監査リスク	97,104
監査リスクと3つの構成要素	102
監査リスクと3つの構成要素の相互関係	103
監査リスクと重要性	103
監査リスクと重要性との関係	105
監査リスクモデルの実践的評価	101
勘定分析	154
関連会社	228
関連会社の範囲	227,229

(き)

期間配分の適切性	139
企業改革法	92
企業会計基準委員会	49
企業会計基準委員会が公表した会計基準	48
企業会計審議会	49
企業会計審議会が公表した会計基準	48
企業の実態	13
企業を取り巻く利害関係者	12
協同組織金融機関監査	39
業務執行社員	181
業務プロセスに係る内部統制	253
金融機関の倒産	36
金融商品取引法	29

索　引

金融商品取引法に基づく
　　財務ディスクロージャー ………… 29
金融商品取引法の目的(第1条) ……… 40

(く)

偶発事象 ……………………………… 216
繰延税金資産 …………………………… 19

(け)

経営者が確認することを拒否した
　　場合の取扱い ………………… 171
経営者確認書 ………………………… 168
経営者確認書の具体例 ……………… 172
経営者確認書を入手する際の
　　留意事項 ……………………… 170
経営者が不正に関与しようとする
　　動機やプレッシャー ………… 127
経営者の姿勢 ………………………… 129
経営者の主張 ………………………… 134
経営者の立場 ………………………… 14
経営者の判断や会計慣行の
　　当期純利益への影響 …………… 22
経営者不正 …………………………… 52
経済監査士 …………………………… 77
経済的・身分的独立性 ……………… 81
計算関係書類 ………………………… 271
計算書類 ……………………………… 28
計算突合 ……………………………… 153
継続企業の前提に関する
　　監査上の枠組み ……………… 206
継続企業の前提に重要な疑義を抱かせる
　　事象や状況と経営計画 ……… 202
継続企業の前提に重要な疑義を抱かせる
　　事象や状況 …………………… 201
継続企業の前提についての監査 …… 199
継続的専門研修制度 …………… 79, 92
経理の状況 …………………………… 32
決算短信 ……………………………… 117
結論の表明 …………………………… 242

結論の不表明 ………………………… 243
限定付結論 …………………………… 242
限定付適正意見 ……………………… 193
限定付適正意見報告書 ……………… 193
限定的な保証 ………………………… 239
権利と義務の帰属 …………………… 138

(こ)

公開会社(会社法) …………………… 40
公開会社会計監視審議会
　　(PCAOB) …………………… 93
公正不偏の態度 ……………………… 80
口頭的証拠 …………………………… 143
公認会計士 …………………………… 76
公認会計士・監査審査会 …………… 93
公認会計士監査の限界 ……………… 49
公認会計士監査の現況 ……………… 39
公認会計士監査の構造 ……………… 42
公認会計士監査の必要性 …………… 23
公認会計士監査論 …………………… 2
公認会計士試験 ……………………… 77
公認会計士に対する訴訟(日本) …… 37
公認会計士に対する訴訟(米国) …… 58
公認会計士法に定める義務違反 …… 92
後発事象 ……………………………… 218
合理的な基礎 ………………………… 142
合理的な保証 ………………………… 54
子会社の範囲 ………………………… 226
国立大学法人等監査 ………………… 39
誤謬 …………………………………… 52
誤謬及び不正に対する監査人の役割 … 53
固有リスク …………………… 97, 107
固有リスクの要因 …………………… 107
コンピレーション …………………… 250

(さ)

サーベンス・オクスレー法 ………… 92
財務 …………………………………… 12
財務諸表監査 ………………………… 42

351

財務諸表監査の目的と監査人の役割 … 51	四半期報告書 ……………………… 33
財務諸表監査論 ……………………… 2	四半期レビュー ………………… 239
財務諸表項目ごとの重要な	四半期レビュー基準の構成 ……… 238
虚偽表示のリスク ……………… 124	四半期レビュー制度 ……………… 237
財務諸表全体としての	四半期レビューの目的 …………… 238
重要な虚偽表示のリスク ……… 123	四半期レビュー報告書 …………… 245
財務諸表と作成基準 ……………… 46	従業員不正 ………………………… 52
財務諸表に対する監査人の意見 ……… 183	修正後発事象 ……………………… 218
財務諸表の性質 …………………… 16	十分かつ適切な監査証拠 ………… 141
財務諸表の適正性についての	重要性の基準値 …………………… 106
意見の表明と不正の発見 ……… 51	重要な虚偽表示のリスク ………… 121
財務諸表の表示とその他の記載内容	重要な偶発事象 …………………… 216
との重要な相違 ………………… 220	重要な後発事象 …………………… 218
財務諸表は事実と慣行と判断の	受託責任 …………………………… 28
総合的表現 ……………………… 16	主たる監査人 ……………………… 234
財務ディスクロージャー制度 …… 12	守秘義務 …………………………… 87
財務ディスクロージャー制度の	準備金 ……………………………… 21
フレームワーク ………………… 23	状況証拠 …………………………… 143
財務報告に係る内部統制の監査 ……… 254	消極的確認 ………………………… 150
財務報告に係る内部統制の評価	証券取引所法(米国) ……………… 34
及び監査の基準 ………………… 252	証券取引法に基づく
サンプリングによる試査 ………… 160	公認会計士監査制度 ………… 35
	証券法(米国) ……………………… 34
（し）	証拠の形態別分類・源泉別分類と
COSO報告書 …………………… 117	証拠力の関係 ………………… 146
自己責任の原則 …………………… 30	詳細テスト ………………………… 126
試査 ………………………………… 158	詳細な実施計画 …………………… 134
試査の意義とそれが採用される理由 … 158	証憑突合 …………………………… 152
試査の種類 ………………………… 159	商法特例法 ………………………… 36
資産の評価 ………………………… 17	商法特例法監査 …………………… 36
実在性 ……………………………… 137	除外事項 …………………………… 186
実施基準 …………………………… 65	除外事項と監査意見との関係 …… 192
実証手続 …………………………… 125	除外事項の監査意見への影響 …… 189
実務経験 …………………………… 77	職業的専門家として
質問 ………………………………… 151	当然に払うべき注意 ………… 85
質問(四半期レビュー) …………… 240	職業的専門家としての正当な注意 …… 86
指定社員 …………………………… 181	職業倫理 …………………………… 91
指導機能 …………………………… 44	職業倫理及び独立性 ……………… 68
支配力基準 ………………………… 225	初度監査 …………………………… 186

私立学校法人監査 ……………………… 39

（せ）

正規の監査 ……………………………… 35
精査 …………………………………… 158
精神的独立性 …………………………… 80
正当な理由による会計方針の変更 …… 210
積極的確認 …………………………… 150
潜在的投資者 …………………………… 29
全社的内部統制 ……………………… 253
全般的な対応 ………………………… 123
専門家としての懐疑心 ………………… 57
専門家としての懐疑の姿勢 …………… 93
善良な管理者の注意 …………………… 86

（た）

大会社 …………………………………… 28
第三者に対する監査人の責任 ………… 89
立会 …………………………………… 149
タックスヘイブン ……………………… 54
他の監査人 …………………………… 233
短答式試験 ……………………………… 77
短文式監査報告書 …………………… 176
短文式監査報告書の種類 …………… 178

（ち）

地方自治体監査 ………………………… 39
中央青山監査法人 ………………… 38, 40
長文式監査報告書 …………………… 177
帳簿突合 ……………………………… 153
勅許会計士 ………………………… 34, 76

（つ）

追記情報 ………………………… 184, 209
追記情報に関する実態調査 ………… 221

（て）

テストカウント ……………………… 150

（と）

倒産予測情報 ………………………… 200
投資者保護 ……………………………… 30
統制活動 ……………………………… 113
統制環境 ……………………………… 111
統制リスク ………………………… 97, 110
特定項目抽出による試査 …………… 161
特別な検討を要するリスク ………… 124
特別の利害関係 ………………………… 82
独立監査人の監査報告書 …………… 181

（な）

内部監査 ………………………………… 53
内部牽制 ………………………………… 53
内部証拠 ……………………………… 144
内部統制監査と財務諸表監査の関係 … 255
内部統制監査の実施 ………………… 256
内部統制監査の目的 ………………… 255
内部統制監査報告書 …………… 255, 259
内部統制システム（会社法） ………… 58
内部統制の4つの目的 ……………… 110
内部統制の意味 ……………………… 110
内部統制の運用状況の評価手続 …… 124
内部統制の基本的要素 ……………… 111
内部統制の限界 ……………………… 114
内部統制の状況についての理解 …… 115
内部統制報告書 ………………… 33, 253

（に）

二重責任の原則 ………………………… 23
日本公認会計士協会の実務指針 ……… 71

（は）

発見リスク ……………………………… 97
半期報告書 ……………………………… 32

（ひ）

ピアレビュー ………………………… 58, 93
被監査会社に対する
　　コンサルティング業務の禁止 …… 85
被監査会社の範囲 ………………………… 45
ビジネス・リスク・アプローチ …… 120
ビッグ8 ………………………………… 58
否定的結論 ……………………………… 243
批判機能 ………………………………… 44
評価 ……………………………………… 17
評価の妥当性 …………………………… 138
表示の妥当性 …………………………… 139
非連結子会社 …………………………… 227
品質管理基準の構成 …………………… 67
品質管理のシステム …………………… 68
品質管理のシステムの監視 …………… 70
品質管理レビュー制度 ………………… 93

（ふ）

複式簿記 ………………………………… 13
負債の評価 ……………………………… 20
不正 ……………………………………… 52
不正の発見に対する監査人の任務 …… 54
不正リスク要因 ………………………… 126
不正を実行する機会 …………………… 128
物理的証拠 ……………………………… 143
不適正意見 ……………………………… 195
不適正意見報告書 ……………………… 195
粉飾決算 …………………………… 15, 53
文書的証拠 ……………………………… 143
分析的実証手続 ………………… 126, 157
分析的手続(四半期レビュー) ……… 240
分析的手続の意味 ……………………… 155
分析的手続の種類 ……………………… 155
分析的手続の適用 ……………………… 156

（へ）

米国証券取引委員会(SEC) ……… 93, 235

（ほ）

報告基準 ………………………………… 66
法定監査 ………………………………… 55
保険数理士(アクチュアリー) ………… 21

（ま）

マネジメント・コンサルティング・
　　サービス ……………………………… 84
マネジメント・コンサルティング・
　　サービスと独立性 …………………… 84

（み）

未確定事項 ……………………………… 187
実査 ……………………………………… 149

（む）

無限定適正意見報告書 ………………… 179
無限定の結論 …………………………… 242

（め）

メトカーフ報告書 ……………………… 58

（も）

網羅性 …………………………………… 138
目論見書 ………………………………… 31
持株基準 ………………………………… 225
持分法 …………………………………… 227
モニタリング …………………………… 114

（ゆ）

有価証券届出書 ………………………… 31
有価証券の発行市場 …………………… 30
有価証券の流通市場 …………………… 30
有価証券報告書 ………………………… 32

索　引

（よ）
ヨーロッパ預託証券 …………………… 235

（ら）
ライブドア事件 ………………………… 38

（り）
利益の捻出 ……………………………… 14
利害関係の有無 ………………………… 8
リスク・アプローチ監査 ……………… 96
リスク・アプローチ監査の
　論理モデル …………………………… 99
りそな銀行事件 ………………………… 37
臨時報告書 ……………………………… 33
倫理規則 ………………………………… 91

（れ）
レビュー …………………………… 239, 250
連結財務諸表 …………………………… 224
連結財務諸表監査制度 ………………… 229
連結の範囲 ……………………………… 225
連続監査 ………………………………… 186

（ろ）
労働組合監査 …………………………… 40
論文式試験 ……………………………… 77

（わ）
我が国の公認会計士監査制度の発展 … 34

著者紹介

千代田邦夫　（ちよだ・くにお）

1966年	早稲田大学第一商学部卒業
1967年	公認会計士試験第2次試験合格（会計士補）
1968年	早稲田大学大学院商学研究科修士課程修了
1968年－76年	鹿児島経済大学助手，講師，助教授
1970年	公認会計士試験第3次試験合格（公認会計士登録）
1976年	立命館大学経営学部助教授
1984年－2006年	立命館大学経営学部教授
2006年－現在	立命館大学大学院経営管理研究科教授，経営学博士
1973年－74年	チュレイン大学大学院留学
1980年－81年	ライス大学客員研究員
1992年－93年	アメリカン大学客員研究員
1998年－2000年	公認会計士試験第2次試験委員
2003年－2006年	公認会計士試験第3次試験委員

＜主要著書＞

単著：『貸借対照表監査研究』中央経済社，2008年
　　　『会計学入門－会計・税務・監査の基礎を学ぶ（第9版）』中央経済社，2008年
　　　『日本会計』李敏校閲・李文忠訳，上海財経大学出版社，2006年
　　　『現代会計監査論』税務経理協会，2006年
　　　『課長の会計道』中央経済社，2004年
　　　『監査論の基礎』税務経理協会，1998年
　　　『アメリカ監査論』中央経済社，1994年（第38回日経・経済図書文化賞，日本
　　　　会計研究学会太田賞，日本内部監査協会青木賞）
　　　『公認会計士－あるプロフェッショナル100年の闘い』文理閣，1987年
　　　『アメリカ監査制度発達史』中央経済社，1984年（日本公認会計士協会学術賞）
共著：『監査の社会的役割』河合秀敏編著，中央経済社，1997年
　　　『公認会計士試験制度』日本監査研究学会，第一法規，1993年
　　　『新監査基準・準則』日本監査研究学会，第一法規，1992年
　　　『監査法人』日本監査研究学会，第一法規，1990年
共訳：『ウォーレスの監査論－自由市場と規制市場における監査の経済的役割』同文
　　　舘出版，1991年

著者との契約により検印省略

平成18年1月15日　初　版　発　行	現代会計監査論
平成21年2月15日　全面改訂版発行	〔全面改訂版〕

著　者　　千　代　田　　邦　夫
発行者　　大　坪　　嘉　春
印刷所　　税経印刷株式会社
製本所　　株式会社　三森製本所

発行所　〒161-0033 東京都新宿区　　株式　税務経理協会
　　　　下落合2丁目5番13号　　　　会社
　　　　振替　00190-2-187408　　　電話(03)3953-3301(編集部)
　　　　ＦＡＸ(03)3565-3391　　　　　　(03)3953-3325(営業部)
　　　　ＵＲＬ　http://www.zeikei.co.jp/
　　　　乱丁・落丁の場合は，お取り替えいたします。

© 千代田邦夫 2009　　　　　　　　　　　　Printed in Japan

本書を無断で複写複製(コピー)することは，著作権法上の例外を除き，禁じられています。本書をコピーされる場合は，事前に日本複写権センター(JRRC)の許諾を受けてください。
JRRC〈http://www.jrrc.or.jp　eメール：info@jrrc.or.jp　電話：03-3401-2382〉

ISBN978-4-419-05243-0　C3034